Bodo J. Baginski   Shalila Sharamon

REIKI
Universale Lebensenergie

UNIVERSALE LEBENSENERGIE

zur
ganzheitlichen
**SELBSTHEILUNG
PATIENTENBEHANDLUNG
FERNHEILUNG**
von Körper, Geist und Seele

Bodo J. Baginski   SYNTHESIS VERLAG   Shalila Sharamon

*Gewidmet
allen Geburtshelfern
einer neuen Zeit*

CIP-Kurztitelaufnahme der Deutschen Bibliothek

Baginski, Bodo J.:
Reiki: universale Lebensenergie zur ganzheitl.
Selbstheilung, Patientenbehandlung, Fernheilung
von Körper, Geist u. Seele / Bodo J. Baginski;
Shalila Sharamon. — Essen: Synthesis-Verl.
1985.
 ISBN 3-922026-35-4

NE: Sharamon, Shaila:

Mit 38 Illustrationen von Alois Hanslian und graphischen
Darstellungen von Bodo J. Baginski sowie handgeschriebenen
Texten von Christiane Vogel.
Umschlaggestaltung: Shalila Sharamon
Graphische Gestaltung: Bodo J. Baginski

1. Auflage: November 1985
2. Auflage: Mai 1986
3. Auflage: November 1986
4. Auflage: Juli 1987
5. Auflage: Juli 1988
6. Auflage: April 1989
7. Auflage: Dezember 1989
8. Auflage: September 1990
9. Auflage: Mai 1991
10. Auflage: April 1992

Copyright © Synthesis-Verlag Siegmar Gerken
            Postfach 14 32 06
            D-4300 Essen 14
Alle Rechte vorbehalten.
Satz: Typografischer Betrieb ZERO, Moers
ISBN 3-922026-35-4

Inhaltsverzeichnis

    Einleitende Worte   7
    Über die Autoren   9
1. Was ist Reiki?   15
2. Die Geschichte des Reiki   22
3. Wie wirkt Reiki?   32
4. Muß man daran glauben?   40
5. Wie wirst du „Reiki-Kanal"?   48
6. Einführung in die Praxis der Reiki-Behandlung   56
7. Die Eigenbehandlung   59
8. Eine Reiki-Schnellbehandlung   62
9. Reiki bei Babys   64
10. Reiki als Fernbehandlung   69
11. Die Mentalbehandlung als zusätzliche Möglichkeit   75
12. Mit Reiki die Chakren ausgleichen   79
13. Die Aura   85
14. Der Thymus   89
15. Die Reiki-Behandlung mit mehreren Behandlern   91
16. Der Reiki-Kreis   93
17. Reiki als Hilfe für Sterbende   95
18. Die Reiki-Behandlung bei Tieren   101
19. Auch Pflanzen mögen Reiki   106
20. Weitere Möglichkeiten   112
21. Kann man Reiki mit anderen Behandlungen kombinieren?   114
22. Was ist, wenn eine Behandlung einmal keinen „Erfolg" zeigte?   118
23. Gedanken zur Rechtslage und zum „Energieaustausch"   122
24. Tips für die Reiki-Praxis   130
25. Sinn der Krankheit   138
26. Be-Deutung der Krankheitssymptome   147
    Kopf   149
    Hals   158
    Atmung   159

Herz — Kreislauf 163
Verdauung — Ausscheidung 168
Sexual- und Genitalbereich 178
Haut 183
Bewegungsapparat 187
Infektionen 197
Allergien 199
Kinderkrankheiten 201
Krebs 202
Psyche 204
Sonstige 211
27. Die kleine Geschichte dieses Buches 214

ANHANG
28. Anschriften der Reiki-Meister 216
29. Reiki-Zentren 225
30. Literatur über Reiki 227
31. Reiki-Türschild 228
32. Bezugsquellen 229
33. Kontaktadressen der Autoren 231
34. Index 232

Anmerkung:
Reiki kommt aus dem Japanischen
und wird „Reeki" ausgesprochen.

Einleitende Worte

Wenn du diese Zeilen liest, verbindet sich dein Geist mit unseren Gedanken, und wir können auf diese Weise ein Wissen mit dir teilen, welches sich für uns als so wertvoll und bereichernd erwiesen hat, daß dieses Buch beinahe von selbst daraus entstand.

Wenn dies deine erste Begegnung mit Reiki ist, mag sie für dich zu einem Schritt werden, mit einer der höchsten Energieformen in Verbindung zu treten, um für dich und andere Menschen eine ganz neue Lebensdimension zu erschließen.

Reiki ist nicht schwer zu „erlernen". Es ist weitaus einfacher als alle Behandlungssysteme, die wir bisher kennengelernt haben. Du benötigst keine besonderen medizinischen Vorkenntnisse, denn Reiki, die universale Lebensenergie, ist mit einer eigenen Weisheit ausgestattet, die aus sich selbst heraus wirkt.

Wenn dir ein solcher Gedanke zunächst befremdend erscheint, so denke einmal daran, mit wieviel Weisheit unser Körper seine Funktionen verrichtet, wie sich überall in der Schöpfung Leben entfaltet und erhält, unabhängig davon, ob wir irgendeine Kenntnis darüber besitzen oder nicht.

Mit dieser universalen Kraft zu *arbeiten* ist stets mit sehr viel innerem Glück und Harmonie verbunden, die während einer Reiki-Behandlung in uns zu *fließen* beginnen. Und danach fühlst du dich gewöhnlich so gut, als hättest du ein besonders schönes Erlebnis gehabt. Du bist voller Lebenskraft, Ruhe und Freude. Auch hierin liegt ein großer Unterschied zu dem, was wir sonst nach oft belastenden Behandlungen erfuhren. Während wir einem Patienten Reiki übertragen, scheint es seine heilende und harmonisierende Wirkung auch für uns selbst zu entfalten.

Reiki ist keine neue Erfindung oder gar Modeerscheinung. Es entstammt einer alten, überlieferten Tradition und kann uns heute als eine außerordentlich wirksame Ergänzung für alle Heilberufe dienen. Da Reiki einerseits ein System von größter Einfachheit und Natürlichkeit ist, für das du nichts weiter als deine Hände benötigst, und andererseits bei allen Beschwerden sofort wirksam eingesetzt werden kann, glauben wir, daß es sich eines Tages als eine anerkannte Volksheilmethode etablieren wird.

Wir haben im Text des Buches häufig den Begriff „Patient" verwendet. Das bedeutet jedoch nicht, daß wir nur Kranke im üblichen medizinischen Sinn mit Reiki behandeln. Oft sind es Menschen, die durch Reiki eine Harmonisierung, Entspannung oder Steigerung ihrer Lebenskräfte suchen oder eine Hilfe auf ihrem spirituellen Weg. Das Wort „Patient" leitet sich aus dem lateinischen *Patientia* = Geduld ab. Es ist also jemand, der etwas erdulden muß. Das muß nicht immer eine Krankheit sein. Es trifft auf alles zu, was wir auf unserem Lebensweg als Einschränkung oder Hindernis empfinden. In diesem Sinne ist jeder Reiki-Empfänger ein Patient, auch wenn er keine spezielle Heilung sucht, es sei denn, im weitesten Sinn des Wortes eine *Heil-Werdung* oder *Ganz-Werdung* anstrebt.

Ebenso möchten wir die Begriffe „Therapeut" und „Behandler" nicht nur im medizinischen Zusammenhang verstanden wissen. Das Wort „Therapeut" kommt von dem griechischen *therapeua* und bedeutet „jemandem auf seinem Weg Beistand leisten". Ein „Behandler" ist jemand, der mittels seiner Hände arbeitet. Es sind also beides Begriffe, die sich in ihrem ursprünglichen Sinn sehr gut auf eine Reiki-Übertragung anwenden lassen, auch wenn keine spezielle Erkrankung vorliegt.

Nun möchten wir dich herzlich dazu einladen, uns durch dieses Buch zu folgen, das dich mit Reiki soweit vertraut machen möchte, wie es in dem gegebenen Rahmen möglich ist.

Wenn du das Usui-System des Reiki bereits ausüben solltest, so hoffen wir, daß dir der Text weitere Hinweise und Erkenntnisse vermitteln kann und deine eigenen Erfahrungen bestätigt und vertieft.

Es war unser Ziel, ein Buch zu verwirklichen, das sowohl den interessierten Laien als auch den praktizierenden Therapeuten in seiner Aussage gleichermaßen anspricht. Uns selbst hat das *Spiel mit den Worten* sehr viel Freude und Inspiration gebracht.

Wir möchten es an dieser Stelle auch nicht versäumen, uns von ganzem Herzen bei unserer Reiki-Meisterin Brigitte Müller zu bedanken, die uns ihr wertvolles Wissen so liebevoll übertrug. Auch allen anderen Personen, die die Arbeit an diesem Buch unterstützt haben, sei ein liebes Dankwort ausgesprochen. Allen voran unserem Freund Alois Hanslian, der den Text mit seinen schönen und anschaulichen Illustrationen ergänzt und bereichert hat.

Wir wünschen dir viel Freude beim Lesen, Harmonie, Liebe und inneres Wachstum auf deinem Weg. Sylt, Frühjahr 1985

Über die Autoren

Uns selbst hat es immer interessiert, was für ein Mensch sich hinter den geschriebenen Worten eines Buches verbirgt, welchen Weg er gegangen ist und wie sich sein Wissen in seinem Leben manifestiert. Oft erhält der Leser nur sehr wenige, ausgewählte Details und Fakten über ihn, und die Distanz zu den Autoren bleibt gewöhnlich sehr groß. So möchten wir dir auf den folgenden Seiten zunächst ein wenig über uns selbst erzählen, damit du dir ein Bild von den Menschen machen kannst, die hier ihr Wissen über Reiki, ihre Gedanken und ihre Erfahrungen mit dir teilen möchten.

Bodo über Shalila

Ich hielt mich in einer kleinen, netten Meditationsakademie auf, als sich eines Abends ein Mädchen mit sehr langen blonden Haaren und von sehr zartem Wesen zu mir setzte. Wir wechselten jedoch nur wenige Worte miteinander. Am nächsten Tag traf ich sie im Gewächshaus der Akademie wieder, und beiläufig erfuhr ich, daß das blonde „Mädchen" schon 36 Jahre alt und die Gründerin und langzeitige Leiterin der Akademie war.

Bald darauf beobachtete ich sie, wie sie mit einfachsten Werkzeugen passable Möbel zusammenzimmerte — ich war etwas verwirrt über Shalila.

Einige Monate später erzählte sie mir von ihrem Lebensweg. Als Kind kam sie sich oft fremd vor in dieser Welt. Es gab so vieles, wofür die Menschen keine Erklärung hatten, und mit frühen spirituellen Erfahrungen fühlte sie sich recht allein. Manchmal meinte sie, sie sei wohl verkehrt auf dieser Welt.

Das änderte sich spontan, als sie vor etwa 14 Jahren zu meditieren begann und bald darauf mit einem indischen Meister zusammentraf. Zum ersten Mal fand sie eine Antwort auf ihre vielen Fragen und eine Erklärung für ihre „seltsamen" Erlebnisse. So dauerte es auch nicht lange, und sie ließ sich selbst zur Meditationslehrerin ausbilden — und hatte endlich ihre Aufgabe gefunden. Sie hielt ungezählte Vorträge, gründete neue Meditationszentren und führte viele hundert Menschen in die Meditation ein.

Längere Reisen führten sie nach Indien, zu den Geistheilern auf die Philippinen, nach Thailand, Israel, Griechenland und in andere Länder.

Ich war bereits seit einigen Wochen in der Akademie, als uns Shalila eines Tages mitteilte, daß sie sich für längere Zeit in den Wald zurückziehen wollte. Niemand erfuhr, was sie dort tat. Sie wohnte bei einem Bauern in der Nähe, und wir sahen sie nur selten. Eines Tages las sie mir einige Texte für ein geplantes Buch vor, die sie in der Stille einer abgeschiedenen Waldlichtung geschrieben hatte. Es war ein spirituelles Märchen. Ich war erstaunt und fasziniert: Dies waren die feinsinnigsten und tiefgründigsten Worte, die ich in meinem bisherigen Leben gehört hatte. (Das Buch ist bisher noch nicht fertiggestellt, aber irgendwann wird es sicherlich erscheinen.)

Shalila ist sehr viel feinfühliger und sensibler als ich, ihre Intuition ist sehr ausgeprägt. Sie hat heute ein sehr liebevolles Verhältnis zu ihren Eltern, die ihren Weg mit viel Verständnis unterstützen. Seit einiger Zeit führt sie, nach mehrjähriger Vorbereitung, tiefgehende astrologische Beratungen durch (ganzheitliche Astrologie), um Menschen auf ihr eigentliches Ziel, auf ihre Aufgaben und Fähigkeiten im Leben aufmerksam zu machen und ihnen einen Weg dorthin zu zeigen. Hin und wieder übersetzt sie ein Buch, gewöhnlich mit spirituellem Inhalt. Seit vielen Jahren praktiziert sie die Sidhi-Techniken, befaßt sich mit Chirologie und Traumarbeit.

Als ich ihr das erste Mal eine Reiki-Behandlung gab, war sie von der Wirkung vollkommen begeistert. Sie fühlte sich wunderbar geborgen und von Liebe durchflutet, und vielerlei Emotionen wurden ausgelöst. Der Wunsch, selbst Reiki geben zu können, entstand und war schon bald verwirklicht. Die „Arbeit" mit Reiki fiel ihr zunächst wohl sehr viel leichter als mir, da sie nicht mit so vielem medizinischen Fachwissen vorbelastet war. Inzwischen behandeln wir oft gemeinsam.

Shalilas äußerer Lebensstil ist sehr einfach. Da sie viel reist und an wechselnden Orten tätig ist, hat sie ihren sorgsam ausgewählten Besitz auf ein

Minimum reduziert. Ihre wenige Garderobe näht sie sich selbst. Sie ernährt sich vorwiegend von gekeimtem Getreide, Obst und Salaten. Nur ganz selten höre ich ein negatives Wort von ihr, sie sieht stets spontan die schönen Dinge zuerst. Sie geht voller Vertrauen in die Welt, und die Liebe und Unterstützung, die sie aus ihrer Umgebung erfährt, geben ihr darin immer wieder recht.

Es macht mir viel Freude, mit ihr zusammenzuarbeiten. Sie sagt, Reiki habe ihr Leben sehr bereichert, ihre Meditationen vertieft und ihr sehr viel Ausgeglichenheit, inneres Glück und Befriedigung geschenkt.

Shalila über Bodo

Als ich nach einer längeren Reise in die Stille unserer kleinen Meditationsakademie zurückkehrte, blickte ich in zwei unbekannte blaue Augen, die ruhig und liebevoll in die Welt schauten. Zu meiner Freude erfuhr ich, daß sie zu Bodo gehörten, unserem neuen Mitglied in der Akademieleitung.

Bodo stellte sich sehr schnell als ein Segen für unsere Gemeinschaft heraus. Es gab keinen Arbeitsbereich, wo er nicht mit Freude zupackte. Ob es sich um das Organisieren von Kursen handelte, ob das Geschirr gespült werden mußte, die Umwälzanlage im Schwimmbad zu reparieren war, ob er das Gewächshaus betreute oder die köstlichsten Gerichte herstellte — er zeigte in allem eine nie ermüdende Einsatzfreude und ein oft erstaunliches Talent.

Bodo wohnte seit einigen Wochen in unserer Akademie, als mir eines Tages bei ihm zwei Bücher in die Hände fielen — eines mit wunderschönen, zu Herzen gehenden Gedichten und eines mit lebendig erzählten und fein beobachteten kleinen Geschichten. Die Verfasser: Bodo und Olli Baginski, Bodos Eltern.

Bald darauf sollte ich die Gelegenheit bekommen, die Autoren persönlich kennenzulernen. Ich bin wohl noch niemals zuvor von fremden Menschen so herzlich empfangen und liebevoll umsorgt worden, wie bei diesem Besuch in Bodos Elternhaus, und ich fragte mich, wie wohl die Kindheit eines Jungen ausgesehen haben mag, der in einer so harmonischen Umgebung aufgewachsen ist.

„Sehr rebellisch", hörte ich als Antwort auf meine Frage. Es war vor allem die Schule, die er nicht akzeptieren wollte. Etwas in ihm weigerte sich, so viele „unnütze" Dinge zu lernen, und manchmal lief er in der Pause einfach davon, packte heimlich seinen Rucksack und machte sich ohne Geld auf eine Reise durch manche europäischen Länder. Ungeduld und ein großer Drang nach Unabhängigkeit zogen ihn immer wieder von der Schulbank fort.

Als er mit zwölf Jahren in eine Waldorfschule kam, fand er zum ersten Mal etwas Geschmack am Lernen. Danach folgte eine Zeit der Suche. Musik, Malerei und die Heilkunst hatten sich als Talente bei ihm herauskristallisiert, und das letztere machte er schließlich zu seinem Beruf. 1970 ließ er sich zum Physiotherapeuten ausbilden, lernte hier nun schnell und leicht. Seine Einsatzfreude und sein Verantwortungsbewußtsein trugen ihm bald leitende Stellungen ein, und es dauerte nicht lange, bis er eine erste, eigene Praxis eröffnete. Er machte die Ostfriesischen Inseln zu seiner Heimat. Die Weite, Stille und Einsamkeit des Meeres reflektierten eine weitere Seite seiner vielschichtigen Persönlichkeit und zogen ihn seither immer wieder an.

Schon damals erwachte sein Interesse für alternative Heilmethoden, und erste Ausbildungen folgten. Auch ein weiteres Talent zeigte sich in dieser Zeit: Seine Beschäftigung mit technischen Neuheiten auf dem Gebiet der Medizintechnik führte bald zu eigenen Erfindungen und Entwicklungen. Zwei Jahre später eröffnete er eine neue, größere Praxis, die nun alle Einrichtungen aus dem Bereich der Physiotherapie enthielt.

Mit 27 Jahren besaß er alles, was er sich je gewünscht hatte — einen eigenen Betrieb, ein schönes Haus, ein hohes Einkommen —, und merkte immer deutlicher, daß dies nicht der eigentliche Sinn seines Lebens war. Ihm wurde mehr und mehr bewußt, daß die meisten seiner Therapiemethoden nur die äußeren Symptome einer Störung behandelten und den Menschen in seiner geistig-seelisch-körperlichen Ganzheit außer acht ließen.

Nach zehnjähriger Tätigkeit in seinem Beruf brach er alle Brücken hinter sich ab, verkaufte sein Haus und seine Praxis, um offen zu sein für neue Perspektiven. Sein Weg führte ihn nach Findhorn, einer bekannten spirituell-alternativen Gemeinschaft in Nordschottland, wo er den Sommer über blieb und den größten Teil der Zeit seinem liebsten Hobby nachging: mit selbstgebastelten Farben seine inneren Bilder sichtbar zu machen.

An diesem Punkt seiner Erzählung zeigte er mir einige Fotos von seinen Gemälden. Ich verlor mich in eine wundervolle Weite aus Licht und Tönen, durch kristall- und pyramidenartige Formen geöffnet und gleichzeitig strukturiert.

In Findhorn begann er mit einer Serie von Ausbildungen in alternativen Heilmethoden, die sich über die Jahre hinweg fortgesetzt hat. Gegenwärtig besitzt Bodo neben allen konservativen Behandlungsmethoden der physikalischen Therapie Spezialausbildungen und zum Teil langjährige Erfahrungen in der Hand- und Fußreflexzonentherapie, Pränatal-Therapie (Metamorphische Methode), „Touch for Health" (angewandte Kinesiologie), Polarity, Meridian-Therapie, Balneotherapie, Acidosetherapie, Geistheilung, Psychokybernetik, in Superlearning-Methoden, Traumarbeit, Fasten und natürlicher Ernährung.

Jede neue Heilmethode brachte ihm wertvolle Erkenntnisse und Erfahrungen. Dennoch hatte er immer wieder das Gefühl, daß es etwas geben müßte, das noch ganzheitlicher ist und noch umfassender und direkter wirkt. Als er zum ersten Mal mit Reiki in Berührung kam, bestätigte sich seine Ahnung.

Heute behandelt Bodo fast ausschließlich mit Reiki, und die Erfolge geben ihm recht. Seine Vorträge über Reiki und andere alternative Heilmethoden, die neben einem qualifizierten Wissen viel Wärme und Herzlichkeit vermitteln, haben schon viele Menschen zu einem tieferen Verständnis und zu neuen Perspektiven des Lebens geführt.

Es macht mir immer sehr viel Freude, mit ihm gemeinsam zu behandeln, und ich bin dankbar und glücklich, daß er mich zu Reiki geführt hat.

Sinn
Ausdehnung von Freude
ist der Sinn der Schöpfung
und wir alle sind hier
um Freude zu erfahren
und auszustrahlen.

MAHARISHI MAHESH YOGI

Was ist Reiki?

> *„Reiki ist Weisheit und Wahrheit."*
> Hawayo Takata

Die ganze lange Geschichte der Menschheit hindurch hat es Heilweisen gegeben, die auf der Erschließung und Übertragung einer alles durchdringenden, universalen Lebensenergie beruhen, einer Kraft, die alles Leben im Universum hervorbringt und erhält. So besaßen die Tibetaner bereits vor Tausenden von Jahren ein tiefes Verständnis über das Wesen von Geist, Materie und Energie. Sie nutzen diese Erkenntnisse, um ihren Körper zu heilen, ihre Seele zu harmonisieren und ihren Geist zum Erlebnis der Einheit zu führen. Später begegnen wir diesem Wissen in Indien wieder, wir finden es in abgewandelten Formen in Japan, China, Ägypten, Griechenland, Rom und anderen Ländern.

Es wurde in den Mysterienschulen fast aller alten Kulturen behütet und bewahrt und war in jener Zeit in seiner Vollständigkeit nur wenigen Menschen zugänglich. Gewöhnlich waren es die Priester oder geistigen Führer einer Kultur, die es mündlich an ihre Schüler weitergaben.

Moderne Gelehrte stoßen oft auf die überlieferten Formen dieses *inneren Wissens*, mißinterpretieren es jedoch häufig, weil es zur Verschleierung in kryptische Sprache und Symbole gehüllt wurde.

So schien auch das Wissen um Reiki lange Zeit verlorengegangen zu sein. Ende des 19. Jahrhunderts entdeckte Dr. Mikao Usui in 2500 Jahre alten Sanskritsutren die *Schlüssel* wieder, die zu einer Wiederbelebung dieser jahrtausendealten Tradition des natürlichen Heilens führten.

Das Wort Reiki bedeutet universale Lebensenergie. Es wird als jene Kraft definiert, die in allen Dingen der Schöpfung wirkt und lebt. Das Wort setzt sich aus zwei Teilen zusammen. Die Silbe *Rei* beschreibt den universalen, unbegrenzten Aspekt dieser Energie. *Ki* ist ein Teil des *Rei*, es ist die vitale Lebenskraft, die durch alles Lebendige fließt.

Viele Völker, Kulturen und Religionen haben eine Energie gekannt, die der Bedeutung von *KI* entspricht. So wurde *KI*

von den Chinesen *Chi* genannt,
von den Christen *Licht* oder *Heiliger Geist*,
von den Hindus *Prana*,
von den Kahunas *Mana*,
von den Russen *Bioplasma*,
Bioenergie usw.
Und es ist denkbar und naheliegend, daß es sich bei
dem *Telesma* des Hermes Trismegistos,
dem *Ka* der Ägypter,
dem *Pneuma* der Gallier,
dem *Eckankar* in der Palisprache,
dem *Baraka* bei den Sufis,
der *Lebensflüssigkeit* der Alchemisten,
dem *Jesod* bei den jüdischen Kabbalisten,
dem *Mgebe* der Huri-Pygmäen,
dem *Elima* bei den Nikundo,
dem *Sahala* der Indonesier,
dem *Hasina* auf Madagaskar,
dem *Wakan* oder *Wakonda* bei den Sioux,
dem *Oki* der Huronen,
dem *Orenda* der Irokesen,
dem *Königssegen* einiger europäischer Könige und Kaiser,
dem *Elan vital* bei den Franzosen,
dem *Numia* des Paracelsus,
der *Heilkraft der Natur* bei Hippokrates,
dem *Orgon* des Dr. Wilhelm Reich,
der *Odischen Kraft* des Baron Reichenbach,
der *Universellen Lebenskraft* bei Baron Ferson,
dem *Tellurismus* bei Prof. G. Kieser,
der *Biokosmischen Energie* des Dr. O. Brunler,
der *X-Kraft* bei L. E. Eemann,
der *Fünften Kraft* usw.
um ein und dieselbe Grundenergie handelt, wenn sie auch in unterschiedlicher Quantität und Qualität erschlossen und genutzt wurde und die einzelnen Theorien manchmal weit auseinanderklaffen. Auch die Grundbedingungen zur Anwendung dieser Energien waren oft sehr unterschiedlich. Einige der genannten Systeme setzten langwierige, teils entbehrungsreiche Übungen voraus, bevor die gewünschte Energie erschlossen und eingesetzt werden konnte.

Je mehr wir uns der universalen Grundform dieser Lebensenergie nähern, desto umfassender und effektiver scheint ihre Wirkung zu sein und desto einfacher ihre Anwendung. Eine hermetische Weisheit sagt:

„Das Siegel der Wahrheit ist die Einfachheit."

Das Usui-System des Reiki ist nicht nur die einfachste und natürlichste, sondern auch die wirksamste Methode zur Übertragung universaler Lebensenergie, die wir je kennengelernt haben.

Ist ein Mensch einmal als „Reiki-Kanal" geöffnet worden, so fließt die universale Lebensenergie spontan und in konzentrierter Form aus seinen Händen, und diese Fähigkeit bleibt sein ganzes Leben lang erhalten.

Was aber ist jene universale Lebensenergie? Wir wollen einmal hören, was unsere Wissenschaftler und was unsere Weisen dazu sagen.

Es ist das Verdienst der modernen Physik, daß sich heute die meisten Menschen auf dieser Erde der ungeheuren „Lebendigkeit" bewußt sind, die unser Universum durchwebt. Es ist noch gar nicht lange her, da galt zum Beispiel ein Stein als „tote Materie". Heute wissen wir, daß sich dieses „einfache Ding" aus einem vielschichtigen und intelligenten Zusammenspiel unzähliger Kräfte aufbaut. Und wie winzig ist ein Stein gegenüber der enormen Ausdehnung unseres Universums, wie einfach gegenüber dem komplizierten Aufbau des menschlichen Organismus.

So vereint unser Körper zum Beispiel in sich etwa 100 Billionen Zellen (100.000.000.000.000). Jede dieser Zellen besitzt ungefähr 100.000 unterschiedliche Gene, welche aus langen, spiralförmigen DNS-Ketten bestehen. Das bedeutet, daß jede unserer mikroskopisch kleinen Körperzellen den gesamten genetischen Bauplan unseres Körpers in sich trägt.

Würden wir alle diese spiralförmigen DNS-Ketten auseinanderrollen und miteinander verbinden, so erhielten wir eine Strecke von etwa 120 Milliarden Kilometern; dies entspricht etwa 800mal der Entfernung zwischen Erde und Sonne! Und doch können alle diese DNS-Molekül-Ketten in einer Walnuß untergebracht werden.

Das Spiel mit den Zahlen und Werten ließe sich beliebig fortsetzen. Wie unermeßlich groß muß die Energie sein, die hinter all diesen Erscheinungsformen wirkt, und wie unermeßlich groß die Intelligenz, die ihnen Gestalt und Struktur verleiht.

Oder ist unser Universum und unser eigenes Leben doch nur aus einer Kette von Zufälligkeiten entstanden, wie es uns ein materialistisches Weltbild erklärt? Kann bewußtlose Materie denn Bewußtsein hervorbringen, einen Geist, eine Seele erschaffen? Hier steht selbst unsere Wissenschaft bis heute vor einem ungelösten Rätsel, und mancher Wissenschaftler ist im Verlauf seiner Forschungen an eine Grenze gestoßen, wo ihm nur eine Erklärung übrigblieb: daß es eine übergeordnete, intelligente Kraft gibt, eine Art *universalen Geist*, der das ganze Universum aus sich selbst heraus fortwährend erschafft.

Und die neueste Entwicklung der Quantenphysik kommt dieser Vorstellung tatsächlich sehr nahe. Sie beschreibt in der Supergravitationstheorie ein *vereinheitlichtes Feld*, ein vollkommen ausgewogenes, nur mit sich selbst in Wechselbeziehung stehendes Feld reiner Intelligenz, das alle Kräfte und die gesamte Materie des Universums aus sich selbst hervorbringt und damit den Grundbereich der gesamten Schöpfung bildet.

Das deckt sich nun genau mit den Aussagen, die Weise und Erleuchtete durch die Jahrtausende hindurch immer wieder gemacht haben. Sie sagen uns, daß es einen Zustand des Seins gibt, aus dem heraus alles Leben entstanden ist und der die ganze Schöpfung in sich enthält. Seine Energie lebt in allen Dingen, und es ist diese universale Lebensenergie, die bei einer Behandlung mit Reiki in konzentrierter Form durch unsere Hände fließt.

Was bedeutet das für uns in der Praxis? Vor allem, daß Reiki in seiner Wirkung immer ganzheitlich ist. Es bezieht alle Ebenen des Daseins mit ein. Reiki strebt danach, das Wesen als Ganzes mit all seinen Aspekten in ein ausgewogenes Gleichgewicht zu bringen. Der Behandler selbst dient bei der Übertragung von Reiki nur als Kanal. Es ist also nicht seine eigene, begrenzte Energie, die er an andere weitergibt und dadurch verliert. Im Gegenteil — während die universale Lebensenergie durch ihn hindurchfließt, stärkt und harmonisiert sie ihn gleich mit. Und Reiki findet seinen Weg zu den behandlungsbedürftigen Bereichen von selbst. Es ist offensichtlich mit einer viel größeren Weisheit ausgestattet als unser eigener, menschlicher Verstand, denn es weiß, was der Reiki-Empfänger braucht, wie und wo er es braucht, ohne daß wir der Wirkung etwas hinzufügen oder wegnehmen können.

Von besonders empfänglichen Menschen wird Reiki oft als Liebe erfahren. Und Liebe ist ja immer eine Kraft, die vereint, die zu einer immer größeren Ganzheit führen will bis hin zu einem Einssein mit der ganzen Schöpfung. Diesen Zustand der Einheit zu verwirklichen und aus ihm heraus zu leben ist das eigentliche Ziel des Menschen. Dort kehrt die Seele wieder in ihre Urheimat zurück, *der Tropfen vereinigt sich mit dem unendlichen Ozean des Seins*, und diese Vereinigung bedeutet umfassende Liebe, Wissen und Weisheit, Kreativität, Harmonie, Erfüllung und Glückseligkeit.

Reiki kann uns helfen, zu diesem Ganz- oder Heilsein zurückzufinden. So ist Reiki eine Heilmethode im weitesten Sinn.

Wie du nun wohl gesehen hast, handelt es sich bei Reiki in keiner Weise um irgendeine Form von Spiritismus, Geister- oder gar Dämonenanrufung. Reiki hat auch nichts mit Okkultismus, Hypnose oder irgendeiner Psychotechnik zu tun. Wenn du Reiki gibst, wirst du nicht zu einem „Magier" oder „Psychozauberer". Die Reiki-Behandlung ist der reine Gebrauch von kosmischer Universalenergie in neutraler, jedoch konzentrierter Form.

Reiki beinhaltet auch keinen speziellen Glauben oder irgendeine Religion. Die Reiki-Energie wird von Menschen vieler Religionen, von Freigläubigen sowie von Anhängern der verschiedensten Denkrichtungen und Weltanschauungen mit dem gleichen Erfolg genutzt. Daß aber dennoch viele Menschen durch Reiki zu einem umfassenderen religiösen Verständnis und zu tieferen spirituellen Erfahrungen gefunden haben, spricht nur für seine Universalität.

Es ist sicherlich kein Zufall, daß eine Heilkunst wie Reiki gerade heute wiederentdeckt und neu belebt wurde. Die Erkenntnis, daß die tieferen Weisheiten des Lebens offensichtlich das dringend benötigte Gegenstück zu der einseitigen Entwicklung von Technologie und Wissenschaft in unserer Zeit darstellen, hat in vielen Bereichen eine neue Beschäftigung mit diesen Wahrheiten mit sich gebracht.

Wir stehen an der Schwelle zu einer *neuen Zeit*, die entweder durch den Aufbau neuer Werte des menschlichen Bewußtseins herbeigeführt werden kann oder auf der radikalen Zerstörung der alten, überholten Strukturen aufbauen muß. Die Entscheidung liegt bei uns, und wir finden es ermutigend zu sehen, wie sich das Interesse für die tieferen Wahrheiten immer mehr ausbreitet. Robert Jungk sagte wohl zu Recht:

> *„Der Mensch ist nicht am Ende.*
> *Herausgefordert durch tödliche Gefahren*
> *beginnt er sich erst jetzt voll zu entfalten."*

Und entfalten kann sich immer nur das, was bereits angelegt war, was nur bisher nicht genutzt wurde, was zusammengefaltet in uns lag

Die Reiki-Heilkunst ist eine jener wunderbaren Fähigkeiten des Menschen, die darauf warten, von uns entdeckt und entfaltet zu werden.

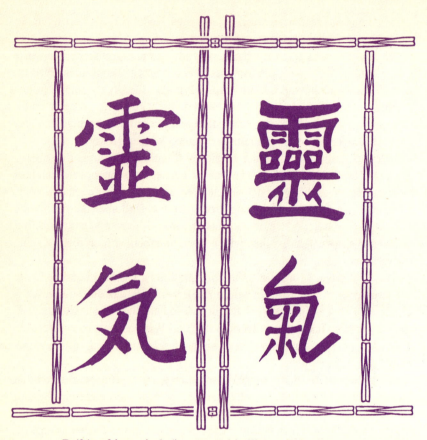

Reiki auf japanisch (in unterschiedlichen Schreibweisen)

Reiki in einer Schriftform, wie sie bei der „Reiki-Alliance" häufig verwendet wird.

Die Geschichte des Reiki

Die alte Heilkunst des Reiki wurde Mitte des 19. Jahrhunderts von Dr. Mikao Usui wiederentdeckt und neu belebt. Die Legende von Dr. Usuis Suche nach diesem Wissen wurde von der Großmeisterin Hawayo Takata (1900-1980) wie folgt erzählt:

Mikao Usui war der Leiter einer christlichen Priesterschule in Kyoto, Japan. Einige seiner älteren Schüler fragten ihn eines Tages, warum sie bisher nichts von den Heilungsmethoden gehört hätten, mit denen Jesus Christus seine Heilungen vollbracht hatte, und ob er ihnen eine solche Heilung nicht einmal vorführen könne. Da er nichts darauf erwidern konnte, entschied er sich, seine Position aufzugeben, zu reisen, und das Christentum in einem christlichen Land zu studieren, bis er eine Antwort auf ihre Frage gefunden hätte.

Seine Reise führte ihn nach Amerika, wo er an der Universität Chicago studierte und zum Doktor der Theologie promovierte. Er fand jedoch weder in den christlichen noch in den chinesischen Schriften, die er ebenfalls durcharbeitete, eine befriedigende Antwort, und so setzte er seine Suche fort. Er bereiste auch Nordindien und studierte dort die heiligen Texte. Dr. Usui beherrschte neben Japanisch, Englisch und Chinesisch auch das altindische Sanskrit.

Nach Japan zurückgekehrt, entdeckte er eines Tages in den 2500 Jahre alten, in Sanskrit verfaßten Buddhi-Sutren einige Formeln und Symbole, die offenbar die Antwort auf seine Frage enthielten. Dr. Usui sprach daraufhin mit dem Leiter seines Klosters in Kyoto, in dem er zu jener Zeit lebte, und machte sich am nächsten Morgen auf den Weg zu dem 27 Kilometer entfernt liegenden heiligen Berg Kuriyama. Er wollte in der Einsamkeit des Berges 21 Tage lang meditieren und fasten und hoffte, auf diese Weise einen Kontakt zu der Ebene der Symbole herstellen zu können, um sie so auf ihren Wahrheitsgehalt hin zu überprüfen.

Er legte 21 kleine Steine vor sich hin und stieß jeden Tag ein Steinchen fort. Dies diente ihm als Kalender. Während dieser Zeit las er in den Sutren, sang und meditierte. Nichts Ungewöhnliches geschah. Der letzte Tag dämmerte

Dr. Mikao Usui

herauf. Es war noch ziemlich dunkel, als er ein strahlendes Licht erblickte, welches sich sehr schnell auf ihn zu bewegte. Es wurde größer und größer und traf ihn in der Mitte der Stirn. Er meinte zu sterben — und dann sah er Millionen von kleinen Bläschen in allen Farben des Regenbogens, vorwiegend in Blau, Lavendel und Rosa. Schließlich erschien ihm ein großes, weißes Licht. Er sah die vertrauten Sanskritbuchstaben in leuchtendem Gold vor sich und sagte: „Ja, ich erinnere mich."

Das war die Geburt des Usui-Systems des Reiki.

Als er allmählich zum normalen Bewußtsein zurückkehrte, stand die Sonne bereits hoch am Himmel. Er fühlte sich voller Energie und Kraft und begann seinen Abstieg von dem heiligen Berg. In seiner Eile verletzte er sich den Zeh. Er hielt seine Hand darauf und die Blutung kam zum Stillstand, der Schmerz verging. Dies war ein erstes Wunder.

Da er hungrig war, kehrte er in einem Gasthaus ein und bestellte ein großes japanisches Frühstück. Der Wirt warnte ihn davor, nach einer so langen Fastenzeit zu viel zu essen. Er verzehrte jedoch das ganze Mahl ohne die geringsten negativen Folgen. Das war das zweite Wunder.

Die Enkeltochter des Wirtes litt seit Tagen unter starken Zahnschmerzen. Dr. Usui legte seine Hände auf ihr geschwollenes Gesicht, und das Mädchen fühlte sich spontan wieder gut. Sie lief zu ihrem Großvater und sagte: „Das ist kein gewöhnlicher Mönch." Das war das dritte Wunder an diesem Tag.

Dr. Usui kehrte zunächst in sein Kloster zurück, entschied sich jedoch nach einigen Tagen, in die Bettelstadt von Kyoto zu gehen, um dort den Bettlern zu helfen, sie zu heilen und ihnen ein besseres Leben zu ermöglichen. Er blieb für etwa sieben Jahre in den Slums und behandelte viele Kranke.

Eines Tages sah er jedoch in der Bettelstadt die gleichen alten Gesichter wieder. Auf seine Frage, warum sie kein neues Leben begonnen hätten, antworteten sie ihm, das Arbeiten sei ihnen zu mühsam gewesen, sie wollten lieber Bettler bleiben.

Dr. Usui war zutiefst erschüttert und weinte sehr. Er erkannte, daß er etwas Wichtiges vergessen hatte: sie Dankbarkeit zu lehren. In den folgenden Tagen stellte er die Lebensregeln des Reiki auf, die du am Ende dieses Kapitels findest.

Bald darauf verließ er die Bettelstadt und kehrte nach Kyoto zurück. Dort entzündete er eine große Fackel, und auf die Frage der Vorbeikommenden sagte er, daß er Menschen suche, die das wahre Licht sehen wollten, die krank und bedrückt seien und sich nach Heilung sehnten. So begann ein neuer Abschnitt in seinem Leben, in dem er umherreiste und Reiki lehrte.

Die Geschichte des Reiki

Dr. Usui liegt in einem Zen-Tempel in Tokio begraben. Die Geschichte seines Lebens findet sich auf seinem Grabstein eingraviert. Es wird berichtet, daß das Grab vom Kaiser von Japan geehrt wurde.

Einer der engsten Mitarbeiter von Dr. Usui, Dr. Chijiro Hayashi, wurde sein Nachfolger und der zweite Reiki-Großmeister in der Linie der Tradition. Er betrieb bis etwa 1940 eine private Reiki-Klinik in Tokio, in welcher auch ungewöhnlich schwere Fälle behandelt wurden. So wurde Reiki bei besonders ernsten Erkrankungen als „Rund-um-die-Uhr"-Behandlung angewandt und häufig wurde ein Patient von mehreren Reiki-Behandlern gleichzeitig behandelt. Durch Kriegseinwirkungen und den Tod von Dr. Hayashi am 10. Mai 1941 wurde diese Arbeit jedoch beendet.

Seine Nachfolgerin wurde Hawayo Takata. Sie wurde im Jahre 1900 als Kind japanischer Eltern in Hawaii geboren und besaß die amerikanische Staatsbürgerschaft. Als sie 1935 zu Reiki geführt wurde, war sie eine Witwe mit zwei kleinen Töchtern und am Ende ihrer körperlichen und seelischen Kraft. Sie litt unter einer Anzahl schwerer Krankheiten, als eine innere Stimme ihr sagte, nach Japan zu gehen und dort Heilung zu suchen.

In Japan angekommen, wollte sie sich einer Operation unterziehen. Sie lag bereits auf dem Operationstisch, als die Stimme erneut zu ihr sprach und ihr sagte, daß eine Operation nicht notwendig sei.

Sie fragte daraufhin ihren Arzt, ob es eine andere Heilungsmethode gäbe, und er verwies sie an die Reiki-Klinik von Dr. Hayashi. Dort wurde sie täglich von zwei Behandlern mit Reiki behandelt. Nach einigen Monaten war ihre Gesundheit wieder vollkommen hergestellt.

Hawayo Takata wurde Dr. Hayashis Schülerin und blieb ein Jahr bei ihm, bevor sie mit ihren Töchtern nach Hawaii zurückkehrte. Während eines Besuches von Dr. Hayashi in Hawaii wurde sie im Jahre 1938 Reiki-Meisterin. Als Dr. Hayashi 1941 verstarb, trat sie seine Nachfolge als Reiki-Großmeisterin an. Viele Jahre lang lehrte und heilte sie in Hawaii. Doch erst in ihren siebziger Jahren begann sie, selbst Reiki-Meister auszubilden. Hawayo Takata entschlief am 11. Dezember 1980. Sie ließ 22 Reiki-Meister in den USA und Kanada zurück.

Kurz vor ihrem Hinübergehen gründete Hawayo Takata zusammen mit einigen Reiki-Meistern im August 1980 eine Reiki-Organisation mit dem Namen **American Reiki Association**, die vor allem die Weitergabe von Reiki organisieren und koordinieren sollte.

Dr. Chijiro Hayashi
† 1941

Die Geschichte des Reiki

Großmeisterin Hawayo Takata
1900 - 1980

Heute wird Reiki durch zwei Nachfolgeorganisationen vertreten, die beide ihren Sitz in den USA haben. Die eine nannte sich zunächst **American International Reiki Association Inc.** (kurz A. I. R. A.), die andere bezeichnet sich als **The Reiki Alliance** (Anschriften siehe Anhang).

Die **Reiki Alliance** wurde im Jahre 1981 von der Enkeltochter der ehemaligen Großmeisterin, Phyllis Lei Furumoto, und einer Gruppe von 21 Reiki-Meistern als freier Zusammenschluß gegründet. Im Juni 1984 wurde die „Reiki Alliance" in den USA als gemeinnützige Gesellschaft eingetragen. Phyllis Lei Furumoto hat die Funktion der Großmeisterin inne. Die „Reiki Alliance" zählte Anfang 1989 etwa 300 Reiki-Meister, davon ca. 120 in Europa. Die meisten noch von Hawayo Takata ausgebildeten Reiki-Meister verbanden sich mit dieser Organisation. Die „Reiki Alliance" richtet sich in der Weiterverbreitung von Reiki vor allem nach spirituellen Gesichtspunkten und hält sich eng an die traditionelle Überlieferung. Sie steht auf dem Standpunkt, daß Wahrheit ihren eigenen Weg zu den Menschen findet, die offen und bereit für sie sind und betreibt deshalb keine extensive Werbung.

Die **American International Reiki Association Inc. (A. I. R. A.)** wurde im Januar 1982 von Dr. Barbara Ray gegründet. Dr. Ray, welche ebenfalls von Hawayo Takata darin ausgebildet wurde, das Wissen des Meister-Grades weiterzugeben, trat zunächst als Präsidentin dieser Gruppe hervor. 1988 / 89 wurden drei weitere Organisationen gegründet. „THE RADIANCE TECHNIQUE ASSOCIATION INTERNATIONAL" (T.R.T.A.I.), „THE RADIANCE SEMINARS INC.", sowie „RADIANCE STRESS MANAGEMENT INTERNATIONAL INC.".

Die Organisationen bilden weitere Reiki-Meister aus und unterstützen diese in ihren Bemühungen bei der Weitergabe von Reiki. Geringfügige Unterschiede in der Interpretation mancher Sachverhalte entspringen wohl eher der persönlichen Ansicht einiger Reiki-Meister.

Wenn du dich für eine der beiden Organisationen entscheiden möchtest, so solltest du intuitiv dein Herz befragen und diejenige Organisation auswählen, die deinen Bedürfnissen am meisten entgegenkommt. Wir arbeiteten schon mit Reiki-Behandlern aus beiden Organisationen zusammen und haben mit beiden die gleichen positiven Erfahrungen gemacht.

In jüngerer Zeit gibt es jedoch auch eine zunehmende Zahl „organisationsloser" Reiki-Meister. Das sind Reiki-Lehrer, welche meistens in einer der genannten Organisationen ausgebildet wurden, sich diesen Organisationen jedoch nicht angeschlossen haben. Die überwiegende Zahl dieser Reiki-Meister lehrt Reiki in der traditionellen Art und Weise. (Anschriften siehe Anhang.)

Reiki – Lebensregeln

Gerade heute
   sei nicht ärgerlich.
Gerade heute
   sorge dich nicht.
Ehre deine Lehrer, Eltern
   und die Älteren.
Verdiene dein Brot ehrlich.
Sei dankbar
   gegenüber allem was lebt.

   DR. MIKAO USUI

Wie wirkt Reiki?

"Reiki — das höchste Geheimnis in der Energiewissenschaft."
Hawayo Takata

Sicherlich wird es dich nun interessieren, wie Reiki wirkt, wie es sich anfühlt, wie Reiki vom Behandler und vom Behandelten wahrgenommen wird. Dazu möchten wir als erstes einige Reiki-Empfänger zu Wort kommen lassen.

Eine 80jährige Dame nach ihrer ersten Behandlung: „Ich habe noch nie eine so tiefe Entspannung erfahren. Ich war unendlich ruhig und still, in mir war alles ganz weit. Und dann habe ich gespürt, wie es an den kranken Stellen in meinem Körper zu arbeiten beginnt. Daß es so etwas Wunderbares gibt!"

Ein älterer Herr: „Heute war es ganz anders als sonst, meine Beine haben die ganze Zeit über gekribbelt. Ich bin ganz unruhig geworden."

Ein junges Mädchen: „Es war angenehm, entspannend, aber es ist nichts Besonderes geschehen. Ist das denn so richtig?"

Und eine Lehrerin: „Ich habe so viel gesehen, Bilder, Farben, wunderschöne Landschaften. Das war ein Erlebnis!"

Diese wenigen Beispiele sollen dir zeigen, daß jeder Mensch auf eine Reiki-Behandlung anders reagiert. Da Reiki immer dort ansetzt, wo es der Empfänger vorrangig braucht, gibt es keine allgemeine Regel. Die häufigste Erfahrung, die bei einer Behandlung auftritt, ist Ruhe und Entspannung, oft verbunden mit einem Gefühl von Geborgensein, einem Eingehülltsein in eine feine, angenehme Energie. Aber selbst das gilt nicht als Regel.

Was wir jedoch mit Sicherheit sagen können ist, daß Reiki immer ganzheitlich wirkt.

Wenn wir einen Menschen mit Reiki behandeln, so legen wir unsere Hände ruhig und mit geschlossenen Fingern ganz sanft auf die verschiedenen Körperzonen des Empfängers auf*. Oft spüren wir schon bald eine Art Fließen, ein Gefühl von Wärme, das sich manchmal bis zur Hitze steigern

---

* Vergleiche hierzu in der Bibel Markus 16, Vers 18

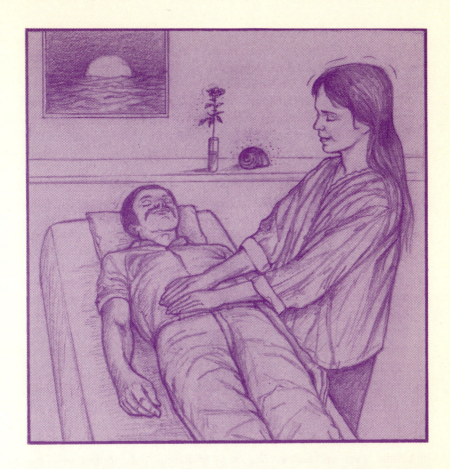

kann, in manchen Fällen auch Kühle oder Kälte. Beides wird vom Patienten oft ebenso deutlich gespürt wie von uns. Es kommt jedoch auch vor, daß der Empfänger an anderen Stellen Wärme empfindet als wir, oder er nimmt unsere Hitze als Kälte wahr.

Interessanterweise zeigt ein dazwischengelegtes Thermometer keine bemerkenswerten Wärmeunterschiede an. Offensichtlich handelt es sich dabei nicht um eine physikalisch meßbare Temperaturverschiebung.

In den meisten Fällen reagiert der Reiki-Empfänger nun mit Entspannung; ab und zu kommt es auch vor, daß jemand einschläft (die Wirkung wird dadurch nicht beeinträchtigt). Manchmal kommen alte, unverarbeitete Erlebnisse in sein Bewußtsein zurück, Emotionen werden frei, einige Tränen fließen, oder wir hören ein befreiendes Lachen. Wir haben es auch erlebt, daß starke bildliche Eindrücke auftraten, die in einigen Fällen schon visionären Charakter annahmen. Dies geschah vermehrt bei Menschen, die eine Meditationstechnik ausüben. Oft werden im Laufe einer Behandlungsserie innere Blockaden gelöst, die ein ganzheitliches Wachstum behindert hatten.

Obwohl wir bei der Reiki-Kontaktbehandlung den stofflichen Körper des Patienten benutzen, um über unsere Hände die Reiki-Energie in ihn einzuleiten, bleibt die Wirkung nicht auf die körperliche Ebene beschränkt. Sie vollzieht sich in allen Bereichen der körperlich-geistig-seelischen Einheit des Menschen.

Körperliche Krankheit oder Schwäche ist ja immer nur der physische Ausdruck einer zugrundeliegenden, mangelnden Geordnetheit, ein Zeichen, daß wir herausgefallen sind aus der inneren Einheit mit dem Leben. Dazu möchten wir Dr. Edward Bach (1886-1936), den Begründer der Bach-Blütentherapie*, mit einigen Worten zitieren:

> *„Krankheit wird mit den gegenwärtigen materialistischen Methoden niemals geheilt oder ausgerottet, aus dem einfachen Grund, weil Krankheit in ihrer Ursache nicht materialistisch ist ... Was wir als Krankheit kennen, ist nur das letzte Stadium einer sehr viel tiefer liegenden Unordnung ..."*

Hier können wir nun feststellen, daß uns Reiki der ursprünglichen Ordnung einen entscheidenden Schritt näherbringt. Die Reiki-Energie folgt nicht unserem üblichen „Therapiedenken". Bei der Behandlung mit Reiki wird der Patient mit der Harmonie des Universums zurückverbunden, und diese Harmonie, die auch ihn selbst bis in die kleinste Zelle durchdringt, weiß, wie er gesund, ganz und heil werden kann. In diesem Sinne fördert Reiki die natürliche Selbstheilung.

Reiki will den Menschen zu einem wirklichen, ganzheitlichen, *kausalen Heil-Werden* im umfassendsten Sinn führen. So geschieht es nicht selten, daß ein Reiki-Empfänger nach einigen Behandlungen mit neuen Gedanken in Berührung kommt, daß er zum Beispiel mit einer geistigen Technik wie Meditation, Autogenem Training oder Yoga beginnt, Bücher über positives Denken liest oder seine Ernährungsweise umstellt oder daß er sich selbst zu einem Reiki-Behandler ausbilden läßt. Manchmal zeichnen sich Lösungen für zuvor verdrängte Probleme ab. Nicht selten wird ein Schritt vollzogen,

---

* „Blumen, die durch die Seele heilen" von Edward Bach, H. Hugendubel Verlag, München, 5. Auflage.

zu dem bisher immer der Mut gefehlt hatte. Oft entsteht der Wunsch, etwas im eigenen Leben zu ändern. Wir haben die Patienten immer ermutigt, diesen positiven Impulsen zu folgen.

Wenn du mit Reiki arbeitest, wirst du oft erfahren, daß eine Behandlung ganz anders wirkt, als du es dir vorgestellt hast. Immer wieder erleben wir, wie Reiki seine eigene „Logik" entfaltet, daß es weiß, wo und in welcher Stärke es benötigt wird. Deshalb brauchen wir für eine Behandlung mit Reiki auch *keine Diagnosen* zu stellen, was uns so manchen Fehler ersparen kann.

Ab und zu kamen Patienten mit speziellen Beschwerden zu uns, und nach den Behandlungen hatten sich ganz andere Dinge gebessert, Funktionen, die offensichtlich im ganzheitlichen Heilungsprozeß vorrangig waren. So kam zum Beispiel eine Dame wegen ihrer Beschwerden im Schulter-Nacken-Bereich auf Empfehlung einer Bekannten zur Reiki-Behandlung. Ihre Bekannte hatte eine Art Spontanheilung erfahren, und die Dame erwartete wohl bei sich etwas Ähnliches. Beim zweiten Besuch sagte sie etwas enttäuscht, daß sich ihre Beschwerden leider nicht gebessert hätten. Im weiteren Verlauf des Gesprächs erzählte sie jedoch folgendes Erlebnis: Als sie nach der Behandlung in ihr Geschäft zurückkam, hatte sie das Gefühl, daß die stete Anspannung, die sie immer ihren Kunden gegenüber empfunden hatte, plötzlich verschwunden war. Sie war selbst ganz überrascht. Sie fühlte sich leicht und locker, ja auf einer bestimmten Ebene sogar mit ihren Kunden verbunden. Ihr wurde auf einmal bewußt, daß sie all die Jahre hindurch ihre Kunden höchst skeptisch und reserviert betrachtet hatte, oft gemischt mit einer inneren Angst, so als müsse sie sich ihren Kunden gegenüber verteidigen. Alle diese Gefühle waren seit der gestrigen Reiki-Behandlung nicht mehr aufgetreten. Sie hatte eine Kundin sogar liebevoll in den Arm genommen, eine Geste, die früher für sie undenkbar gewesen wäre. Waren die obenerwähnten Probleme nicht vielleicht die kausale Ursache für ihre Beschwerden, wegen denen sie eigentlich gekommen war? Wie würde wohl ihr Nacken reagieren, wenn sie nicht mehr unter ihrer ständigen Anspannung steht?

Sie war eine intelligente Frau und verstand nach einer kurzen Unterredung den ineinandergreifenden Mechanismus von Psyche und Körper. Der „Teufelskreis" ihrer Beschwerden war von jenem Zeitpunkt an durchbrochen, und sie hat seither viele ihrer Kunden zu einer Reiki-Behandlung geschickt.

Als wir uns Ende 1984 für einige Monate auf den Philippinen aufhielten, behandelten wir dort viele arme und einfache Menschen, die oft aus dem nahen Urwald zu uns kamen. Eine Eingeborene klagte darüber, daß sie unfruchtbar sei — für eine Frau von etwa 30 Jahren wohl eine der schlimmsten „Krankheiten" in diesem Land. Wir behandelten sie, und nach einigen Tagen berichtete sie uns, daß sich ihre langjährigen Verdauungsbeschwerden völlig gegeben hätten. Auch ihr Magen sei wieder ganz in Ordnung, und wenn sie nun mit ihrem Mann in Liebe zusammen sei, verspüre sie überhaupt keine Schmerzen mehr. Von all diesen Problemen hatten wir zuvor nichts gewußt. Auch hier hatte Reiki ohne eine bewußte Manipulation von unserer Seite und ohne unseren analytischen Verstand seinen Weg gefunden.

Manchmal kommt es auch vor, daß ein Krankheitssymptom ganz unerwartet verschwindet, ohne daß wir daran geglaubt oder damit gerechnet haben.

So kam einmal ein Patient mit seinen jahrzehntelangen Kniebeschwerden in die Praxis. Wir hatten eigentlich wenig Hoffnung, was sollte sich da nach so vielen Jahren noch ändern? Und dann war er plötzlich nach wenigen Behandlungen langfristig beschwerdefrei.

Die Wirkungen von Reiki können in einigen Stichpunkten wie folgt beschrieben werden:

- REIKI fördert die natürliche Selbstheilung;
- REIKI vitalisiert Körper und Geist;
- REIKI stellt die seelische Harmonie und das geistige Wohlbefinden wieder her;
- REIKI wirkt auf allen Ebenen, der körperlichen, der geistigen, der emotionalen und der seelischen Ebene;
- REIKI gleicht den Energiehaushalt aus;
- REIKI löst Blockaden und fördert die vollkommene Entspannung;
- REIKI reinigt von Giften;
- REIKI paßt sich dem natürlichen Bedarf des Empfängers an;
- REIKI ist auch bei Tieren und sogar bei Pflanzen wirksam;
- REIKI ist eine äußerst angenehme, ganzheitliche Heilmethode.

Wir möchten noch hinzufügen, daß Reiki niemals schaden kann, da es immer in jener Quantität fließt, in der der Empfänger es braucht.

Wie wirkt sich Reiki nun auf den Behandler aus, was erlebt und empfindet er, wenn er eine Behandlung gibt?

Wir haben zuvor schon erwähnt, daß wir bei einer Behandlung mit Reiki nur als Kanal dienen. Wir selbst sind nicht die Quelle dieser Energie, wir stellen uns sozusagen als *Katalysator* zur Verfügung. Das kostet den Behandler keine besondere Mühe, Fähigkeit oder spezielle Kraft. Wir werden, während wir Reiki in den Körper des Patienten einleiten, selbst damit aufgeladen.

Oft empfinden wir dabei in den Händen ein deutliches *Fließen*. Bodo hat häufig das Gefühl, daß seine Hände Funken sprühen, so als würden tatsächlich kleine Energieteilchen auf den Reiki-Empfänger überspringen. Es ist für ihn stets eine sehr angenehme und harmonische Empfindung. Shalila erfährt vor allem eine tiefe, innere Verbundenheit mit dem Patienten. Oft weiß sie bei der Behandlung intuitiv, was ihm fehlt. Nach einer Behandlung fühlen wir uns immer sehr glücklich, körperlich und seelisch ausgeglichen und voller Harmonie.

Ein Arzt, der Bodo einige Male bei einer Reiki-Behandlung beobachtete, fragte ihn daraufhin, ob es denn nicht langweilig sei, immer nur einfach die Hände auf den Patienten zu legen. Bodo antwortete ihm: „Ganz und gar nicht. Es ist für mich jedesmal aufs neue interessant, zu spüren, wo und in welcher Qualität und Quantität die Reiki-Energie fließt. Ich habe mich noch nie dabei gelangweilt. Eher werde ich immer noch wacher, während ich Reiki gebe." Heute arbeitet dieser Arzt selbst mit Reiki.

Es ist wohl bemerkenswert, daß uns mehr als 50 Prozent aller Reiki-Patienten fragten, ob sie Reiki nicht selbst erlernen könnten. In Bodos 15jähriger therapeutischer Praxis hingegen haben sich trotz seines breiten Therapiespektrums nicht einmal fünf Prozent der Patienten für das Erlernen der gegebenen Behandlung interessiert.

Wir möchten hier noch erwähnen, daß es auf der körperlichen Ebene in einigen Fällen zu leichten bis mittleren Entgiftungserscheinungen kommen kann, welche als biologisch sinnvolle Eigenregulationen gewertet werden sollten. Es handelt sich gewöhnlich um eine vermehrte Harn- oder Stuhlausscheidung, eine verstärkte Nasen- und Rachensekretion oder auch ein brennendes Tränen der Augen. Manchmal scheiden auch die Ohren oder die Haut vermehrt Gift- und Schlackenstoffe aus. Ein kurzer Fieberschub oder das zeitweise Aufflackern früherer Krankheiten sind ebenso möglich. Bitte werte solche oft wichtigen körperlichen Gesundungsmaßnahmen nicht als erneute Krankheit, denn sie stellen einen natürlichen Reinigungsmechanismus dar. All diese Reaktionen sind nur von kurzer Dauer; danach fühlt sich der Patient in der Regel erheblich besser als zuvor. Es sind ähnliche Reaktionen, wie wir sie häufig auch während einer längeren Fastenzeit beobachten können.

„Die besten Methoden sind solche, die der Lebensenergie helfen, ihre innere Heilungsarbeit wieder aufzunehmen."
Paramahansa Yogananda*

Für medizinische Insider sei noch erwähnt, daß es durch die Reiki-Therapie zu einer regressiven Vikariation aus den von Dr. med. H. H. Reckeweg** eingehend beschriebenen Imprägnations-, Degenerations- und Neoplasmaphasen in Richtung der Depositions-, Reaktions- und Exkretionsphasen kommen kann. (Auf der von Dr. Reckeweg entwickelten 6-Phasen-Tabelle der Homotoxikosen bedeutet dies eine Verschiebung des Krankheitsverlaufes von unten rechts nach oben links). Dies weist auf eine Gesundung im Sinne einer Naturheilung hin: Früher durchgemachte Krankheiten werden kurzzeitig rückwärts durchlebt.

Reckewegs Erkenntnisse waren fundamental und exakt durchdacht, jedoch allein auf den stofflichen Bereich begrenzt. Der gleiche Mechanismus, den Reckeweg auf der körperlichen Ebene erkannte und analysierte, vollzieht sich selbstverständlich auch im geistig-seelischen Bereich. Frühere, unverarbeitete Erfahrungen und Probleme können noch einmal in das Bewußtsein treten, um so verarbeitet und um dann als „erledigt" abgelegt werden zu können. Auf diese Weise wurden durch Reiki oft blockierende, in der Vergangenheit wurzelnde Verspannungen neutralisiert.

Wenn du sehr viel mit Reiki behandelst, können ähnliche Reaktionen auch bei dir auftreten. Während Reiki aus deinen Händen in den Körper des Patienten übergeht, fließt es ja durch dich hindurch und entfaltet auch in dir seine heilende Kraft.

So wirst du, indem du anderen Reiki gibst, selbst immer mehr gereinigt, gesund und ganz. Und du wirst beobachten können, wie allmählich in dir das Vertrauen in eine Weisheit und Kraft wächst, die dein ganzes Leben durchzieht. Eine Entwicklung setzt ein, die dich zu Erkenntnis und Wahrheit, zu Liebe und zu einer bewußten Einheit mit der ganzen Schöpfung führt.

---

* „Autobiographie eines Yogi" von Paramahansa Yogananda, Otto Wilhelm Barth Verlag, München, 9. Auflage.
** „Die Homotoxinlehre als Fundament der allgemeinen Pathologie und Therapie" von Dr. med. H. H. Reckeweg, Aurelia Verlag, Baden-Baden 1961.
„Die Homotoxikosen 6-Phasen-Tabelle, von Dr. med. H. H. Reckeweg, Aurelia Verlag, Baden-Baden.

Empfange
Nur in ein leeres Gefäss kann man
frisches, lebendiges Wasser einfüllen.
So lege deine geprägten
Erwartungen und Vorstellungen
für diese kurze Zeit beiseite.
Leere dich für einen Augenblick.
Sei offen.
Empfange.

Muß man daran glauben?

Bist auch du ein Skeptiker?
 Oft hörten wir bei unseren Vorträgen den Einwand: „Alle diese Methoden wirken doch nur, wenn man auch daran glaubt. Wenn man an etwas glaubt, heilt ja bekanntlich alles."
 Manchmal fragte Bodo die Kritiker, warum er das Besagte denn nicht einfach praktiziere? Er brauche dann ja nur an seinen Arzt, an seine Tabletten, an die Wirkung seiner Religion oder an irgend etwas anderes zu glauben, um wieder gesund zu werden. Warum tut er dies nicht? Fehlte ihm vielleicht der Glaube an seinem Glauben?
 Nun, ein echter, tiefer Glaube ist zweifellos eine starke Kraft. Wir wäre es jedoch um Besinnungslose bestellt, um Babys und Kleinkinder, wie wäre eine erfolgreiche Behandlung von Tieren und Pflanzen möglich, wenn es allein der bewußte Glaube ist, der eine Heilung bewirkt? Und was sollte ich als Therapeut tun, wenn mir ein Patient sagt, er könne nicht glauben?
 Daß Reiki auch in allen diesen Fällen hilft, ist inzwischen tausendfach bestätigt worden. Zwar ist es bis heute nicht möglich, für alle auftretenden Phänomene und Heilerfolge, wie auch scheinbaren Mißerfolge, eine wissenschaftlich befriedigende Erklärung zu liefern, aber wie viele Dinge gibt es in unserem Leben und im Leben des Universums, die die Wissenschaft bisher nicht klären konnte!
 Shalila und ich wissen zum Beispiel auch nicht, warum uns die Äpfel so gut schmecken oder warum unser Sonnensystem so fehlerlos funktioniert. Trotzdem ernähren uns die Äpfel so gut, und wir erfreuen uns täglich am Licht der Sonne und am Glanz der Sterne. Zu dieser Einsicht hatten wir weder die Wissenschaft noch den Glauben nötig. Oder sollten wir dies alles hinfort lieber meiden, nur weil uns eine wissenschaftliche Erklärung oder auch der Glaube daran fehlt? Nun, uns genügt die Erfahrung, und wir erfreuen uns weiterhin daran.
 Wer einmal die Wirkung einer Reiki-Behandlung erfahren hat, weiß um ihren Wert. Dennoch erfüllen Glauben und Wissenschaft auch im Zusammenhang mit Reiki ihren Sinn. Ein wissenschaftlicher Nachweis kann die

Wirkung von Reiki bestätigen, und der Glaube daran kann dich für die Erfahrung öffnen und sie vertiefen. Reiki funktioniert auch ohne die Voraussetzungen — aber mit ihnen gewiß nicht schlechter.

Doch täuschen wir uns nicht! Unsere eigenen Gedanken formen und beeinflussen uns mehr, als wir oft annehmen mögen. Alles, was wir in irgendeinem Lebensbereich mit Überzeugung, Optimismus, innerem Glück und Hingabe tun, ist grundsätzlich erfolgreicher und befriedigender. Auch in der Therapie, egal welcher Art, spielt dieser Faktor eine nicht zu unterschätzende Rolle. Wenn wir gegen eine Behandlung arbeiten — sei es durch unseren äußeren Lebensstil oder durch unsere innere Einstellung —, schaden wir vor allem immer uns selbst. Wir können durch eine negative Einstellung den natürlichen Fluß einer Heilung zu einem gewissen Grad behindern.

Die Tatsache, daß der Körper spontan auf unsere Gedanken reagiert, läßt sich inzwischen durch einfache *kinesiologische Tests* beweisen. Sobald wir einen negativen Gedanken aufnehmen (oder uns in eine negative Situation begeben), reagiert der Organismus sofort mit Schwäche bzw. mit Vitalitätsabfall, bei einem positiven Gedanken hingegen mit Stärke und Vitalitätszunahme. Anleitungen zu diesem Test, den jeder leicht nachvollziehen kann, gibt das Buch „Der Körper lügt nicht" von Dr. John Diamond*. Als Goethe sagte:

„Es ist der Geist, der sich den Körper schafft",

hatte er sicherlich auch diesen Mechanismus im Sinn.

Doch ist es nicht nur der Körper, den wir uns fortwährend selber erschaffen. Der Einfluß unseres Geistes erstreckt sich auf unser gesamtes Dasein. Durch alle unsere Gedanken, Gefühle, durch unsere bewußten und unbewußten Wünsche und Ängste, aber auch durch unsere Worte und Handlungen schmieden wir Tag für Tag in der „Esse der Zeit" unser Leben.

Betrachte aus dieser Sicht einmal die Worte der Bibel:

„Laßt Euch nicht irreführen — denn was immer ein
Mensch sät, das wird er auch ernten."
Galater 6, Vers 7

---

* „Der Körper lügt nicht" von Dr. John Diamond, Verlag für angewandte Kinesiologie, Freiburg 1983.

Auch die einfachen Volksweisheiten

> *„Wie du in den Wald hineinrufst,
> so schallt es wieder heraus",*

oder

> *„Jeder ist seines Glückes Schmied"*

geben dieses grundlegende Wissen um Ursache und Wirkung in einfacher Form wieder.

Sehr aufschlußreiche Informationen zu diesem Thema gibt uns der theosophische Forscher und Autor Charles Webster Leadbeater (1847 - 1943) in seinem Werk „Die Lehre des Wachstums"*, die sicherlich auch zu einem tieferen Verständnis über die Wirkung der Reiki-Mentalheilung (siehe Kapitel 11) beitragen werden. Er beschreibt dort auf sehr plastische Weise, wie durch jeden unserer Gedanken eine „Wesenheit" erschaffen wird, ein sogenanntes „Elemental". Diese von uns produzierten Gedankenwesen haben das Bestreben, sich zu erhalten und sich, wenn möglich, auszudehnen. Greifen wir einen Gedanken nur selten oder nur sehr oberflächlich auf, so hat das dadurch erzeugte Elemental nur sehr wenig Substanz und löst sich sogleich wieder auf. Je häufiger wir einen Gedanken denken und je intensiver dieser Gedanke ist, desto größer und mächtiger wird das entsprechende Elemental und desto länger lebt es. Gleiche Gedanken können zu großen Gedankentrauben akkumulieren.

Ein Elemental besitzt eine gewisse *Handlungsfreiheit*. Es kann sich mit ähnlichen Schwingungen aus der Umgebung verbinden und so auf eine Erfüllung seines *Muttergedankens* hinwirken. Wenn wir zum Beispiel den Gedanken haben: „Mir geht es gut", so wird das Elemental automatisch alles tun, was zur Bestätigung und damit zur Wiederholung dieses Gedankens beiträgt. Auf diese Weise ernährt und erhält es sich.

Hier finden wir auch eine plausible Erklärung für die großen Erfolge der Methoden des positiven Denkens nach Emile Coué, Dr. Murphy, Erhard F. Freitag, K. O. Schmidt u. a. Coué prägte den berühmtgewordenen Satz: „Mit jedem Tag geht es mir in jeder Hinsicht immer besser und besser." Viele Menschen haben diese einfache Formel angewandt und bemerkenswerte Erfolge damit erzielt.

---

* „Die Lehre des Wachstums", Band 1, von Charles Webster Leadbeater, Hirthammer Verlag, München, Ausgabe 1980.

Der gleiche Mechanismus zeigt sich natürlich auch bei negativen Gedanken. Wie schwer fällt es uns oft, von einem bestimmten, immer wiederkehrenden Gedankenmuster oder einer Handlungsweise loszukommen. Wenn wir nun den entsprechenden Gedanken nicht mehr aufnehmen oder ihn unbeachtet vorüberziehen lassen, so wird das damit verbundene Elemental erst einmal um seine Existenz fürchten und versuchen, uns immer wieder in die gleiche Denkrichtung zu treiben — verliert dann aber nach und nach an Substanz und löst sich allmählich auf.

Auch eine Gruppe von Menschen, ein ganzes Volk oder eine Nation kann ein gemeinsames Gedankenwesen erschaffen, und die Wirkung dieses kollektiv erzeugten Elementals kann sehr machtvoll sein.

Was würde wohl die Folge sein, wenn die Medien irrtümlich vom Anrollen einer großen Grippewelle berichteten, deren Erreger sehr gefährlich sei, und die Symptome in allen Einzelheiten beschrieben? Wie viele Menschen würden sich sogleich schlapp und elend fühlen und womöglich wirklich an Grippe erkranken? Und wie hätten die gleichen Menschen reagiert, wenn ihnen statt dessen gesagt worden wäre, daß ungewöhnliche meteorologische Einflüsse in diesen Tagen ein Klima erzeugten, das die Vitalität und die Widerstandskraft gegen Krankheiten enorm erhöht? Wie viele Menschen wären in diesem Fall wohl an Grippe erkrankt?

Je mehr Menschen an einem kollektiv erzeugten Einfluß beteiligt sind, desto größer ist seine Wirkung. Diese Wirkung kann jedoch noch enorm gesteigert werden, wenn die entsprechenden Gedanken auf einer sehr feinen Ebene des Bewußtseins aufgenommen werden. Ähnlich wie in den feineren Schichten der Materie mehr Energie vorhanden ist — man denke nur an die Atomspaltung —, so besteht auch in der Tiefe unseres Bewußtseins eine viel größere Wirkungsmacht, denn dort sind wir dem inneren Einsseins mit der Schöpfung bedeutend näher. Hier kommen neue Gesetzmäßigkeiten mit ins Spiel, die den Einfluß der oben genannten Elementale noch bei weitem übertreffen.

Ein allgemeiner Gedanke der Liebe zum Beispiel, der im feinsten Bereich des Bewußtseins aufgenommen wird, jenem Bereich, der das *Göttliche* in dir, in uns und in allen Menschen und Dingen darstellt, wird vom innersten Kern allen Lebens direkt empfangen, ohne die Vermittlung durch ein Elemental. Wir müssen wohl nicht erwähnen, daß ein jeder Gedanke auf dieser Ebene automatisch positiv ist.

Dieses Prinzip wurde 1976 zum ersten Mal wissenschaftlich nachgewie-

Erfolg

Wenn wir an Scheitern denken,
so scheitern wir.
Wenn wir unentschlossen bleiben,
bleibt alles beim alten.
Wir müssen Großes vollbringen wollen
und es einfach tun.
Niemals denkt an Mißerfolg.
Denn so wie wir jetzt denken,
erfüllt sich alles.

MAHARISHI MAHESH YOGI

sen.* Man stellte fest, daß in Städten, in denen mindestens ein Prozent der Bevölkerung die Technik der Transzendentalen Meditation ausübte, die Kriminalität, Krankheitsrate und Unfallrate signifikant abnahmen. Heute wird dieser Effekt bewußt genutzt, um durch die gemeinsame Ausübung dieser Meditationstechnik in Gruppen von 7000 Personen auf den Frieden in der ganzen Welt hinzuwirken. (Dies entspricht der Quadratwurzel von 1 % der Weltbevölkerung**).

Auch Reiki-Praktizierende haben diesen Gedanken aufgegriffen. Durch eine gemeinsame Ausrichtung der Reiki-Energie kann die heilende Kraft auf unsere ganze Erde übertragen werden und auf diese Weise die Forderung nach Weltfrieden unterstützen.

Die fundamentalen Erkenntnisse über die Auswirkungen einer gemeinsamen geistigen Ausrichtung wurden inzwischen von vielen bekannten Physikern und anderen Wissenschaftlern erforscht und bestätigt (z. B. Fritjof Capra, Rupert Sheldrake***), die ihrerseits mit vielerlei Untersuchungsergebnissen den Beweis für die Richtigkeit der obengenannten Zusammenhänge antraten.

Wir wollten dir mit all diesen Informationen einmal zeigen, wie sehr der innere wie auch der äußere Reichtum unseres Lebens in unserer eigenen Hand liegen und daß wir auch den Ereignissen in der Welt nicht hilflos gegenüberstehen müssen.

Für viele Menschen sind diese Erkenntnisse über Ursache und Wirkung längst zu einer praktizierten Wirklichkeit geworden. Für andere mag es noch sehr ungewohnt sein, die Ereignisse im Leben in diesem Licht zu sehen, doch sollte die Gewohnheit einer Betrachtungsweise nicht unbedingt über ihren Wahrheitsgehalt entscheiden.

Wenn du dich also zu einer Reiki-Therapie entschließt, von der Wirksamkeit der Methode jedoch (noch) nicht restlos überzeugt bist, solltest du zunächst einmal einen möglichst neutralen, unbewerteten Standpunkt einnehmen. Sei einfach neugierig und schaue, was da auf dich zukommt. Aber selbst wenn du ein negatives Gedankenelemental gegen die Reiki-Behand-

---

* „Verwirklichung einer idealen Gesellschaft — ein weltweites Unternehmen" von Maharishi Mahesh Yogi, MERU-Press, Rheinweiler 1977.
** „Das gemeinsame TM- und TM-Sidhi-Programm: Ein wesentlicher Beitrag zur Lösung der gesellschaftlichen Probleme" von der Akademie für Persönlichkeitsentfaltung, 2820 Bremen 71, 2. Auflage 1984.
*** „Der kosmische Reigen" von Fritjof Capra, Scherz Verlag 1980.
„Das Schöpferische Universum" von Rupert Sheldrake, Meyster Verlag 1983.

lung aufbaust, wird Reiki nicht ohne Wirkung bleiben. Wenn du aber positiv oder einfach nur offen bist, kann sich die Wirkung von Reiki in ihrer ganzen Vollständigkeit entfalten.

Als Shalila zum ersten Mal ihre Mutter behandelte, war sie erstaunt über die ungewöhnlich tiefe Erfahrung, die die fast 80jährige Frau dabei machte. Als sie ihre Mutter daraufhin ansprach, sagte diese: „Ich habe mir einfach gedacht, daß ich alles dankbar annehmen will, das du mir gibst — und daß ich gesund werden will."

So kann durch eine positive Haltung jeder zu seinem eigenen Mitbehandler werden, dem der Therapeut mit seinen Möglichkeiten hilfreich zur Seite steht.

Reiki ist keine komplizierte *Technik*, es ist nichts, wobei du dich anstrengen mußt oder wofür du irgendeine besondere Fähigkeit oder Begabung brauchst. Reiki ist eine vollkommen natürliche Heilweise, und der natürliche Fluß des Lebens geht immer zu größerer Vollständigkeit, zu größerer Harmonie und Glück. Wenn du nicht bewußt mit diesem Strom schwimmen kannst, laß dich einfach mit der Strömung treiben.

Sicher hast auch du in der Vergangenheit schon viele Kämpfe *dagegen* ausgetragen, und es hat dich viele angenehme Stunden deines Lebens gekostet. Vielleicht hast du manches damit erreichen können, dennoch verursacht Kampf immer eine Trennung, eine Isolation von der Ganzheit des Lebens. Damit wollen wir nicht sagen, daß du passiv sein oder dich nicht engagieren sollst, aber ob du dich für eine Sache einsetzt oder gegen etwas ankämpfst, ist ein großer Unterschied. Und Offenheit ist immer eine Voraussetzung dafür, die positive Seite der Dinge kennenzulernen.

Hineinbeissen

Um Reiki tief erfahren zu können,
musst du nicht daran glauben.
So musst du auch nicht
an die Köstlichkeit einer Frucht glauben,
um sie geniessen zu können.
Aber hineinbeissen musst du!

Wie wirst du „Reiki-Kanal"?

Vielleicht entsteht eines Tages der Wunsch in dir, Reiki nicht nur zu empfangen, sondern auch an andere weitergeben zu können. Vielleicht hast du auch schon einmal eine Behandlung bekommen und möchtest Reiki nun immer zu deiner Verfügung haben. Gibt es irgendwelche Voraussetzungen, die du dafür erfüllen mußt?

Als Bodo zum ersten Mal von Reiki hörte, meldete er sich sogleich für den nächsten Reiki-Kurs an. Eine kurze Beschreibung von Reiki genügte ihm, um zu wissen, daß dies die Methode war, nach der er in all den Jahren seiner therapeutischen Tätigkeit vergeblich gesucht hatte. Shalila wünschte sich erst einmal eine „Testbehandlung", bevor sie sich zu einer Teilnahme am Reiki-Kurs entschloß, und eine Freundin von uns brauchte nach einer Behandlungsserie ein ganzes Jahr, bis auch sie sich zum Reiki-Behandler ausbilden ließ. Wie du siehst, gibt es hier schon einmal keine feste Regel.

Reiki ist so einfach auszuführen, daß selbst Kinder es mühelos in ein bis zwei Tagen erlernen. Es sollte jedoch in dir der ehrliche Wunsch bestehen, Reiki zu deinem eigenen Wohl und zum Wohl anderer einzusetzen, und dieser Wunsch sollte nicht nur einer Laune oder kurzlebigen Idee entspringen. Wenn du dir über diesen Punkt im klaren bist, steht deiner Teilnahme an einem Reiki-Seminar nichts im Wege.

Die ursprüngliche Reiki-Tradition kennt zwei aufeinander aufbauende Reiki-Grade und einen Meister-Grad*. Der erste Grad befähigt dich, durch Auflegen deiner Hände Reiki-Energie direkt auf dich selbst oder auf andere zu übertragen. Du kannst diesen Grad in einem Wochenendkurs erwerben, der gewöhnlich an einem Freitagabend beginnt und bis zum Sonntagmittag dauert. Hieran kannst du schon erkennen, daß es nicht viel zu lernen gibt, zumal wenn du dieses Buch bereits gelesen hast.

Meist sind es zwischen 10 und 25 Schüler, die sich zu einem Erste-Grad-Seminar einfinden. Oft ist es eine ganz gemischte Gruppe. Einige der Teilnehmer kommen gewöhnlich aus medizinischen Berufen, es gibt Studenten, Hausfrauen, Alternative, jüngere und ältere Menschen darunter. Die Atmosphäre ist locker und entspannt, und die Kursteilnehmer kommen sich im

---

*Bis 1983 wurde Reiki in dieser traditionell überlieferten Art und Weise von beiden Organisationen gleichermaßen gelehrt. Während die Reiki-Alliance dieser Tradition auch weiterhin folgte, gab es bei der A.I.R.A. bzw. T.R.T.A.I. bezüglich der Lehrweise, der Anzahl der Grade, der Art der Ausbildung, der Organisationsform und der Namensgebung immer wieder Veränderungen oder Erweiterungen. Wer sich über den neuesten Stand der Dinge informieren möchte, wende sich bitte direkt an die T.R.T.A.I. in den USA. (Anschrift im Anhang)

Verlauf eines Reiki-Seminars auf eine sehr schöne, für viele unbekannte Weise sehr nahe.

Der Kurs beginnt gewöhnlich mit einigen einführenden Worten und Erklärungen, und dann erhältst du deine erste Initiation, der im Verlauf des Kurses drei weitere folgen werden.

Reiki wird nicht gelehrt, wie irgendeine andere Heilmethode oder medizinische Disziplin. Wir sind alle mit Reiki geboren, es ist die Kraft des Lebens selbst. Während der vier traditionellen Einweihungen wird der *innere Heilungskanal* in dir wieder geöffnet, und du wirst auf die Reiki-Energie eingestimmt. Dies geschieht während der persönlichen Initiationen durch den Reiki-Meister.

Für manche sind diese Einstimmungen ein besonderes, tiefgehendes

Erlebnis. Wir sind jedoch nicht befugt, an dieser Stelle die genauen Einzelheiten dieses Vorganges darzulegen. Auch können dir Worte diese Erfahrung niemals vermitteln und dich nicht als Kanal für die Reiki-Energie öffnen.

Ein Schüler-Meister-Verhältnis bringt darüber hinaus viele Vorteile mit sich. Bei jeder Unsicherheit oder Unklarheit kannst du seinen Rat einholen. Ein Meister hat gewöhnlich langjährige Erfahrungen gesammelt, die dir nun zugute kommen. Er ist mit der Kette einer Tradition von Meistern verbunden, die das Wissen über lange Zeit hinweg in ihrer ursprünglichen Form bewahrt haben. Eine solche Tradition garantiert, daß es in seiner Reinheit und damit in seiner Wirksamkeit erhalten bleibt.

Schon nach der ersten Initiation *fließt* Reiki-Energie durch deine Hände.

Oft bittet dich der Reiki-Meister vor der ersten Einweihung, deine Hände einmal auf deinen Körper zu legen und zu beobachten, was dabei geschieht. Wenn du nach der Einweihung das gleiche wiederholst, wirst du einen spürbaren Unterschied feststellen. Du merkst, wie eine feine Energie, eine wohltuende, heilende Wärme aus deinen Händen fließt.

Zwischen den einzelnen Einweihungen lernt ihr die verschiedenen Griffpositionen, die sehr einfach und leicht auszuführen sind und dann behandelt ihr euch gegenseitig. Gewöhnlich läuft dazu im Hintergrund eine angenehme, leise Musik. Einige der Kursteilnehmer haben bereits bei diesen ersten Versuchen tiefgreifende Erlebnisse, andere fühlen sich einfach wohl, entspannt und harmonisiert. Nach den Behandlungen werden die Erfahrungen ausgetauscht und mit dem Reiki-Meister besprochen.

Du wirst beobachten können, wie sich die Gesichtszüge der Teilnehmer im Verlauf eines Seminars immer mehr verändern, wie sie entspannter, jünger und strahlender werden, und wenn du selbst in den Spiegel schaust, blicken dir vielleicht zwei ungewöhnlich glückliche Augen entgegen. Bevor die Gruppe wieder auseinandergeht, umarmen sich alle noch einmal und jeder bekommt eine schöngestaltete Erste-Grad-Reiki-Urkunde.

Du hast nun die Fähigkeit erworben, andere Menschen wie auch dich selbst durch Auflegen deiner Hände mit Reiki zu behandeln. Auch kannst du deine Medikamente, Nahrungsmittel, Kosmetika usw. wirkungsvoll mit Reiki-Energie anreichern, und du kannst diese heilende Energie auf Tiere und Pflanzen übertragen.

Nun möchten wir dir noch einige Tips und Hinweise für die Teilnahme am Erste-Grad-Seminar geben. Zuerst einmal die Kursgebühr. Sie betrug 1989 in Deutschland zwischen 300,— DM und 360,— DM. Für ein Wochenendseminar wohl angemessen, wie wir meinen, und für das, was du dafür bekommst, eher ein bescheidener Gegenwert. Inzwischen werden in vielen Städten von Zeit zu Zeit Reiki-Seminare angeboten. Die genauen Daten und Kursorte nebst Anmeldeschein und Informationsmaterial sendet dir gerne jeder Reiki-Meister zu. (Namen und Adressen der Reiki-Meister findest du im Anhang).

Solltest du zehn oder mehr Interessenten für solch ein Seminar zusammenbekommen, ist ein Reiki-Meister vielleicht auch bereit, direkt zu euch zu kommen. Wer über eine klappbare Massagebank verfügt, sollte diese gerne mitbringen, ebenso eine Wolldecke. Lockere, natürliche Kleidung möchten wir dir nicht nur für das Reiki-Seminar empfehlen.

Und dann beginnt die Zeit der praktischen Erprobung. Fast jeder Kurs-

teilnehmer hat schon jemanden im Sinn, den er behandeln möchte — das Baby der Schwester, die Oma mit ihrer kranken Hüfte, die Tochter mit ihren Regelbeschwerden, den Arbeitskollegen mit seiner chronisch schlechten Laune und natürlich den Hund des Nachbarn, der seit einigen Tagen hinkt.

Und diese Zeit ist wichtig, du solltest sie ausgiebig nutzen. Wer in einer Klinik oder Praxis arbeitet, hat ohnehin ein breites Betätigungsfeld. Manchmal werden nun nach kurzer Zeit die ersten „Wunderheilungen" gemeldet, und du kannst mit deinen heilenden Händen viele schöne und tiefe Erfahrungen vermitteln. Vergiß dabei jedoch nie, daß es nicht deine eigene Energie ist, die da heilt, und bleibe bescheiden. Beim nächsten Versuch kann alles schon wieder ganz anders verlaufen.

Einen wichtigen Grundsatz solltest du dir jedoch merken: *Je mehr Reiki* du gibst, desto stärker wird die Kraft durch dich fließen. Deshalb benutze Reiki, soviel du kannst — dir und anderen zum Segen.

Wenn du einmal längere Zeit nicht mit Reiki arbeiten solltest, so brauchst du nicht zu befürchten, daß sich deine Reiki-Fähigkeit wieder verlieren könnte. Du bleibst dein ganzes Leben als Reiki-Kanal geöffnet, auch wenn du erst in dreißig Jahren wieder Gebrauch davon machst. Eine wunderbare Sache!

Auch du selbst wirst nun die Wirkung von Reiki zu spüren bekommen. Nicht selten kommen tiefgreifende Wandlungen in Gang, Entwicklungen setzen ein. Das eigene Leben mag neue Akzente bekommen, alte, überholte Strukturen werden leichter und schneller abgelegt.

Du wirst sehen, wie Reiki dich immer mehr führt und leitet. Es kann auch einmal geschehen, daß verdrängte Erfahrungen an die Oberfläche zurückkommen, weil es nun an der Zeit ist, sie aufzuarbeiten, und das mag nicht immer bequem sein. Und einigen wird das Tempo der Entwicklung plötzlich zu schnell: Für manche ein Grund, Reiki für eine Weile ,,beiseite zu legen''.

So hatte zum Beispiel eine befreundete Dame nach einigen Reiki-Behandlungen, die sie einer Bekannten gab, sehr deutliche Kundalini-Erfahrungen (aufsteigende Energien in der Wirbelsäule), verbunden mit Rückenschmerzen, wie sie das bereits von längeren Meditationskursen her kannte. Nach einigen Tagen ,,Reiki-Pause'', in denen sie nur sich selbst behandelte, hatten sich die Symptome wieder gelegt, und sie fühlte sich nun so frisch wie nach einem reinigenden Bad. Folge in solchen Situationen einfach deinem inneren Gefühl. In der Regel wird sich deine Entwicklung mit Reiki sehr harmonisch gestalten. Sei jedoch vorbereitet auf Wachstum und Veränderung und akzeptiere, was geschieht.

Wenn du einige Wochen oder Monate Erfahrungen mit dem ersten Reiki-Grad gesammelt hast und nun deine Möglichkeiten erweitern und die Wirkung deiner Behandlung vertiefen möchtest, dann steht dir der zweite Reiki-Grad zur Verfügung. Hier behält sich der Reiki-Meister allerdings vor, wen er zu dieser Ausbildung zuläßt und wer lieber erst noch einige Zeit warten und mit dem ersten Grad weiterarbeiten sollte.

Und einige zusätzliche Barrieren sind zu überwinden. Da ist zunächst der Preis. Er betrug für den zweiten Reiki-Grad 1989 in Deutschland zwischen 900,— DM und 1100,— DM. Meist erstreckt sich dieser Kurs über mehrere Tage, und diesmal muß etwas mehr gelernt werden. Du beginnst nun, mit einigen der Symbole zu arbeiten, die Dr. Usui einst wiederentdeckt hatte, und diese Symbole sollten nicht schriftlich festgehalten werden.

Gewöhnlich ist die Gruppe, die sich zum zweiten Reiki-Grad einfindet, etwas kleiner, oft sind es nur fünf bis zehn Personen. Du durchschreitest wiederum eine Einweihungszeremonie und bekommst drei weitere, wirksame Möglichkeiten in die Hand:

1. ein Mittel, deine Reiki-Behandlung zu intensivieren,
2. eine Mentalbehandlungsmethode in Verbindung mit Reiki,
3. die Fähigkeit, Fernbehandlungen (ohne direkten Körperkontakt) durchzuführen.

(Wir haben der Mentalheilung und der Fernbehandlung je ein eigenes Kapitel gewidmet.)

So gibt dir der zweite Reiki-Grad auf der einen Seite eine größere Flexibilität und verstärkt gleichzeitig die Wirksamkeit deiner Behandlungen in beträchtlichem Maße.

Die Termine für den zweiten Grad und alle notwendigen Daten kannst du bei deinem Reiki-Meister erfragen.

Vielleicht wächst eines Tages der Wunsch in dir, Reiki auch lehren zu können, andere Menschen als Reiki-Kanal zu öffnen — ein Reiki-Meister zu werden. Es sind nicht viele Reiki-Schüler, die diesen Schritt tatsächlich gehen, aber er ist mit sehr viel Erfüllung und Wachstum und einem besonderen Segen verbunden.

Um den Meister-Grad zu erwerben, mußt du zunächst einmal über einen längeren Zeitraum hinweg einem Reiki-Meister bei seinen Kursen assistieren und dich als geeignet erweisen.

Der Meister-Grad wurde zunächst nur in den USA veweihen. Die Gebühr betrug für diesen Grad Anfang 1985 bei beiden Organisationen ca. 10.000 US-Dollar. Sicher ein stolzer Preis — aber damit auch wieder nur einer jener Prüfsteine, an denen sich ein Meister-Anwärter letztlich bewähren muß. Wir sollten bedenken, daß es im Altertum häufig üblich war, daß ein Schüler oft mehrere Jahre oder gar Jahrzehnte mit seinem Meister in Abgeschiedenheit verbrachte, bevor er eine geistige Einweihung erhielt.

(Die A. I. R. A. bot seit dem Frühjahr 1983 noch einen speziellen dritten Reiki-Grad an, der das Wissen des Meister-Grades enthält, aber nur für jene gedacht ist, die es für ein persönliches Wachstum und Transformation einsetzen wollen, jedoch nicht als Meister tätig sein möchten.

Eine wichtige Neuerung trat bei der Reiki-Alliance ab Sommer 1988 in Kraft: Die Großmeisterin Phyllis Lei Furumoto ermöglicht es seit dieser

Zeit, den von Ihr eingeweihten Reiki-Meistern ihrerseits weitere Reiki-Meister einzuweihen. Dadurch wird sich Reiki nun gewiß noch schneller verbreiten, als dies ohnehin schon der Fall ist.)

Einführung in die Praxis der Reiki-Behandlung

Nun möchten wir dir einige allgemeine Regeln und Grundsätze beschreiben, die du beachten solltest, wenn du eine Reiki-Behandlung gibst.

Während des Erste-Grad-Reiki-Kurses lernst du die Griffpositionen, die bei einer Behandlung empfehlenswert sind. Es sind etwa 10 bis 20 Grundgriffe und einige zusätzliche Positionen für spezielle Fälle. Sie sind so logisch aufgebaut und so einfach, daß jeder sie leicht in ein bis zwei Tagen im Gedächtnis behalten kann. Ein paar Aufzeichnungen, die du in der Regel während des Kurses erhältst, dienen dir als zusätzliche Gedächtnisstütze und geben darüber hinaus Hinweise, welche Positionen sich bei bestimmten Erkrankungen bewährt haben.

Die vorgegebenen Handpositionen müssen nicht exakt und auch nicht unbedingt in der aufgezeigten Reihenfolge eingehalten werden. Dies ist nur ein Schema, welches sich jedoch in der Praxis als vorteilhaft erwiesen hat. Wenn du ein solches Schema benutzt, mußt du während der Behandlung nicht immer erst überlegen, welche Position als nächstes kommt, welche dann oder ob du irgend etwas vergessen hast. Dein Geist bleibt frei und du kannst dich ganz deinem Patienten und deiner Behandlung widmen.

Viele Reiki-Meister raten dir, dich während einer Behandlung immer von deinem inneren Gefühl leiten zu lassen und deine Hände auch dort aufzulegen, wo sie intuitiv hingeführt werden. Auch dort, wo der Patient Schmerzen verspürt, bist du gewöhnlich richtig mit deiner Reiki-Gabe. Du unterliegst hier also keiner starren Regel, von der du nicht abweichen darfst.

Wenn du mit einer Behandlungsserie beginnst, solltest du nach Möglichkeiten zuerst einmal *vier Behandlungen an vier aufeinanderfolgenden Tagen geben* (die A. I. R. A. empfiehlt hiervon abweichend drei Behandlungen zu Beginn einer Serie). Dies fördert unter anderem die innere Reinigung des Körpers von Giftstoffen. Wir empfehlen deshalb dem Patienten, während der Behandlungstage stets viel Flüssigkeit, möglichst Wasser oder Tee, zu trinken, um diese natürliche Entgiftungsreaktion zu unterstützen.

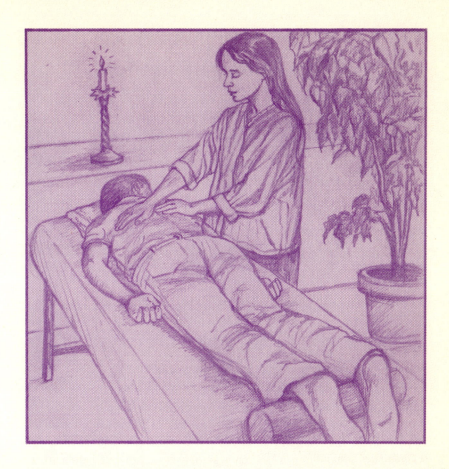

Gib möglichst immer eine volle Behandlung, das heißt, gehe alle Grundpositionen durch. Spezielle Problembereiche können darüber hinaus intensiver behandelt werden. In der Regel sollte jede Behandlungsposition drei bis fünf Minuten beibehalten werden. Du bekommst mit der Zeit ein Gefühl dafür, wann diese oder jene Zone genug Reiki bekommen hat, du brauchst dazu keine Uhr. Problematische Bereiche können etwa 10 bis 20 Minuten mit Reiki versorgt werden. Plane genügend Zeit ein, damit die Behandlung bis zum Schluß harmonisch verlaufen kann. Eine Stunde sollte es schon sein. Bei sehr alten oder sehr kranken Menschen solltest du zunächst mit 20 bis 30 Minuten beginnen, um dann gegebenenfalls zu steigern. Bei Babys und Kleinkindern sind 10 bis 20 Minuten in der Regel ausreichend.

Und hier noch einige Tips:

○ Nimm als Behandler deine Uhr und deine Ringe ab.
○ Es ist empfehlenswert, die Hände vor und nach der Behandlung unter kaltes, fließendes Wasser zu halten.
○ Der Patient zieht die Schuhe aus und lockert Gürtel, enge Kleidungsstücke (Krawatte, Hosenbund, BH), bleibt jedoch bekleidet. Die Reiki-Energie geht durch alle Materialien wie Kleidung, Gürtel, Bandagen, Gipsverbände usw. ungehindert hindurch.
○ Der Reiki-Empfänger sollte während der Behandlung nicht die Beine kreuzen, da dies den Energiefluß behindern kann.
○ Die Arme des Patienten liegen locker neben dem Körper. In der Bauchlage kann er sie auch unter den Kopf legen.
○ Lege die Hände ganz sanft auf den Körper des Patienten auf.
○ Wenn du den Körper des Patienten nicht berühren kannst (z. B. bei Verbrennungen), genügt es auch, die Hände einige Zentimeter darüber zu halten. (Auch noch bei ca. 4 cm Abstand vom Körper wirkt Reiki in der gleichen Stärke.)
○ Halte die Finger während der Behandlung geschlossen.
○ Halte jede Position etwa 3 bis 5 Minuten ein.

Falls deine Hände nicht immer „heiß" werden oder du das vertraute „Fließen" nicht spürst, bedeutet das nicht, daß Reiki „nicht mehr da ist". Reiki paßt sich dem Bedarf des Empfängers an.

Nach der Behandlung sollte dein Patient nach Möglichkeit noch etwas ruhen können. Dies mag eine wichtige Zeit für ihn sein, in der manches, was während der Behandlung in Bewegung kam, nachschwingt und aufgearbeitet wird. Wenn es für dich eine Instanz gibt, bei der du dich für die Reiki-Energie bedanken möchtest, so kannst du dies vor oder nach der Behandlung gerne tun.

Und denke immer daran: Je mehr Reiki du gibst, desto stärker wird die Kraft in dir fließen. Wir wünschen dir viel Freude beim Üben und Spüren als Reiki-Kanal.

Die Eigenbehandlung

Es gibt wohl keine zweite Behandlungsmethode, die du so einfach und wirksam zur Selbst- oder Eigenbehandlung einsetzen kannst, wie es dir mit Reiki möglich wird. Reiki steht dir jederzeit zur Verfügung, du nimmst es überall mit hin, und du brauchst keinerlei äußere Hilfsmittel zu einer Behandlung. Wann immer du dich in einer schlechten Verfassung befindest, ob du müde, aufgeregt oder ängstlich bist oder irgendwo Schmerzen verspürst, kannst du dich sofort mit Hilfe von Reiki entspannen, stärken und deine Energien harmonisieren.

Doch solltest du die Eigenbehandlung nicht auf spezielle Situationen beschränken. Sobald du den ersten Reiki-Grad erlangt hast, kannst du deine „Lebensbatterie" täglich neu aufladen. Manche Krankheit wird so gar nicht erst entstehen, und mancher Kummer bleibt dir erspart. Du förderst dein seelisch-geistiges Wachstum, und dein ganzes Leben bekommt eine neue Qualität.

Viele der Teilnehmer, die ein Reiki-Seminar besucht haben, taten dies eigens wegen der Möglichkeit der Selbstbehandlung. Für manche wurde Reiki zu einem natürlichen Ersatz für Medikamente, andere fanden wieder tiefen, ruhigen Schlaf, befreiten sich von Schmerzen und Krankheiten, von körperlichen und seelischen Schwächen und Leiden.

Shalila machte kurz nach ihrem ersten Reiki-Kurs eine interessante Erfahrung. Sie hatte Darmbeschwerden und gab sich abends vor dem Einschlafen im Bett regelmäßig Reiki, indem sie beide Hände auf den Darmbereich legte. Nach einigen Tagen entdeckte sie, daß eine große, dunkle Warze, die sie seit ihrer Kindheit am Bauch gehabt hatte, abgefallen war. Nur ein kleiner rosa Fleck zeugte noch davon, daß es sie einmal gegeben hatte. Eigentlich hatte sie nur ihren Darm behandeln wollen, und nun war plötzlich dieses vertraute, häßliche Mal verschwunden. Sie freute sich natürlich sehr. Ein Beispiel mehr, wie wenig wir auch bei der Eigenbehandlung die Reiki-Kraft selbst steuern. Wir dienen auch hier lediglich als Kanal.

Prinzipiell kannst du dich mit den gleichen Positionen behandeln, die du bei einer Fremdbehandlung einsetzen würdest. Alle Grundregeln, die wir von der Patientenbehandlung her kennen, gelten auch für die Eigenbehandlung. Etwas problematisch ist dabei die Behandlung des oberen Rückens. Auch an die eigenen Füße kommt nicht jeder bequem heran, wenn sie einmal behandelt werden sollen.

Sobald du den zweiten Reiki-Grad erlangt hast, steht dir hierfür noch eine weitere Möglichkeit offen. Du kannst die Fernbehandlung auch bei dir selbst einsetzen. Das mag zunächst etwas spaßig klingen, es funktioniert jedoch ausgezeichnet. Auch die Mentalbehandlung kannst du natürlich erfolgreich bei dir selber anwenden.

Wir möchten dir hier nun kurz eine Eigenbehandlung beschreiben. Du kannst dich dazu hinlegen oder auch bequem hinsetzen und mit der Behandlung des Kopfes beginnen. Lege einfach sanft deine Hände auf die verschie-

denen Kopfpositionen auf, und laß Reiki einfließen. Dann gehe langsam den Körper hinunter. Herz, Leber, Milz, Magen, Solarplexus und der Unterbauch sollten miteinbezogen werden, und möglichst noch der Nierenbereich. Jede Position wird etwa 3 bis 5 Minuten beibehalten. Auch hier kannst du in Problembereiche 10 bis 20 Minuten lang Reiki geben oder so lange, wie es sich richtig anfühlt. Auch für die Eigenbehandlung gilt: Lege deine Hände auch dort auf, wohin sie innerlich geführt werden, und natürlich auch dort, wo Schmerzen sind. Sehr günstig wirkt sich die Eigenbehandlung vor dem Einschlafen aus. Gewöhnlich ist der Schlaf danach sehr ruhig, gelöst und entspannt. Die Nachtruhe ist günstig vorprogrammiert.

Ganz sicher wirst du sehr schnell deine eigenen positiven Erfahrungen mit der Reiki-Eigenbehandlung sammeln.

Eine Reiki-Schnellbehandlung

Du magst manchmal in eine Situation kommen, in der du Reiki geben möchtest, aber wenig Zeit zur Verfügung hast. Vielleicht kommt dein Freund oder deine Tochter zwanzig Minuten vor einer wichtigen Prüfung aufgeregt zu dir und möchte deine beruhigenden Reiki-Hände spüren. Oder dein Mitfahrer im gleichen Zugabteil fühlt sich plötzlich nicht wohl. Vielleicht stehst du

auch selber einmal unter Zeitdruck, möchtest aber einen Hilfesuchenden nicht abweisen. In all diesen Fällen kannst du auf eine Reiki-Schnellbehandlung zurückgreifen, die die wichtigsten Positionen abdeckt. Wenn wir auch generell immer eine Vollbehandlung anstreben sollten, so ist es manchmal doch angebracht, lieber kurz als gar nicht zu behandeln. Du solltest deinem Patienten jedoch nie das Gefühl vermitteln, daß du unter Zeitdruck stehst. Nutze einfach die kurze Zeit, die dir zur Verfügung steht, in Ruhe und Gelassenheit aus. Auch eine Schnellbehandlung kann wunderbare Ergebnisse bringen, vielleicht gerade deshalb, weil wir weniger erwarten.

Hier also eine Anleitung zu einer Schnellbehandlung:

Der Patient sollte nach Möglichkeit sitzen.

1. *Position:* Lege deine Hände sanft auf die Schultern auf.
2. *Position:* Lege deine Hände sanft auf die Schädeldecke.
3. *Position:* Eine Hand auf die Medulla oblongata (Übergang vom Hinterkopf zur Wirbelsäule), die andere Hand auf die Stirn.
4. *Position:* Eine Hand auf den siebten Halswirbel (hervorstehender Wirbel), die andere vorne über die Halsgrube.
5. *Position:* Eine Hand auf das Brustbein, die andere in gleicher Höhe auf den Rücken.
6. *Position:* Eine Hand auf den Solarplexus (Magen), die andere in gleicher Höhe auf den Rücken.
7. *Position:* Eine Hand auf den Unterbauch, die andere in gleicher Höhe auf den unteren Rücken.

Auch bei Unfällen und Schock hat sich Reiki ausgezeichnet als eine zusätzliche Erste-Hilfe-Maßnahme bewährt. Lege in diesem Fall sofort eine Hand auf den Solarplexus, die andere auf die Niere (Nebenniere), später noch auf den äußeren Schulterrand.

Reiki bei Babys

Es gibt wohl kaum eine schönere und natürlichere Art, Reiki zu geben, als wenn eine Mutter ihrem eigenen Kind Reiki überträgt. Wie oft hält sie es schon als Baby liebevoll im Arm, tätschelt und streichelt es, und kann nun jedesmal Reiki mit einfließen lassen. Auf diese Weise wird eine natürlich gewachsene Beziehung durch eine *höhere Energie* verfeinert und noch weiter vertieft. Es sind ja gerade die ersten Wochen, Monate und Jahre, in denen ein neues Menschenwesen die stärksten Prägungen durch seine Umwelt erfährt. Die hier gesammelten Erfahrungen üben einen großen Einfluß auf sein gesamtes späteres Leben aus. Wer als Baby viel Liebe und Zuneigung bekam, wird in der Regel eben diese Qualitäten in seinem Leben offen weiterschenken können. Reiki ist nicht nur eine Heilmethode, es ist eine besondere Form der Liebe, die von dem Kind dankbar empfangen wird.

Eine werdende Mutter kann dem Ungeborenen in ihrem Bauch schon vor der Geburt Reiki zukommen lassen, um so die Lebensweichen günstig zu stellen. Und später steht sie dem ihr anvertrauten Wesen gegenüber nie ganz hilflos da, wenn ihm etwas fehlt. Was kann wohl für eine Mutter beglückender sein, als dem eigenen, hilfebedürftigen Kind automatisch die richtige, heilende Energie geben zu können? Ist es nicht schon ohne Reiki eine ganz natürliche Geste, die Hände dort aufzulegen, wo das Kind Schmerzen verspürt?

Reiki läßt sich bei jedem Unwohlsein, bei jedem Wehwehchen einsetzen, aber auch bei schweren Erkrankungen kann es die Heilung erfolgreich unterstützen. Es hat in jedem Falle eine positive, heilungsfördernde und in der Regel beruhigende Wirkung. Auch als Einschlafhilfe hat sich Reiki sehr gut bewährt.

Wenn Eltern ihr Kind selbst behandeln, übernehmen sie hierdurch einen Teil der Verantwortung, die sie sonst dem Arzt oder einer Klinik überlassen hätten. Auf diese Weise können auch die Eltern an einer Erkrankung des Kindes wachsen und sich mitentwickeln.

Selbstverständlich kannst du auch fremde Babys und Kleinkinder mit Reiki behandeln. Da zwischen Mutter und Kind jedoch ein natürlicher Kon-

takt besteht, ist es immer günstiger, wenn die Mutter selbst (oder auch der Vater) dem Kind Reiki überträgt. Bei der Behandlung durch einen Fremden muß daß Kind oft erst Vertrauen gewinnen.

So empfehlen wir dir, einer Mutter, die mit ihrem Baby zu dir kommt, zu erklären, daß sie im Idealfall möglichst selbst einen Reiki-Kurs besuchen sollte. Langfristig gesehen ist das beglückender, einfacher und auch billiger, und die Mutter kann sich selbst sowie die restliche Familie mit Reiki versorgen.

In Asien haben wir häufig Babys behandelt, da es dort in vielen Gegenden keinen Arzt in der Nähe gab und die Mütter mit ihren Kindern zu uns kamen. Wir fanden dabei bald heraus, daß die Behandlung am einfachsten war, wenn die Mütter ihre Babys gleichzeitig stillten, was heute noch in vielen Ländern Asiens auch in der Öffentlichkeit eine Selbstverständlichkeit darstellt. In dieser Situation fühlt sich der Säugling auf natürliche Weise geborgen und sicher.

Die Reiki-Behandlung sollte bei einem Baby und Kleinkind zeitlich nicht so ausgedehnt sein wie beim Erwachsenen. Manchmal werden einige Minuten genügen, in schwierigen Fällen können 10 bis 20 Minuten das richtige Maß sein. Du wirst sicher schnell ein Gefühl dafür bekommen, was dem Kind guttut. Du brauchst nur ein wenig Aufmerksamkeit, und die Reaktionen des Kindes werden dir zeigen, wann es genug ist. Wenn ein Baby seine Fußzehen spreizt, so bedeutet das: „Ich bin mit meiner Aufmerksamkeit dabei."

Auch die Fernbehandlung kannst du selbstverständlich bei einem Baby oder Kleinkind einsetzen, zum Beispiel wenn du verreist bist und dein Kind zu Hause lassen mußtest oder auch wenn es im Nebenzimmer weint. Mit der *Mentalheilungstechnik* hast du ebenfalls eine ganz besonders schöne Möglichkeit, positiv auf ein Kind einzuwirken, vor allem wenn physische Probleme auftreten — wenn dein Kind zum Beispiel Unruhe oder übertriebene Ängstlichkeit zeigt, ein Bettnässer ist usw.

Hin und wieder wurden wir gefragt, wie Reiki sich bei angeborenen Fehlern, zum Beispiel bei Mongolismus, bewährt. Nun, hier fehlt uns bisher die eigene Erfahrung, eine Entwicklung in eine naturgemäße, positive Richtung können wir aber auf jeden Fall erwarten. Es ist jedoch davon auszugehen, daß eine solche Behandlung in der Regel über einen längeren Zeitraum hinweg erfolgen müßte. Darum wäre es auch hier wiederum am günstigsten, wenn die Eltern die Behandlung selbst durchführen.

In diesem Zusammenhang möchten wir noch eine andere, sehr natürliche Methode nicht unerwähnt lassen, die sich gerade bei vorgeburtlich entstandenen Störungen als besonders geeignet erwiesen hat: die „Pränatal-Therapie" oder „metamorphische Methode"*. Auch dieses Behandlungssystem ist ähnlich wie Reiki einfach anzuwenden und besonders für Eltern zum Beispiel mit einem mongoloiden Kind eine große Hilfe. Sinnvoll wäre gegebenenfalls auch eine überlegte Kombination aus beiden Systemen —

---

* „Metamorphose — die pränatale Therapie" von Robert St. John, Synthesis Verlag, Essen 1984.
  „Pränatal-Therapie und das behinderte Kind" von Robert St. John, Sannyas Verlag, Meinhard-Schwebda 1983.
  „Die Metamorphische Methode — Grundlagen und Anwendung" von Gaston Saint-Pierre und Debbie Boater, Edition Plejaden, Berlin 1983.

Reiki als Spender universaler Lebensenergie und die Pränatal-Therapie als spezieller Blockadenlöser vorgeburtlicher Probleme.

Was wir heute an Liebe, Zuneigung und Reiki in unsere Kinder investieren, wird schon in der nächsten Generation ihre Früchte tragen. So stellt Reiki eine weitere Möglichkeit dar, am Entstehen einer neuen, positiveren Zukunft mitzuwirken.

Leben ohne Liebe

Glaube ohne Liebe macht fanatisch,
Pflicht ohne Liebe macht verdrießlich.
Ordnung ohne Liebe macht kleinlich,
Macht ohne Liebe gewalttätig.
Gerechtigkeit ohne Liebe macht hart.
Ein Leben ohne Liebe macht krank.

Reiki als Fernbehandlung

Viele Menschen reagieren zunächst einmal befremdet oder zumindest ungläubig, wenn wir ihnen von der Möglichkeit berichten, Reiki über weite Entfernungen hinweg auf andere Menschen zu übertragen. Dabei sollte uns diese Möglichkeit gerade in unserer Zeit nicht mehr allzusehr verwundern. Wir wissen aus der Funk- und Fernsehtechnik, wie viele Schwingungen ständig unsichtbar durch den Raum reisen und wieder hörbar und sichtbar gemacht werden können, sobald sie auf einen entsprechenden Empfänger treffen. Wir alle kennen und nutzen dieses Phänomen der drahtlosen Übertragung.

Wir wissen heute auch, dank der Untersuchungsmethoden der modernen Medizintechnik, daß unsere Gehirntätigkeit, je nach Art der Aktivität, unterschiedliche Schwingungsfrequenzen aufweist. Gedanken sind also Schwingungsmuster, die unser Gehirn aussendet und die ein entsprechender Empfänger ebenso auffangen kann wie der Fernsehapparat eine Fernsehsendung.

Viele Menschen kennen das Phänomen der Gedankenübertragung aus eigener Erfahrung, oft ohne sich dessen bewußt zu sein. Wem ist es nicht schon einmal passiert, daß er etwas dachte, und im gleichen Moment sprach sein Gegenüber seinen Gedanken aus? Manchmal spüren wir es auch, wenn ein geliebter Mensch intensiv an uns denkt oder wenn einem entfernt lebenden Familienangehörigen etwas zustößt. Warum sollte nun etwas, das mit Gedanken möglich ist, nicht auch mit einer heilenden Energie möglich sein?

Wir wissen jedoch auch, daß nicht jeder ausgesandte Gedanke automatisch seinen Empfänger erreicht. So genügt es bei einer Fernbehandlung mit Reiki auch nicht, nur in Gedanken einem Menschen Reiki zu schicken. Wir benutzen dazu eine *Technik*, die so fehlerlos funktioniert wie zum Beispiel das Telefonieren. Auch beim Telefonieren spielt es keine Rolle, ob das kleine Lieschen die Knöpfe drückt oder die Wählscheibe dreht, der Herr Professor oder die alte Großmutter. Sobald wir die richtigen Nummern wählen, klingelt bei dem gewünschten Teilnehmer das Telefon. Das hat nichts mit Schwarzer Magie oder Hokuspokus zu tun. Was würde sich jedoch zum Beispiel ein Mensch aus dem Mittelalter denken, der zufällig zu uns käme und uns beim Telefonieren beobachtete? Müßte es ihm nicht wie Zauberei erscheinen? Und doch waren die gleichen Naturgesetze, die uns heute das Telefonieren ermöglichen, auch zu seiner Zeit vorhanden. Sie waren nur noch nicht wissenschaftlich erforscht und wurden nicht genutzt.

Ebenso gibt es bestimmte Naturgesetze, die eine Übertragung von Lebensenergie über eine weite Entfernung hinweg ermöglichen, wenn sie auch von der allgemeinen Wissenschaft bis heute noch nicht entdeckt und erschlossen worden sind. Dennoch sind sie vorhanden, und es hat immer wieder Menschen gegeben, die einen Zugang zu ihnen hatten und die Methoden entdeckten, sie erfolgreich anzuwenden.

So beruht auch die Methode der Reiki-Fernheilung auf Gesetzmäßigkeiten, die mit Hilfe der ,,Schlüssel" des Dr. Usui von jedem Menschen wirksam genutzt werden können. Dazu ist es, wie auch in unserem Beispiel mit dem Telefonieren, nicht nötig, all die Gesetzmäßigkeiten zu kennen, die dahinterstehen. Die entsprechenden ,,Schlüssel" und die Art ihrer Anwendung bekommst du mit dem zweiten Reiki-Grad vermittelt.

Die Fernheilung kannst du immer dann sinnvoll einsetzen, wenn du aus zeitlichen oder räumlichen Gründen nicht mit dem Menschen, dem du Reiki geben möchtest, zusammenkommen kannst. Dein Patient mag zum Beispiel im Krankenhaus liegen oder an einem entfernten Ort wohnen. Wann immer dich jemand telefonisch oder brieflich um Hilfe bittet, kannst du ihm sofort mittels der Fernbehandlung Reiki-Energie senden.

Wir haben es oft erlebt, daß Menschen, die noch nie eine Reiki-Behandlung bekommen hatten, der speziellen Form der Fernheilung gegenüber erst einmal recht skeptisch waren. Nach einer ,,Reiki-Kostprobe" in Form einer Kontaktbehandlung waren sie jedoch meist viel offener für dieses ,,Experiment".

Wenn du dich mit deinem Patienten auf eine Fernbehandlung geeinigt hast, ist es zunächst sinnvoll, eine Zeit abzusprechen, zu der ihr beide, dein Patient und auch du, Zeit und etwas Ruhe habt. Oft werden das die Abendstunden sein. Auch die Fernbehandlung sollte zunächst an vier aufeinanderfolgenden Tagen gegeben werden. Der Empfänger sollte sich während der abgesprochenen Behandlungszeit ruhig hinsetzen oder noch besser hinlegen, zumindest aber nicht in voller Aktivität stehen. Es ist immer gut, wenn du dir und auch dem Reiki-Empfänger die Zeiten und Daten auf einem Zettel notierst. Wenn du sehr viele Fernbehandlungen gibst, solltest du deine Zeiteinteilung wirklich gewissenhaft planen, sonst ergeht es dir wie uns ein mal bei einem Vortrag. Wir hatten den Termin für den Vortrag kurzfristig erhalten und mitten darin kam plötzlich die Erinnerung an die verabredete Fernbehandlung. Ein kurzer Blick auf die Uhr — zehn Minuten vor der Zeit. Eine peinliche Situation. Glücklicherweise waren wir zu zweit, so daß Shalila die Fernbehandlung in einem Nebenraum durchführen konnte.

Ein richtiges Terminbuch mit Uhrzeitangabe wird dir helfen, solche „Pannen" zu vermeiden. Auch kannst du dir Terminkärtchen drucken lassen — möglichst mit deiner Anschrift und Telefonnummer —, damit die Patienten im Verhinderungsfalle noch rechtzeitig absagen können. Notiere dir immer den Vor- und Zunamen des Reiki-Empfängers. Du brauchst ihn ohnehin für eine Fernbehandlung. Ist dir der Patient nicht persönlich bekannt, so ist ein aussagekräftiges Foto nötig oder zumindest sehr hilfreich. Es sollte bei Behandlungsbeginn, mit dem vollen Namen des Patienten versehen, zur Verfügung stehen. Wir haben in dringenden Fällen jedoch auch schon erfolgreich nach einer groben Personenbeschreibung behandelt.

Nach den ersten vier aufeinanderfolgenden Behandlungen können weitere Fernbehandlungen verabredet werden. Eine Behandlungsserie kann sich im Bedarfsfall über mehrere Wochen, eventuell auch Monate hinziehen. In diesem Fall ist es günstig, wenn du deinem Patienten immer an den gleichen Wochentagen und zur gleichen Uhrzeit Reiki schickst. Auf diese Weise sind die Termine für beide Seiten leichter zu merken.

Die Ergebnisse der Fernbehandlung stehen denen der Kontaktbehandlung in nichts nach, wenn auch eine Kontaktbehandlung in der Regel vom Patienten deutlicher empfunden wird. Die Energie ist in beiden Fällen genau die gleiche. Viele Behandler spüren recht deutlich den unterschiedlichen Reiki-Fluß in die verschiedenen Körperzonen des Empfängers. Manche entwickeln ein klares Gefühl dafür, was dem Patienten *fehlt* und wie er die Behandlung aufnimmt.

Ein Vorteil der Fernbehandlung liegt für dich sicherlich darin, daß du keinen speziellen Behandlungsplatz brauchst — ein bequemer Sitzplatz genügt. Und die Fernbehandlung ist nicht so zeitaufwendig. In der Regel benötigen wir etwa 15 bis 20 Minuten für die Behandlung, wobei dies von Fall zu Fall variieren kann. Einige Reiki-Meister weisen auch auf die Möglichkeit hin, eine größere Gruppe von Menschen gleichzeitig zu behandeln.

Es ist zwar nicht notwendig, aber auch kein Fehler, wenn sich der Patient in Gedanken während der Behandlungszeit in die Behandlung „mitein-schwingt", wenn er einfach mit der Behandlung *fließt*, sich im *Energiestrom treiben läßt*. Auch die Fernbehandlung solltest du nie gegen den Willen eines

Menschen durchführen, um ihn von einer bestimmten Krankheit zu heilen. So wie jeder Mensch ein Recht auf Gesundheit hat, hat auch jeder das Recht auf seine Krankheit, und wir haben dies zu respektieren. Licht und Liebe in Form von Reiki darfst du immer schicken, zur Förderung von Wachstum und Transformation.

Wenn zwei oder mehrere Reiki-Behandler zur gleichen Zeit einem Patienten Reiki senden, sollte dieser nach Möglichkeit eine liegende Position einnehmen. Die Reaktion auf solch eine Fernbehandlung kann mitunter sehr stark sein.

Die Teilnehmerin eines Reiki-Seminars erzählte einmal folgende Begebenheit: Sie hatte mit einem Behandler eine Reiki-Fernbehandlung verabredet, der Tag und die Uhrzeit waren fest vereinbart. Als die Zeit herankam, achtete sie jedoch wenig darauf und fuhr fort, ihre Wohnung zu putzen. Sie war gerade beim Staubsaugen, als sie plötzlich von einem unbekannten Gefühl durchströmt wurde. Ein späterer Anruf bestätigte ihr, daß sie zu jenem Zeitpunkt tatsächlich ihre Fernbehandlung erhalten hatte. Dieser Vorfall überzeugte sie so sehr von der Realität der Reiki-Energie, daß sie sich nun selbst zur Teilnahme an einem Reiki-Kurs entschloß.

Wir selbst haben mit der Fernbehandlung sehr schöne Erfahrungen sammeln können. So bat uns einmal ein amerikanischer Freund, seine Mutter zu behandeln, die nach einer schweren Operation über Wochen hinweg dumpf und verstört war. Sie erkannte oft ihre Kinder nicht und wußte lange Zeit nicht, was mit ihr geschehen war. So schickten wir jeden Tag Reiki zu ihr nach Amerika. Schon bald darauf erfuhren wir, daß es ihr wider alles Erwarten sehr gut ginge, ihr Geist war wieder ganz klar, und sie konnte sich selbst versorgen.

Selbstverständlich kannst du auch Tieren eine Fernbehandlung geben. Hierzu ein recht interessanter Fall aus unserer Reiki-Praxis: Eine Freundin von uns wohnte auf einem Bauernhof in unserer Nähe. Sie erfuhr eines Tages von der Bäuerin, daß eine der Milchkühe von einer seltenen Krankheit befallen war. Sie fraß nichts mehr, und es kam Blut aus dem After. Der herbeigerufene Tierarzt sprach von einer noch unerforschten Erkrankung, für die es bisher kein Heilmittel gab. Das Tier verendete nach wenigen Tagen. Inzwischen war die nächste Kuh erkrankt und wurde zum Abschlachten gebracht. Als dann auch der junge Stier Maxe zu fiebern begann und die gleichen Symptome zeigte, rief sie uns aufgeregt an und erzählte uns von dem Dilemma. Wir begannen am Abend mit der Fernbehandlung für Maxe und schickten auch den verbliebenen Kühen Reiki, in der Hoffnung, sie würden von dieser seltsamen Krankheit verschont bleiben. Was wir jedoch nicht wußten, war, daß Maxe, der Jungstier, noch während des Anrufes zum Abschlachten geholt wurde. So behandelten wir ihn unbefangen weiter. Nach fünf Tagen klingelte erneut das Telefon: „Stellt euch vor, die haben den Maxe zurückgebracht! Er lief gerade ganz munter aus dem Lastwagen." Der Tierhändler wollte auf die erstaunte Frage der Bauern nicht sagen, wodurch Maxe wieder gesund geworden war. Und auch keine der anderen Kühe wurde mehr von dieser Krankheit befallen.

Wie bereits erwähnt, kannst du auch bei dir selbst die Fernbehandlung anwenden, zum Beispiel, wenn du deinem Rücken Reiki geben möchtest. Der Vorgang ist exakt der gleiche. Dabei kannst du dich auch gut in der Fernbehandlung üben.

Ja, du kannst mit der Fernheilung sogar die ganze Erde in die heilende, harmonisierende Reiki-Energie einhüllen. Die A. I. R. A. empfiehlt, die „Behandlung" unseres Planeten täglich zum gleichen Zeitpunkt durchzuführen, um so die Wirkung durch einen Gruppeneffekt noch zu steigern. Sie schlägt dafür 12 Uhr mittags der jeweiligen Zeitzone vor*. Du kannst dich dabei mit allen vereinen, die zur Förderung des Lichts, des Friedens und der Heilung auf diesem Planeten beitragen.

Die praktische Ausführung der Fernheilung ist bei den Reiki-Organisationen in einigen Details etwas unterschiedlich. Sie stimmt jedoch in den wesentlichen Punkten überein, und beide benutzen die gleichen Symbole. Der „technische" Ablauf ist, wie auch bei der Kontaktbehandlung, offensichtlich variabel, denn die Schüler beider Organisationen haben erstaunliche Erfolge zu verzeichnen.

Wie bei jeder Behandlung mit Reiki, fühlen wir uns auch nach der Fernbehandlung stets sehr glücklich. Wir behandeln oft gemeinsam, da der Reiki-Empfänger auf diese Weise noch stärker mit Reiki versorgt wird. Oft sehen wir uns nach einer Behandlung an, und nicht selten lachen wir laut vor innerer Freude. Und wenn wir dann die Erfahrungen austauschen, staunen wir immer wieder über die exakte Übereinstimmung.

---

* Siehe „The Reiki Review", Ausgabe April 1984.

Die Mentalbehandlung als zusätzliche Möglichkeit

Nicht selten haben belastende Erlebnisse unsere Einstellung und unser Verhalten dem Leben gegenüber geprägt. Durch diese unbewußte *Programmierung* ziehen wir die gleichen, negativen Erfahrungen immer wieder — gleichsam zur Bestätigung — herbei und es fällt uns oft sehr schwer, uns von

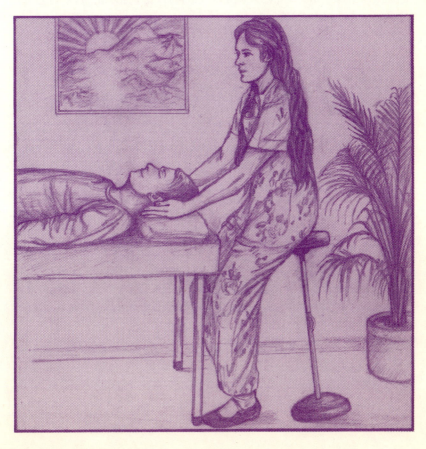

diesem eingerasteten Fehlverhalten wieder zu lösen, selbst dann, wenn wir die Zusammenhänge erkannt haben.

Hierzu bietet uns die Mentalheilungsmethode, die du mit dem zweiten Reiki-Grad erhältst, eine wirksame Hilfe („mental" vom lateinischen *mens* = Denken, Bewußtsein, das Denkende, den Geist betreffend. Entspricht dem *Manas* im Sanskrit. Das Wort „Mensch" kommt ebenfalls von dieser Wurzel).

Bei der Mentalbehandlung nehmen wir mit Hilfe der entsprechenden „Schlüssel" Kontakt zu dem innersten Wesen des Menschen auf, und geben ihm auf dieser Ebene ein neues *„Programm"* ein, um die fehlgeleiteten Energien wieder umzuwandeln. So kann im Laufe der Zeit aus Depressionen Lebensfreude, aus Angst Vertrauen, aus Mutlosigkeit Zuversicht, aus Minderwertigkeitsgefühlen innerer Reichtum, aus Haß Liebe und aus Negativität Positivität und Glück entstehen.

Nicht selten werden durch die Mentalbehandlung Erkenntnisse aus den verborgenen Bereichen des Bewußtseins in das Wachbewußtsein geleitet und die Ursachen der eigenen Probleme erkannt. Der Patient kann sein eigentliches Lebensziel wieder leichter sehen und ihm folgen.

Da körperliche Krankheit in der Regel eine Manifestation einer seelisch-geistigen Fehlhaltung ist, kannst du die Mentalheilung auch bei allen physischen Beschwerden einsetzen. Um dir das Auffinden der entsprechenden „Programme" bei bestimmten Erkrankungen zu erleichtern, haben wir dir in Kapitel 25 die seelisch-geistigen Ursachen der einzelnen Krankheitsbilder beschrieben. Du kannst zum Beispiel auch das Buch „Kraftzentrale Unterbewußtsein"* des Münchner Heilpraktikers Erhard F. Freitag dazu als Hilfe heranziehen. Während des Zweite-Reiki-Grad-Seminars gibt dir dein Reiki-Meister darüber hinaus „Programmvorschläge", mit denen du erfolgreich arbeiten kannst. Manche Reiki-Behandler spüren auch intuitiv, was dem Patienten in dieser Hinsicht fehlt.

Die Mentalheilung wird gewöhnlich in eine normale Reiki-Behandlung (wie auch in die Eigenbehandlung und in die Fernbehandlung) miteingegliedert. Sie dauert nur wenige Minuten.

Die Ausübung der Mentalbehandlung bedarf von seiten des Behandlers eines großen Verantwortungsbewußtseins. Sie sollte gründlich bedacht sein

---

* „Kraftzentrale Unterbewußtsein — der Weg zum positiven Denken" von Erhard F. Freitag, Goldmann Taschenbuch, 8. Auflage 1984.
„Die Macht Ihrer Gedanken" von Erhard F. Freitag und Carna Zacharias, Goldmann Verlag, München, 1. Aufl. 1986

und nach Möglichkeit nur im Einverständnis mit dem Patienten gegeben werden. Der Behandler sollte dabei immer nur das alleinige Wohl des Patienten im Auge haben und nicht versuchen, eigene Vorstellungen und Wertmaßstäbe auf den Empfänger zu übertragen.

Auch bei der Tier- und Pflanzenbehandlung kannst du die Mentalheilung mit einsetzen. Sie ist ein wunderbares Instrument, mit dem du viel Positives erreichen kannst.

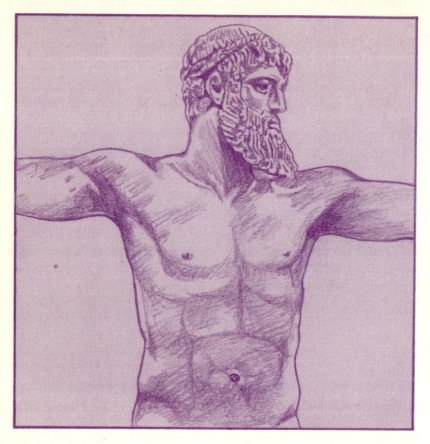

Willst du den Körper heilen,
musst du zuerst die Seele heilen.

PLATON, 427–347 V. CHR.

Mit Reiki die Chakren ausgleichen

Das Ausgleichen der Chakren mit Reiki ist eine Möglichkeit, die nicht notwendigerweise zum üblichen Reiki-Behandlungsprogramm gehört. Es kann jedoch eine wirkungsvolle zusätzliche Hilfe darstellen, die manche Reiki-Behandler kaum noch missen möchten. Zum besseren Verständnis dieses Themas wollen wir dir zunächst einige Grundinformationen über die Chakren geben. Wenn du tiefer in diese Materie eindringen möchtest, so empfehlen wir dir die unten aufgeführte Literatur.*

Das Wort „Chakra" kommt aus dem Sanskrit und bedeutet „Rad". Die Chakren sind kreisförmige Energiezentren im feinstofflichen Körper des Menschen. Ihr Aussehen und ihre Funktion wurden vor allem im östlichen Kulturkreis immer wieder eingehend und detailliert beschrieben.

Die meisten philosophischen oder esoterischen Schulen unterscheiden 7 Haupt- und 4 Nebenchakren. Sie haben ihren Sitz im Ätherkörper des Menschen. Dieser Ätherkörper bildet das feinstoffliche Gegenstück zu unserem sichtbaren Körper, den er mit seiner ätherischen Substanz durchdringt und durchstrahlt. Er enthält das energetische Grundmuster für alle Manifestationen im physischen Bereich. Hellsichtige Menschen nehmen die Chakren als radförmige Energiewirbel wahr, die bei den verschiedenen Menschen unterschiedlich groß und unterschiedlich aktiv sind. Sie sind an einen feinen Energiekanal angeschlossen, der parallel zur Wirbelsäule verläuft. Ohne ihre Existenz könnte unser stofflicher Körper nicht bestehen.

---

* „Das Chakra-Handbuch — vom grundlegenden Verständnis zur praktischen Anwendung" von Shalila Sharamon und Bodo J. Baginski, Windpferd-Verlag, Durach, 1. Auflage 1989.
„CORE ENERGETIK — Zentrum Deiner Lebenskraft" von John C. Pierrakos, Synthesis Verlag, Essen 1987.
„Die Welt der Chakren" von Marie-Luise Stangl, Econ-Verlag, Düsseldorf, 4. Aufl. 1986
„Kraftzentren des Lebens" von Keith Sherwood, H. Bauer Verlag, Freiburg, 1. Aufl. 1986
„Einführung in die Chakras — die sieben Energiezentren des Menschen" von Peter Rendel, Sphinx Verlag, Basel 1984.
„Die Chakras — eine Monographie über die Kraftzentren des menschlichen Körpers" von C. W. Leadbeater, Bauer Verlag, Freiburg, 4. Auflage 1983.
„Das große Chakra-Buch" von Harish Johari, Bauer Verlag, Freiburg, 2. Auflage.

Die Chakren dienen als Empfänger, Umwandler und Leiter von Energie, als Sammel- und Aufnahmestellen der in der Atmosphäre enthaltenen Lebenskraft (Prana). Somit sind sie die Tore für den Zustrom von Energie und Leben in unseren physischen Körper.

Jedes Chakra steht unter anderem mit bestimmten Organen und Körperbereichen in Verbindung und liefert die Kraft für ihre Funktion. Die sieben Hauptchakren entsprechen darüber hinaus den sieben Hauptdrüsen des endokrinen Systems.

So wie sich für jedes Organ im menschlichen Körper eine Entsprechung auf der seelisch-geistigen Ebene findet, bezieht sich auch jedes Chakra auf einen spezifischen Aspekt des menschlichen Verhaltens und der menschlichen Entwicklung. Die unteren Chakren, deren Energien langsamer schwingen und daher gröber sind, stehen mit den grundlegenden Bedürfnissen und Emotionen des Menschen in Verbindung. Die feineren Energien der oberen Chakren entsprechen den höheren geistigen und spirituellen Bestrebungen und Fähigkeiten des Menschen.

Eine Blockade im Energiefluß der Chakren oder auch eine Überladung mit Energie kann zu einem Ungleichgewicht und zu Disharmonie im geistig-seelischen oder im körperlichen Bereich führen. Eine solche Störung wird häufig durch seelische Belastungen und Traumata, durch schmerzhafte Erfahrungen oder auch einmal durch eine übergroße Freude verursacht.

Die Chakren sind mit feinen Energieantennen ausgestattet, die auf jeden Einfluß aus der Umwelt reagieren und sich entsprechend öffnen oder zusammenziehen können. Dadurch besitzt bei den meisten Menschen jedes einzelne Chakra eine andere Schwingungsfrequenz. Im ungestörten Normalfall besteht ein Zustand der Harmonie aller Chakren untereinander.

Ein Heiler kann viel erreichen, indem er allein die Chakren „reinigt" und ausgleicht und den ungestörten Energiefluß wiederherstellt.

Die verschiedensten Yoga- und Meditationssysteme zielen darauf ab, die Energien der Chakren auszugleichen, indem sie die niederen Energien reinigen, verfeinern und nach oben leiten.

Beim Durchschnittsmenschen gleichen die Chakren kleinen Kreisen von ca. 5 cm Durchmesser, die dumpf erglühen. Werden sie jedoch in einem geistig entwickelten Menschen erweckt und belebt, erstrahlen und pulsieren sie in lebendig glühendem Licht, so daß eine ungeheuer große Energiemenge sie durchflutet.

Wir möchten dir nun eine Beschreibung der sieben Hauptchakren geben:

1. *Das Wurzel-Chakra*, auch Basis-Chakra genannt, liegt beim Mann etwa in der Höhe des Steißbeins, bei der Frau etwa zwischen den Eierstöcken.

Es ist der Sitz der physischen Lebenskraft und der grundlegenden Überlebensbedürfnisse des Menschen. Es reguliert die Mechanismen, die den physischen Körper unmittelbar am Leben erhalten.
Drüsen: Nebennieren.
Organe: Knochen, Wirbelsäule, Dickdarm, Blut- und Zellaufbau, Beine.

2. **Das Sakral-Chakra** befindet sich eine Hand breit unterhalb des Nabels vor dem Kreuzbein *(os sacrum)*. Es ist das Zentrum der sexuellen Energien (Empfänger und Sender) und des Selbstwertgefühls unserer ungefilterten Emotionen und kreativen Kräfte.
Drüsen: Keimdrüsen.
Organe: Fortpflanzungsorgane, Nieren, Blase.

3. *Das Solarplexus-Chakra*, auch Sonnengeflecht genannt, liegt etwas oberhalb des Nabels. Es ist der eigentliche Körpermittelpunkt, der Ort, von dem aus die physischen Energien verteilt werden und die Emotionen verarbeitet werden. Es ist das Zentrum unseres Machttriebes, der Ort, an dem wir ,,Nabelschau" betreiben. Bei Angst fühlt man dort ein Zusammenziehen.
Drüse: Bauchspeicheldrüse (Pankreas).
Organe: Verdauungssystem, Magen, Leber, Gallenblase.

4. *Das Herz-Chakra* liegt in der Höhe des Herzens zwischen den Brüsten. Es ist das Zentrum von wahrer, bedingungsloser Liebe, Zuneigung, Hingabe, Brüderlichkeit, von spirituellem Wachstum und Mitgefühl. Viele östliche Meditationsarten sind speziell auf die Öffnung dieses Chakras ausgerichtet.
Drüse: Thymusdrüse.
Organe: Herz, untere Lunge, Blutkreislaufsystem.

5. *Das Hals-Chakra*, auch als Schilddrüsen- oder Kehlkopf-Chakra bekannt, ist das Chakra der Kommunikation, des Selbstausdruckes und der Kreativität. Es ist das Zentrum, wo du deine innere Stimme empfängst.
Drüse: Schilddrüse.
Organe: Kehle, obere Lunge, Arme.

6. *Das Stirn-Chakra*, auch Dritte-Auge-Chakra genannt, liegt in der Mitte der Stirn, etwas höher als die Augenbrauen. Hier befindet sich das Zentrum der außersinnlichen Wahrnehmung wie Hellsehen, Hellhören und Telepathie. Es ist der Sitz des Willens, des Geistes und Verstandes, der Intuition sowie der Punkt, mit dem wir visualisieren. Das Öffnen des Dritten Auges wird in vielen mystischen Traditionen mit spirituellem Erwachen in Verbindung gebracht.
Drüse: Hirnanhangdrüse (Hypophyse).
Organe: unteres Hirn, Augen, Nase, Wirbelsäule, Ohren.

7. *Das Kronen-Chakra*, auch als Tausendblättriger Lotus bezeichnet, befindet sich oben auf dem Kopf in der Höhe der Fontanelle. Dieses Chakra steht für das höchste dem Menschen erreichbare Bewußtsein, welches auch als Einheitsbewußtsein, ,,Ich bin"-Bewußtsein oder Erleuch-

tung bezeichnet wird. (Deshalb wird ein spirituelles Erwachtsein häufig durch einen Strahlenkranz um den Kopf, einen sogenannten Heiligenschein, dargestellt.) Dieses Chakra ist der Sitz der direkten Schau, die die Fähigkeiten des Hellsehens bei weitem übertrifft.
Drüse: Zirbeldrüse (Epiphyse).
Organe: oberes Hirn.

Wenn du nun mit Reiki die Chakren harmonisieren möchtest, so benötigst du nicht unbedingt ein tieferes Wissen über ihre Funktion. Auch hier findet Reiki seinen eigenen, optimalen Weg.

So sieht die Praxis wiederum sehr einfach aus: Du legst deine Hände nacheinander auf die einzelnen Chakren auf, um sie energetisch auszugleichen. Dabei kannst du mit dem Stirn-Chakra beginnen und von dort aus bis zum Wurzel-Chakra weitergehen oder umgekehrt. Eine weitere Möglichkeit ist es, die eine Hand auf das Stirn-Chakra zu legen und die andere auf das Wurzel-Chakra, danach die eine Hand auf das Hals-Chakra und die andere auf das Sakral-Chakra, dann die eine Hand auf das Herz-Chakra und die andere auf das Solarplexus-Chakra. Du solltest dabei deine Hände immer so lange in den einzelnen Positionen belassen, bis in beiden Händen die gleiche Energie fließt. Wenn ein Mensch zu stark über den Kopf lebt, kannst du auch die eine Hand auf das sechste Chakra, das Stirn-Chakra, legen und sie dort lassen, während du nach und nach mit der anderen Hand die weiter unten gelegenen Chakren, beginnend beim Wurzel-Chakra, ausgleichst. Das oberste Chakra, das sogenannte Kronen-Chakra, lassen wir bei der Chakrenbehandlung unberührt, da das höchste Bewußtsein keiner Harmonisierung oder zusätzlichen Energie bedarf.

Sobald du den zweiten Reiki-Grad erlangt hast, kannst du die Chakren zusätzlich mit den Symbolen behandeln, ebenso kannst du die Mentalheilung auf die Chakren anwenden. Auch bei der Fernbehandlung können die Chakren miteinbezogen werden.

Über den Weg des Chakrenausgleichs wird der ganze Körper harmonisiert. Neben der Lösung von Blockaden können brachliegende Fähigkeiten und Potentiale erschlossen werden. Nutze diese spezielle Form der Reiki-Behandlung, wann immer es dir angebracht erscheint. Es lohnt sich!

Die Aura

Die Aura (lat. = Luft, insbesondere die sanft bewegte Luft, auch Duft oder Hauch, der Schein, die odische Strahlungshülle usw.) ist ein Energiefeld, welches den physischen Körper wie eine Art Strahlenkranz umgibt und durchdringt. Sie setzt sich aus den Strahlungshüllen der sieben feinstofflichen Energiekörper des Menschen zusammen, von denen jeder seine eigene Aura besitzt. Allgemein werden jedoch vor allem vier Auren unterschieden:

1. die *spirituelle Aura*, die sich je nach Entwicklungsgrad einige Meter bis mehrere Kilometer weit ausdehnt,
2. die *mentale Aura*, die sich gewöhnlich über zweieinhalb Meter im Durchmesser erstreckt, und
3. die *emotionale Aura* mit einem Durchmesser von 1- ca. 4 Metern, und
4. die *ätherische Aura*, die etwa 5 Zentimeter über den stofflichen Körper hinausragt.

Da sich die verschiedenen Auren gegenseitig durchdringen, kann eine genaue Zuordnung der einzelnen Erscheinungsbilder in der Gesamtaura nicht immer exakt vorgenommen werden. Es ist jedoch vorwiegend die ätherische Aura sowie die emotionale Aura, die von hellsichtigen Menschen wahrgenommen wird. Sie wird als eine Art farbige, verschieden gemusterte Lichthülle in durchscheinender Form gesehen. Je nach der geistigen und emotionalen Verfassung eines Menschen kann sich die Färbung, die Struktur, der Umfang und die Intensität der Aura verändern. Starke Emotionen sowie körperliche und geistige Krankheiten zeichnen sich im Erscheinungsbild der Aura ab. Bei einer Farbanalyse der menschlichen Aura stellte der „British Colour Council" inzwischen über 4700 verschiedene, einzeln registrierte Farbtöne fest.

Auch Tiere, Pflanzen und sogar Mineralien sind von einer Aura umgeben.

---

* „Lichtbilder der Seele — alles über Kirlians Aurafotografie" von Stanley Krippner und Daniel Rubin, Goldmann Taschenbuch, München.

Daß diese Energiehülle nicht nur in der Einbildung mancher Menschen existiert, wurde zum Beispiel durch die *Kirlianfotografie** in wissenschaftlichen Experimenten exakt nachgewiesen. Dank dieses fotografischen Spezialverfahrens konnte das Phänomen der Aura sichtbar gemacht werden. Auch die erst in jüngerer Zeit entdeckte *Terminalpunkt-Diagnose** nach dem Heilpraktiker Peter Mandel weist klar in diese Richtung.

Da wir im Rahmen dieses Buches nur kurz auf die Aura in Verbindung mit der Reiki-Behandlung eingehen möchten, empfehlen wir dir bei näherem Interesse die unten aufgezeigte Literatur.**

Wir möchten dir nun eine Methode beschreiben, wie du die menschliche Aura auf eine sehr einfache Weise harmonisieren und in ihrer Struktur glätten und ausgleichen kannst. Sie gehört zwar nicht zum traditionellen Reiki-Behandlungsprogramm, hat sich in der Praxis aber als so wirksam erwiesen, daß einige Reiki-Meister sie empfehlen. Wenn du möchtest, kannst du sie in deine Behandlung miteinbeziehen, du kannst sie aber auch außerhalb der Reiki-Behandlung praktizieren. Du mußt nicht unbedingt aurasichtig sein, um sie erfolgreich durchführen zu können. Wir selbst wenden sie vor und nach jeder Reiki-Behandlung an.

In der Praxis gehst du folgendermaßen vor: Der Patient liegt auf dem Rücken. Wir stehen auf seiner linken Körperseite, ihm zugewandt, und bevor wir mit der Reiki-Behandlung beginnen, streichen wir ruhig mit der rechten Hand in einem weiten, ellipsenförmigen Bogen in etwa 20 cm Abstand von seinem Körper vom Kopf in Richtung der Füße und wieder zurück. Wir beschreiben diesen Bogen dreimal hintereinander.

Es mag sein, daß du einen feinen Widerstand spürst, sobald du die Aura berührst. Die Wirkung ist jedoch genauso vorhanden, wenn du die Aura nicht wahrnimmst. Wir sind ja oft über Jahrzehnte hinweg gewöhnt worden, nur das zu sehen und zu spüren, was stofflich vorhanden ist. Wenn du nun aber damit beginnst, auf die Aura zu achten, entwickelst du vielleicht schon nach kurzer Zeit ein Gefühl für sie.

* „Energetische Terminalpunkt-Diagnose" von Peter Mandel, Synthesis Verlag, Essen 1984.
** „Die Aura des Menschen" von Karl Spiesberger, Bauer Verlag, Freiburg, 4. Auflage 1983.
„Strahlungsfeld" von John Davidson, Knaur-Verlag, München, 1. Auflage 1989.
„Der sichtbare und unsichtbare Mensch" von C. W. Leadbeater, Bauer Verlag, Freiburg, 4. Auflage.
„Anleitung zum geistigen Heilen" von A. Wallace und B. Henkin, Synthesis-Verlag, Essen, 3. Aufl. 1987
„Die Physik der Erleuchtung" von Michael Strzempa-Depre, Goldmann-Verlag, München, 1. Auflage 1988.

Die Aura

Das Glattstreichen der Aura

Die gleiche Methode kannst du am Ende der Behandlung wiederholen, wenn ein Patient dann auf dem Bauch liegt. Du stehst wieder auf der gleichen Seite und verfährst in der gleichen Weise, indem du drei ellipsenförmige Bögen mit einem Schlußstrich vom Steißbein zum Kopf über dem Patienten beschreibst, das ist schon alles. Du benötigst dafür in der Regel jeweils nur etwa zwölf Sekunden. Das Glattstreichen der Aura hinterläßt beim Patienten ein harmonisches und gutes Gefühl. Von sensitiven Menschen wird dieser Vorgang oft sehr deutlich wahrgenommen.

Darüber hinaus gibt es noch die Möglichkeit, die Aura aufzulockern. Auch diese Methode kannst du jederzeit außerhalb der Reiki-Behandlung anwenden. Sie ist vor allem sehr hilfreich und wirkungsvoll, wenn jemand niedergedrückt oder depressiv ist.

Dein Patient steht dabei, möglichst mit geschlossenen Augen, vor dir. Nun lockerst du von unten nach oben gehend, von den Füßen bis zum Kopf mit deinen Händen seine Aura auf, so als ob du die Federn in einem Federbett aufschütteln willst. Dies kannst du von allen Seiten wiederholen, bis seine Aura ringsum behandelt worden ist. Es gibt dem Patienten ein befreiendes und aufmunterndes Gefühl. Probiere es einfach einmal aus.

Der Thymus

Der Begriff „Thymus" stammt von dem griechischen Wort *thymos*, was übersetzt soviel wie Lebenskraft bedeutet. Wir möchten dir hier eine einfache Technik vorstellen, mit deren Hilfe du über den Thymus die eigene, innere Lebenskraft effektiv steigern kannst. Sie gehört nicht zum traditionellen Reiki-System und wird von den Reiki-Meistern im Zusammenhang mit Reiki nicht gelehrt. Wegen ihrer großen Wirksamkeit und gleichzeitigen Einfachheit haben wir sie jedoch hier mit eingefügt. Sie läßt sich sehr gut mit Reiki verbinden, und wenn du möchtest, kannst du sie in dein Behandlungsprogramm mit einbauen.

Die Thymusdrüse befindet sich in der Mitte der Brust, hinter dem oberen Teil des Brustbeines. Je mehr man über die Thymusdrüse weiß, um so bedeutungsvoller erscheint sie uns in ihrer Gesamtfunktion. Es ist noch gar nicht lange her, da hielt man sie für überflüssig, ja teilweise sogar für schädlich. Heute gilt als gesichert: Die Thymusdrüse ist das wichtigste Organ zur Aufrechterhaltung unseres Immunsystems (Abwehrsystems), weshalb sie auch einen zunehmend wichtigen Faktor in der Krebstherapie und -prophylaxe darstellt.

Man weiß heute, daß bei etwa 95 Prozent unserer Mitmenschen der Thymus geschwächt ist. Durch einfache kinesiologische Muskeltests, wie sie in der „Angewandten Kinesiologie"* sowie in der „Touch for Health"-Methode** gelehrt und praktiziert werden, hat man inzwischen hunderttausendfach nachgeprüft und bewiesen, daß sich ein geschwächter Thymus innerhalb von wenigen Sekunden mittels einer einfachen Methode stärken läßt. Sie besteht darin, den Thymus mit der Hand 10- bis 20mal leicht zu klopfen. Dieses Klopfen kann mit den Fingerspitzen oder mit der lockeren Faust in einem dir angenehmen Rhythmus erfolgen. (Reiben wirkt sich hingegen schwächend aus.) Auf diese Weise läßt sich der gesamte Körper inner-

---

* „Der Körper lügt nicht" von Dr. John Diamond, Verlag für angewandte Kinesiologie, Freiburg 1983.
** „Gesund durch Berühren — Touch for Health" von John F. Thie, Sphinx-Verlag, Basel 1983.

halb von Sekunden vitalisieren und stabilisieren. Selbstverständlich kannst du auch einfach deine Hände auf den Thymus legen und Reiki einfließen lassen. Die zuvor erwähnten Tests werden dir deutlich zeigen, daß dies eine weitere effektive Anwendungsmöglichkeit für Reiki darstellt.

Wenn du dir regelmäßig morgens den Thymus stärkst — und ruhig auch noch einige Male am Tag —, wirst du dich schon nach kurzer Zeit erheblich kraftvoller fühlen. Das Klopfen des Thymus könntest du auch deinen Patienten zeigen und empfehlen.

Was sich hier nach wenig anhört, hat eine weitreichende positive Wirkung.

Die Reiki-Behandlung mit mehreren Behandlern

Eine sehr schöne Möglichkeit, das Glück und die Freude, die du als „Reiki-Kanal" bei deiner Tätigkeit erfährst, mit anderen zu teilen, ist eine Reiki-Behandlung mit mehreren Behandlern. Die Wirksamkeit wird dadurch noch weiter verstärkt, der Zeitaufwand wird geringer, und es macht einfach

mehr Spaß. Bodo war einmal an einer Reiki-Kontaktbehandlung mit nicht weniger als zwölf Personen beteiligt, so daß jeder gerade noch einen Platz für seine Hände finden konnte. Die so behandelte Dame hat diesen Reiki-Segen sehr genossen.

Auch von Dr. Hayashi, dem ehemaligen Reiki-Großmeister, ist bekannt, daß in seiner Reiki-Klinik in Tokio oft mehrere Behandler gleichzeitig einen Kranken mit Reiki versorgten. Und wir selbst behandeln nach Möglichkeit immer zusammen.

Du solltest dich jedoch vorher mit deinen Mitbehandlern absprechen, wer wo beginnt und in welcher Reihenfolge ihr vorgehen wollt. Es ist besser, die Diskussion darüber nicht vor dem Patienten auszutragen. Bei uns reichen inzwischen einige Blicke aus, und wir sind uns über den Behandlungsverlauf einig. Gewöhnlich beginnt einer wie üblich am Kopf, der andere am Oberkörper, dann gehen wir Schritt für Schritt weiter, bis sich irgendwann unsere Blicke wieder treffen.

In der Regel benötigen wir etwas mehr als 30 Minuten für eine Vollbehandlung zu zweit. Besonders in schwierigen, hartnäckigen Fällen hat es sich bewährt, mit mehreren Reiki-Behandlern zusammenzuarbeiten. Haltet schon deswegen ruhig etwas Kontakt untereinander. Und danach trinkt noch eine Tasse Tee zusammen und erzählt euch von euren Reiki-Erfahrungen; oft werden dabei neue Anstöße gegeben. Auch so können wir uns gegenseitig in unserer Entwicklung und in der Erkenntnis der tieferen Zusammenhänge des Lebens helfen und unterstützen.

Der Reiki-Kreis

C. G. Jung hat einmal darauf hingewiesen, daß wir uns heute den traditionellen Symbolen*, die in früheren Zeiten oft eine große Bedeutung besaßen, sehr entfremdet haben und ihre Wirksamkeit für uns dadurch verlorenging. Wenn ihr euch einmal mit einer größeren Gruppe von Reiki-Behandlern trefft, gibt es eine schöne Möglichkeit, das uralte Symbol des Kreises mit neuem Leben zu füllen.

Der Kreis steht für Unendlichkeit und Vollkommenheit, und mit seiner Hilfe könnt ihr einen unendlichen, sich ständig erneuernden Reiki-Kreislauf herstellen.

Dazu setzt oder stellt ihr euch in einen Kreis, und jeder legt dem Freund oder der Freundin vor ihm die Hände sanft auf die Schultern auf, oder ihr umfaßt die Taille der vor euch stehenden Person, um dort Reiki einfließen zu lassen. Dabei ist es angenehm, wenn der ganze Kreis ruhig und harmonisch schwingt.

Dies ist eine sehr schöne und wirksame Art, Reiki durch eine ganze Gruppe gleichzeitig zu aktivieren und anzuwenden. Jeder Geber wird sofort zum Empfänger — ein wunderbares Erlebnis, das darüber hinaus sehr den Gruppengeist sowie die Harmonie in einer Gruppe fördert.

Sollten einmal sehr viele Reiki-Behandler zusammenkommen, so könnt ihr den Kreis zu einer Spirale** erweitern und so eure Reiki-Energie mit der Kraft dieses Symbols verbinden.

Sicherlich wird die Menschheit im Laufe der Zeit noch so manches traditionelle Symbol aus vergangenen Zeiten wiederentdecken und anwenden. Fangt ruhig schon einmal damit an.

---

* „Der Mensch und seine Symbole" von C. G. Jung, Walter Verlag, Freiburg, 7. Auflage 1984.
** „Die Spirale" von Jill Purce, Kösel-Verlag, München, 1. Auflage 1988.

Reiki als Hilfe für Sterbende

„Wer den Tod fürchtet, hat das Leben verloren."
Johann Gottfried Seume (Apokryphen)

Geburt und Tod sind die Gesetzmäßigkeiten, nach denen sich das Dasein in unserem Kosmos entfaltet. Wohin wir schauen, bewegt sich das Leben in Rhythmen und Zyklen von Ruhe und Aktivität. Eine alte Form ruht oder löst sich auf, während eine ihr gleiche, modifizierte oder erweiterte Form daraus entsteht. Dies beginnt beim sogenannten Wellenberg und Wellental einer jeden Schwingung innerhalb der Materie und endet in kosmischen Dimensionen, die unsere Wissenschaft erst zu erforschen beginnt. Schon in unserer unmittelbaren Umgebung beobachten wir dieses unablässige Werden und Vergehen. Wenn eine Blüte entsteht, stirbt die Knospe, wenn sich die Frucht entwickelt, stirbt die Blüte, und aus dem Verfall der Frucht geht eine neue Pflanze hervor. Auf die Nacht folgt ein neuer Tag, und nach der Ruhe des Winters entfaltet sich das Leben im Frühling mit neuer Kraft.

Dennoch scheint es uns Menschen so, als ob es einen tatsächlichen und endgültigen Tod gibt. Wenn auch ein Grundgesetz der Physik besagt, daß Energie niemals verlorengeht, sich nur wandeln, eine andere Form annehmen kann, so ist das doch nur im Bereich der Materie für uns ohne weiteres nachzuvollziehen. Wie steht es jedoch mit dem Geist und dem Bewußtsein, die einen Körper erfüllt und belebt haben? Enthalten Geist und Bewußtsein nicht eine viel machtvollere Energie als die Materie? Wir brauchen dazu nur einmal einen lebendigen und einen toten Körper miteinander zu vergleichen. Wohin geht diese Lebensenergie?

Nahezu alle alten Kulturen und Weisheitslehren sprechen von der Unsterblichkeit der Seele, von dem Geist, der den physischen Tod überdauert. Ihnen zufolge ist der materielle, physische Körper das Abbild, das sterbliche Gefäß und Instrument für Geist und Seele, um auf dieser Erde leben zu können. Und die moderne Wissenschaft beginnt, wenn auch noch vereinzelt, auch in diesem Bereich dem überlieferten Wissen immer näherzurücken und es mit ihren Mitteln zu bestätigen. So verblüffte zum Beispiel Sir

John Eccles, Nobelpreisträger für Medizin im Jahre 1963, auf dem Düsseldorfer Weltkongreß für Philosophie 1978 seine Zuhörer mit der Aussage, daß das Bewußtsein grundsätzlich als etwas Unabhängiges, als etwas außerhalb des zentralen Nervensystems Existierendes betrachtet werden müsse. Das Bewußtsein sei letztlich auf keinerlei organische Substanzen oder Funktionen in irgendeiner Form zurückzuführen, und der Geist stehe dem Gehirn und seinen neuronalen Mechanismen (mit denen er in Wechselbeziehung tritt) als etwas völlig Autonomes gegenüber.

Und der französische Physiker Jean E. Charon, der sich durch seine Forschung auf dem Gebiet der Elementarteilchen einen Namen gemacht hat, beschreibt in seinem Werk „Der Geist der Materie"*, daß es seinen Forschungen zufolge neben dem von Einstein entwickelten Raum-Zeit-Gefüge der Materie eine Raum-Zeit des Geistes gebe, die eine Doppelseitigkeit aller Dimensionen voraussetzt.

> *„Ihrer physikalischen Definition nach sind die geisttragenden Partikel stabil, ihre Lebenszeit ist also (. . .) identisch mit der des Universums . . . So führt uns das zu dem Schluß, daß alle Informationen, die wir im Zuge eines Menschenlebens in jene Partikel investiert haben, aus denen unser irdischer Körper zusammengesetzt ist, über unseren körperlichen Tod hinaus, also in alle Ewigkeit weiterbestehen werden."*

Wenn nun der Geist etwas ist, das vom Körper unabhängig existiert, so ist der Tod des Menschen nichts anderes als ein Übergang in eine andere Daseinsform, in eine Dimension, die nur mit den Augen der Seele geschaut werden kann. Es gibt viele ernsthafte Forscher, die diese „andere Dimension" ausführlich und detailliert beschrieben haben. Sie berichten von einer feinstofflichen oder geistigen Welt mit den verschiedensten Ebenen, die die sichtbare, materielle Welt durchdringt und ergänzt und in die die Geist-Seele des Menschen, gemäß ihrem Bewußtseins- und Entwicklungsstand eingeht, bis sie sich zur weiteren Entwicklung wiederum in einem stofflichen Körper inkarniert. (Siehe dazu auch die unten aufgeführte Literatur.**)

---

* „Der Geist der Materie" von Jean E. Charon, Ullstein Taschenbuch-Verlag, Berlin.
** „Unsere Toten sind nicht tot" von Rudolf Meldau, Bläschke Verlag, 2. Auflage.
„Die Lehre des Wachstums", Band 1, von Charles Webster Leadbeater, Hirthammer Verlag, München 1980.

Die Menschen fürchten jedoch den Tod, als sei er das schlimmste Übel, das ihnen zustoßen kann. Dazu ein Zitat von Thorwald Dethlefsen:

"Durch das materialistische Weltbild wurde dem Menschen immer mehr ein natürliches Verständnis des Todes als Rhythmischem Wechsel in eine andere Daseinsebene entzogen und durch die Behauptung ‚mit dem Tod ist alles aus' ersetzt. Dadurch wird ein krampfhaftes Festklammern am Leben und eine panische Angst vor dem Nichts bewirkt. Diese meist nicht eingestandene Todesangst projiziert jeder auf den anderen. Der Tod eines anderen erinnert an den eigenen, gefürchteten Tod, vergegenwärtigt immer wieder die eigene Bedrohung."

So ist das Thema Tod zu einem Tabu geworden, über das man nicht oder doch nur sehr ungern spricht. Man würde es am liebsten totschweigen, und die Behandlung, die wir den Sterbenden zukommen lassen, entspricht dieser Haltung. Die Ärzte versuchen, das Leben auf „Teufel-komm-heraus" zu verlängern, und wir selber stehen ihnen oft hilflos oder verlegen gegenüber.

In unseren Tagen ist es vor allem die Sterbeforscherin Dr. Elisabeth Kübler-Ross, die für eine menschenwürdige Behandlung der Sterbenden plädiert, die der tiefen Bedeutung und der tiefgreifenden Erfahrung dieses Vorganges angemessen ist.

"Der Augenblick des Übergangs ist für den Sterbenden ein natürlicher Prozeß, schmerzlos und in den meisten Fällen eine wunderbare Erfahrung. Das hat die Beobachtung immer wieder gezeigt. Sterbende können uns lehren, worauf es im Leben ankommt... Laßt die euch Nahestehenden nicht in der kalten Sachlichkeit eines Krankenhauses sterben. Nehmt sie, wo immer dies geht, mit nach Hause... Wenn wir lernen können, den Tod aus einer anderen Perspektive zu sehen, ihn wieder in unser Leben einzugliedern, so daß er nicht als ein gefürchteter Fremder kommt, sondern als erwarteter Freund, dann können wir lernen, unser Leben mit Bedeutung zu leben."*

Wenn du einmal die Gelegenheit hast, einem Sterbenden bei seinem Übergang in eine neue Existenz zur Seite zu stehen, so kann dies zu einem wunderbaren und ergreifenden Erlebnis für dich werden, denn während sich die

---

* „Reif werden zum Tode" von Dr. Elisabeth Kübler-Ross, Kreuz Verlag, Stuttgart, 6. Auflage.
„Was können wir noch tun?" von Dr. Elisabeth Kübler-Ross, Kreuz Verlag, Stuttgart, 6. Auflage.

Seele von seinem Körper löst, beginnt der Sterbende für sein inneres Wesen mehr und mehr zu erwachen. Durch die moderne Thanatologie (Sterbeforschung), die sich unter anderem auf die Berichte Wiederbelebter stützt, wissen wir heute vieles über die Erfahrungen, die sich bei dem Vorgang des Sterbens abspielen. In der Regel ist das Erlebnis des Sterbens mit einem Gewahrwerden von Licht, Frieden und Freiheit verbunden, begleitet von einem tiefen Gefühl des Geborgenseins. Nicht selten werden helle Wesen wahrgenommen, die den Sterbenden zu erwarten scheinen. Eine ganz ähnliche Beschreibung finden wir bei Schiller am Schluß seiner „Jungfrau von Orleans":

> *„Wie wird mir? Leichte Wolken heben mich —*
> *der schwere Panzer wird zum Flügelkleide.*
> *Hinauf — hinauf — die Erde flieht zurück.*
> *Kurz ist der Schmerz, und ewig ist die Freude."*

Viele der Wiederbelebten konnten während der Phase ihres klinischen Todes ihre Umwelt sehr genau erkennen, beobachteten die Handlungen der Ärzte, hörten ihre Gespräche. Oft hatten sie die Empfindung, über ihrem Körper zu schweben, und es widerstrebte ihnen, durch die „Kunst" der Ärzte in das „Gefängnis" ihres Körpers gewaltsam zurückgeholt zu werden.*

Interessant ist in diesem Zusammenhang auch das sogenannte Delpasse-Experiment, bei dem man nachweisen konnte, daß ein Bewußtseinsvorgang bzw. ein Gedächtnisinhalt, der ja als solcher Bestandteil des Bewußtseins ist, auch längere Zeit nach dem Eintreten des Gehirntodes wirksam werden kann. Der englische Neurologe Dr. Grey-Walter hatte „Todeskandidaten" im Rahmen eines Biofeedbacktrainings darauf trainiert, allein mit Hilfe bestimmter, bewußt erzeugter Hirnstromkurven einen Monitor einzuschalten, auf dem dann ein interessantes Bild erschien. Dazu wurden Elektroden an das Gehirn des Patienten angeschlossen, die durch eine geeignete elektrische Zwischenschaltung den entsprechenden Erregungsimpuls des Gehirns so weit verstärkten, daß der Stromstoß ausreichte, den Monitor selbständig in Gang zu setzen. Nun zeigte sich bei der Versuchsreihe, daß noch längere

---

* „Leben nach dem Tod" von Dr. med. Raymond A. Moody, Rowohlt Verlag, 5. Auflage.
„Sterben ist doch ganz anders" von Johann Christoph Hampe, Kreuz Verlag, 9. Auflage.
„Der Tod — ein neuer Anfang" von Dr. Karlis Osis und Dr. Elendur Haraldssohn, H. Bauer Verlag, Freiburg, 3. Auflage.
„Erinnerung an den Tod" von Dr. Michael Sabom, Goldmann Verlag, 1. Auflage.
„Leben nach dem Tod?" von Nils-Olof Jacobson, Bergh Verlag, 3. Auflage.

Zeit nachdem der Gehirntod eingetreten war, also nach einem endgültigen Ausfall sämtlicher Gehirnfunktionen und -aktivitäten (die Patienten konnten nicht wiederbelebt werden), der Gedächtnisimpuls aktiv wurde und das Gerät einschaltete. Dies entspricht vollkommen dem Erscheinungsbild, das wir erwarten dürfen, wenn der Geist den Tod überlebt.*

In vielen Kulturen wurde und wird der Tod, so wie bei uns die Geburt, als ein freudiges Ereignis gefeiert, als eine Befreiung von den Begrenzungen des irdischen Daseins. So ist auch von dem weisen König Salomon in der Bibel zu lesen:

> *„Der Tag des Todes ist besser als der Tag,*
> *an dem man geboren wird."*
> Prediger 7, Vers 1

Oft wurden dem Sterbenden Instruktionen mit auf den Weg gegeben, und es war ein Mensch an seiner Seite, der ihn liebevoll und verständnisvoll durch diesen Prozeß geleitete.

Mit Reiki haben wir nun ein sanftes und doch wirkungsvolles Instrument in der Hand, uns selbst, unseren Lieben, unseren Freunden und Mitmenschen wie auch unseren Haustieren bei dem Wechsel in eine neue Daseinsform beizustehen und sie zu unterstützen. Die Reiki-Behandlung wird dem Sterbenden helfen, sich innerlich auf den Übergang einzustellen und vorzubereiten, seine äußeren Bindungen loszulassen und die Verbindung zu seinem unsterblichen Selbst zu stärken, so daß er ohne Todeskampf seinen Körper verlassen kann. Wenn er krank ist und Schmerzen verspürt, gib ihm zusätzlich Reiki in die entsprechenden Bereiche. Die Behandlung des Herz-Chakras wird ihm darüber hinaus helfen, dieses Leben in Harmonie abzuschließen und sich für das zu öffnen, was nun auf ihn zukommt. Du kannst auch seinen Kopf in deinen Reiki-Händen halten, und die Mentalheilung kann ein weiteres tun, um den Tod zu einem erfüllenden und befreienden Erlebnis werden zu lassen.

Wenn der Sterbende bewußtlos ist, so denke nicht, daß er von der Reiki-Energie nichts mehr wahrnimmt. Dazu möchten wir noch einmal Frau Dr. Kübler-Ross zitieren:

---

* „Das Delpasse-Experiment — Eine Entdeckung im Zwischenreich von Tod und Leben" von James Bedford und Walt Kensington, Heyne Taschenbuchverlag, München 1977. Siehe auch „Esotera" Nr. 6 vom Juni 1981, S. 514-515, H. Bauer Verlag, Freiburg.

„Glaubt vor allem nicht, daß die Sterbenden von der Liebe und Zuwendung, die ihr ihnen gebt, nichts mehr spüren. Sie spüren alles, selbst dann noch, wenn sie im tiefen Koma liegen."

Besonders für Menschen, die beruflich viel mit Sterbenden zu tun haben, zum Beispiel in Altersheimen und auf den Intensivstationen der Krankenhäuser, kann Reiki ebenso wie für die ihnen anvertrauten Menschen eine unerläßliche Hilfe sein. Reiki ist ein Weg, auch und gerade bei der Konfrontation mit dem Tod das wirkliche Leben zu berühren, eine Einheit mit dem Sterbenden zu erfahren, die über jede äußerliche Trennung hinausgeht.

Die Reiki-Behandlung bei Tieren

Wenn Reiki jene universale Lebensenergie ist, die die Blumen zum Wachsen bringt, die Vögel zum Fliegen und die Erde zum Drehen, so wird es dich wohl kaum verwundern, daß Reiki auch bei allen Arten von Tieren wirksam angewandt werden kann. Und wenn eine Therapie auch bei Tieren wirkt, so ist dies wohl ein deutlicher Beweis dafür, daß es sich hierbei kaum um psycholo-

gische Tricks, um Hypnose oder gar „nur" um einen Glauben handeln kann. So war es seinerzeit zum Beispiel auch für die Akupunkturverfechter ein großer Schritt nach vorn, als einige versierte Therapeuten begannen, Pferde, Kühe und Hunde mittels der Akupunktur erfolgreich zu behandeln. Endlich konnte man den Vorwurf, der Erfolg beruhe allein auf einer psychischen Beeinflussung der Patienten, widerlegen.

Die Wirkung von Reiki ist natürlich nicht abhängig von der Anerkennung durch irgendeine Wissenschaft. Was wäre wohl aus unserer Schöpfung geworden, wenn ihre Existenz von einer ständig wechselnden wissenschaftlichen Meinung abhängig gewesen wäre. Die ganze unermeßliche Vielfalt des Lebens im Universum hatte ja längst vor ihrer wissenschaftlichen Entdeckung und Bestätigung Bestand. Seit man begonnen hat, ihre Strukturen zu analysieren, um sie sodann in Formeln und Lehrsätze zu kleiden, hat es immer wieder Phänomene gegeben, die als *wissenschaftlich* definiert wurden oder die man als *unwissenschaftlich* abgelehnt hat. Richtiger wäre es wohl zu sagen, daß die Gesetzmäßigkeiten in dem einen Fall erkannt wurden und in dem anderen Fall noch darauf warten, erkannt zu werden.

Nun, den Tieren, die wir behandeln, sind diese Überlegungen bestimmt egal. Die Erfolge der Reiki-Tierbehandlungen werden jedoch sicherlich eines Tages dazu beitragen, die objektive Wirksamkeit von Reiki zu bestätigen und das Interesse der Wissenschaft zu wecken.

Wir wissen nicht, was ein Tier bei einer Reiki-Behandlung empfindet, wir merken jedoch in der Regel, daß es sehr viel ruhiger wird, daß sich etwas in ihm entspannt und löst. Ob du nun als Tierarzt oder Tierheilpraktiker einen Elefanten im Zirkus behandelst oder als Mutter den Laubfrosch deiner Kinder — die Behandlungsprinzipien sind immer die gleichen. Du wirst schnell merken, daß Reiki in ein Tier genauso *einfließt* wie in einen Menschen.

Bei unseren Haustieren wie Pferden, Kühen, Schweinen, Hunden und Katzen legen wir die Hände sanft hinter den Ohren des Tieres auf, etwa dort, wo sich die Hunde so gerne kraulen lassen. Danach können wir die weiteren Körperpartien durchgehen oder auch ganz einfach dort unsere Hände auflegen, wo das Tier offensichtlich Schmerzen verspürt oder wo es erkrankt ist. So einfach ist das. Der Ablauf einer Tierbehandlung ist also ganz ähnlich wie beim Menschen. Wir lassen uns auch hier von unserem inneren Gefühl leiten und bleiben etwas länger an den Stellen, an denen mehr Reiki benötigt wird. Kleintiere, wie Mäuse, Hamster, Meerschweinchen, Vögel usw., nimmst du einfach ganz sanft in deine Hände, so, daß ihr euch beide gut dabei fühlt. Du wirst bald spüren, wie sie merklich ruhiger werden.

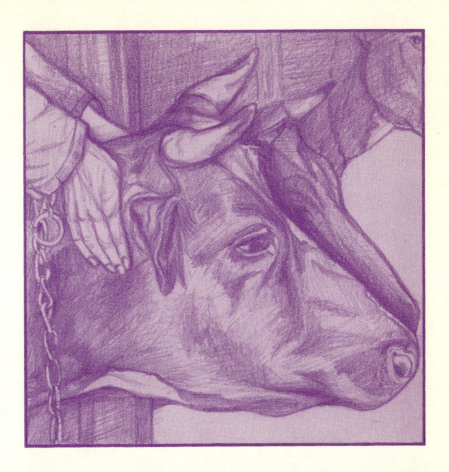

Erschrick nicht über den eiligen Herzschlag bei Kleintieren, er ist von Natur aus schneller als beim Menschen. Du kannst Tieren auch gut im Schlaf Reiki geben. Halte dazu die Hände knapp über sie, so daß du ihren Schlaf nicht störst.

Wenn du Fische im Aquarium behandeln willst, nimmst du das ganze Gefäß zwischen die Hände und läßt 15 bis 20 Minuten lang Reiki einfließen. Bei manchen Tieren, wie Schlangen, Pinguinen und Schmetterlingen usw. mußt du einfach etwas kreativ sein. Wenn zum Beispiel eine Giraffe Ohrenschmerzen hat, könntest du dir eine Leiter besorgen, sie an ihren Futterkorb im Baum stellen und warten, bis sie Hunger bekommt. Einfacher wäre ganz gewiß eine Fernbehandlung, aber auch nur halb so abenteuerlich.

Als wir gerade an diesem Kapitel schrieben, konnten wir die unmittelbare

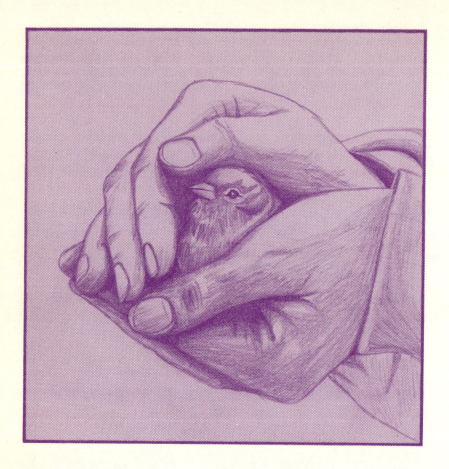

Wirkung von Reiki auf ein Tier deutlich beobachten. Wir hatten uns an einem Berghang in der Nähe unserer Almhütte in einer kleinen Tannenschonung in die Sonne gesetzt, als zwischen den Tannen etwa zehn Jungkühe auftauchten und sich neugierig näherten. Jede einzelne wollte erst einmal an uns riechen und möglichst auch schlecken. Danach fraßen sie ruhig und beschäftigt weiter. Eines der Tiere fiel uns auf. Es war magerer als die anderen und hatte eine Art Husten. Shalila nahm prompt aus etwa drei Metern Entfernung eine Fernbehandlung vor. Nach wenigen Sekunden senkte das Tier langsam den Kopf, seine Augen fielen halb zu. Es stand bewegungslos vor uns und schien sich in einem schläfrigen Zustand zu befinden, während alle anderen Kühe gemächlich weiterfraßen. Als Shalila die Behandlung beendete, wurde das Tier spontan wieder lebendig und nahm seine unterbrochene Tätigkeit wieder auf. Leider ist uns diese Herde nicht mehr begegnet, so daß wir das Ergebnis der Behandlung nicht überprüfen konnten.

In diesem Beispiel klingt schon an, daß du auch bei Tieren die Fernbehandlung sowie die Mentalbehandlung einsetzen kannst. Oft ist dies die einfachere Lösung, vor allem bei Tieren, die zu groß, zu klein, zu ängstlich oder auch zu gefährlich sind.

Katzen reagieren übrigens oft anders auf eine Reiki-Kontaktbehandlung als die meisten anderen Tiere. Ihnen ist der Griff hinter den Ohren gewöhnlich nur für kurze Zeit angenehm, dann werden sie unruhig. Auch Schlangen und Bienenvölker reagieren eher mit Unruhe, bei Wespen, Hornissen sowie bei Ameisenvölkern wirst du wahrscheinlich eine ähnliche Reaktion beobachten können. Sie bilden hierin offensichtlich eine Ausnahme in der Tierwelt.

Sicherlich wirst du schon bald selbst über einen angemessenen Erfahrungsschatz bei der Reiki-Heilung von Tieren verfügen.

Auch Pflanzen mögen Reiki

Vielleicht hast du schon einmal diese wunderbare Ebene erfahren, auf der wir mit allen anderen Aspekten der Schöpfung aufs engste verbunden sind. In diesem Zustand sind alle trennenden Faktoren zwischen unserer Persönlichkeit und dem uns umgebenden Dasein aufgehoben. Wir sind alles, und alles Leben um uns herum ist nur ein anderer Aspekt unseres unendlichen

Seins. Die Upanischaden beschreiben es mit den Worten: *Ich bin Das, du bist Das, all dies ist Das.* C. G. Jung nannte es das *kollektive Unbewußte*, und Jesus sagte: „*Ich und der Vater sind eins*" (Joh. 10, Vers 30).

Wer je diese erfüllende Ebene der Einheit erfahren hat, der weiß, wie nichtig im Grunde genommen der Unterschied zwischen uns selbst und der sogenannten Umgebung ist. So ist es auch die gleiche universale Lebensenergie, die sich im Menschen wie in den Tieren, in den Pflanzen und Mineralien auf unterschiedliche Weise manifestiert. Es sind lediglich verschiedene Ausdrucksformen und Entwicklungsstufen im *Spiel des Lebens*.

Auf der Grundlage dieses Wissens dürfte es uns nicht schwerfallen zu verstehen, daß nicht nur Menschen und Tiere, sondern auch Blumen, Sträucher und Bäume sowie deren Samen eine zusätzliche Gabe universaler Lebenskraft mögen. Du gibst dabei in konzentrierter Form von dem, was uns alle durchströmt und erhält.

Deine eigenen Versuche werden dir bald bestätigen, wie positiv Pflanzen aller Art auf deine Reiki-Gabe reagieren. Es scheint, als ob sie Reiki nicht anders aufnehmen als wir Menschen. Ihre Reaktion zeigt sich in einem gesunden, starken Wachstum, reichen Blüten und einer oft überdurchschnittlich langen Lebensdauer.

Mache einfach mal einen Test und nimm zwei gleiche Pflanzen, die du etwas entfernt voneinander aufstellst, aber den gleichen Bedingungen aussetzt, und nun behandle die eine Pflanze täglich mit Reiki. Nach einiger Zeit stelle sie nebeneinander und betrachte sie. Der Unterschied wird deutlich sichtbar sein.

Den gleichen Versuch kannst du mit Samenkörnern, Schnittblumen oder sogar mit Bäumen und Sträuchern durchführen. Dabei ist zu bedenken, daß bei sehr langsam wachsenden Pflanzen die positiven Reaktionen erst nach längerer Zeit zutage treten.

In der Praxis kannst du folgendermaßen vorgehen: Um Samenkörner mit Reiki anzureichern, hältst du beide Hände wenige Zentimeter über das Saatgut, etwa so, als ob du es segnen würdest. Oder du nimmst die Samen in die linke Hand und gibst mit der rechten Hand einige Minuten Reiki darauf. Sind die Sämlinge bereits in der Erde, so kannst du sie natürlich auch dort behandeln. Halte einfach deine Hände über sie, bis sie genug Reiki bekommen haben.

Bei Schnittblumen nimmst du die ganze Vase zwischen deine Hände, dort, wo die Stiele im Wasser stehen. Wenn du magst, kannst du solch eine Reiki-Gabe täglich wiederholen, denn auch die Pflanzen holen sich nur das,

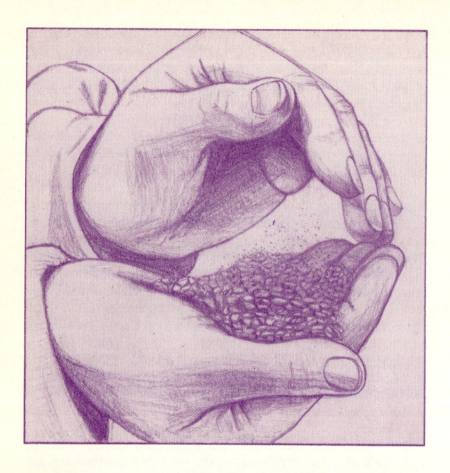

was sie brauchen, und ein Zuviel an universaler Lebensenergie gibt es daher bei Reiki nicht.

Topfpflanzen bekommen Reiki am besten im Bereich ihrer Wurzeln. Du hältst dazu den Blumentopf in deinen Händen und läßt Reiki in die Wurzeln einfließen. Eine Bekannte erzählte uns bei einem Reiki-Treffen, daß sie eine kranke Pflanze behandeln wollte, aber überhaupt kein „Fließen" empfand. Es war, als ob die Pflanze sich verschlossen hätte und keine Energie hereinließ. Nach einigen vergeblichen Versuchen begann sie, mit dieser Pflanze bewußt zu sprechen. Sie sagte ihr, was sie mit ihr plante, bereitete sie vor, so wie wir das ja auch bei den Menschen tun, die wir behandeln wollen. Danach versuchte sie es erneut, und nun hatte sich die Pflanze „geöffnet", um die lebensspendende Energie aufzunehmen.

Es ist wohl für uns alle kein Fehler, wenn wir etwas mehr bewußte Aufmerksamkeit und liebevolle Gedanken auf unsere Pflanzen lenken. Wem diese Darlegungen etwas suspekt erscheinen, der sollte sich einmal das Buch „Das Seelenleben der Pflanzen" von Hans Holzer* vornehmen.

Bäume kannst du gerne einmal ganz umarmen, wenn dir danach ist; sie bekommen Reiki normalerweise in ihren Stamm. Nicht selten mögen sie eine längere Reiki-Gabe, du solltest jedoch auch hier ganz nach deinem inneren Gefühl gehen. Auch wir selbst fühlen uns nach solch einer Baumbehandlung immer sehr harmonisch und ausgeglichen.

* „Das Seelenleben der Pflanzen — verblüffende Experimente" von Hans Holzer, Goldmann Taschenbuchverlag, München.

Wir haben in einer Gruppe schon auf ganze erkrankte Wälder Reiki geleitet, um ihre Lebenskraft zu stärken. Das hilft unseren kranken Wäldern gewiß mehr, als wenn wir durch unsere Angst und negative Erwartung das Baumsterben noch fördern. Auch hier wirken sich unsere Gedanken und Gefühle ganz konkret auf einer stofflichen Ebene aus, und wir brauchen nur die Richtung unserer Gedanken ein wenig zu ändern, um mit positiven Impulsen den Bäumen zu helfen. Wenn du eine besonders innige Beziehung zu Bäumen hast, dann möchten wir dir das Buch „Baumheilkunde" von René-Anton Strassmann* empfehlen.

* „Baumheilkunde" von René-Anton Strassmann, Renatus Verlagsgenossenschaft, Wilen/OW, Schweiz, 1. Auflage 1983.

Sträucher kannst du ebenfalls in deine Arme schließen. Bevor du deine Pflanzen gießt, kannst du auch dem Gießwasser, sei es nun in einer Gießkanne oder in einem Wasserfaß, Reiki geben.

Verfügst du über den zweiten Reiki-Grad, kannst du natürlich auch bei Pflanzen die Fern- und Mentalheilung erfolgreich einsetzen. Wenn wir zum Beispiel ganze Wälder behandeln, ist die Fernbehandlung die einzig praktikable Möglichkeit.

Ganz sicher gibt es eine reale Ebene, auf der dir die Pflanzen all ihren Dank ausdrücken — sei auch dafür offen und aufnahmebereit. Selbst hier gibt es einen *„energy-exchange".* Wunderbar!

Weitere Möglichkeiten

Wir haben nun über die Reiki-Behandlung bei Menschen, Tieren und Pflanzen gesprochen. Es gibt jedoch noch weitere Anwendungsmöglichkeiten für Reiki, von denen wir dir eine kleine Auswahl beschreiben möchten.
  Du kannst Reiki überall dort einsetzen, wo ein Defizit an Energie oder ein Mangel an Harmonie besteht, aber auch dort, wo du etwas zusätzlich mit

Weitere Möglichkeiten

Lebensenergie anreichern möchtest, zum Beispiel deine Nahrung, bevor du sie ißt, deine Medikamente, Pflaster oder Bandagen, deine Kleidung und Schuhe, bevor du sie trägst, oder auch ein Schmuckstück oder einen Edelstein, der dir besonders viel bedeutet.

Sehr schön ist es auch, wenn du ein Geschenk mit Reiki behandelst, bevor du es weitergibst — so wird es zu einer doppelten Gabe. Auch in einem Brief kannst du einem lieben Menschen Reiki mitschicken. Und wenn dein Auto im Winter nicht anspringt, versuche es einmal mit Reiki. Lege deine Hände an die Autobatterie und laß einige Minuten lang Reiki einfließen, und dann versuche erneut zu starten. Oder laß deinen Freund starten, während du die Batterie mit Reiki-Energie versorgst. Einige Bekannte von uns haben das schon mehrfach erfolgreich praktiziert.[*]

Sobald du den zweiten Reiki-Grad besitzt, kannst du in jedem Raum, in dem du dich aufhältst, die Atmosphäre von negativen Einflüssen reinigen und mit harmonischen, lebensfördernden Schwingungen versehen — in deiner Wohnung, in fremden Hotelzimmern, im Zugabteil, in deinem Auto usw. Du wirst sehen, wie wohl du dich danach dort fühlst.

Wenn du einmal darüber nachdenkst, wirst du sicherlich noch viele Anwendungsbereiche für Reiki finden. Da Reiki um so stärker fließt, je häufiger du es benutzt, mache ruhig auch von diesen Möglichkeiten Gebrauch.

---

[*] Rundbrief „Reiki von Hand zu Hand" Nr. 1 1985, Seite 3, Verlag AVIVA, Dr. W. Dahlberg, Kobbachstr. 12, 6000 Frankfurt / M. 50.

Kann man Reiki mit anderen Behandlungen kombinieren?

Einige der Teilnehmer an den Reiki-Seminaren verfügen über eine ganze Palette von Therapiemöglichkeiten und oft kommt die Frage: Könnte ich Reiki auch zusammen mit dieser oder jener Therapiemethode verwenden? Häufig fragen uns auch unsere Patienten, ob sich Reiki mit ihren Medikamenten, ihrer derzeitigen Behandlung oder Kur verträgt.

Nun, wir können dir versichern, daß Reiki sich nach allen heute vorliegenden Ergebnissen und Erkenntnissen bereichernd und unterstützend bei praktisch jeder medizinischen Behandlungsform auswirkt. Reiki unterstützt immer den biologisch sinnvollen Heilungsvorgang des Körpers, des Geistes und der Seele. Reiki beeinträchtigt weder die Wirkung von Medikamenten, von irgendwelchen Körper- oder Psychotherapien noch von sonstigen medizinischen Eingriffen, sondern hilft dem Organismus zusätzlich durch seine reinigende, entgiftende und harmonisierende Funktion.

Es gibt jedoch eine Ausnahme: Während einer Operation unter Narkose sollte keine Reiki-Behandlung gegeben werden, da es sein könnte, daß die Narkose nicht in der vorhergesehenen Weise wirkt. Gib Reiki in diesem Fall unmittelbar vor oder nach der Operation. Auch Knochenbrüche sollten erst gerichtet sein, bevor du Reiki darauf gibst. Danach wird Reiki die Heilung sehr beschleunigen.

Wir möchten hier auch nochmals darauf hinweisen, daß Reiki nicht automatisch alle anderen Behandlungen oder Medikamente ersetzt, diese jedoch in aller Regel in ihrer möglichst biologischen Wirkung ergänzt und unterstützt.

Schulmediziner, Psychologen wie auch Heilpraktiker haben Reiki mit ihren herkömmlichen Behandlungsmethoden kombiniert und gute Erfahrungen damit gemacht. Bodo hat Reiki schon zusammen mit *Massagen, Reflexzonentherapie, „Touch for Health", Polarity, Atemtherapie, Narbenentstörung, Pränatal-Therapie* usw. erfolgreich eingesetzt. Andere uns bekannte Reiki-Behandler haben Reiki mit *Akupunktur, Akupressur, Aku-*

punktmassage, *Shiatsu, Kiatsu, Tai-ki, An-Mo, Do-In, E. A. S., Jin Shin Jyutsu, Chiropraktik, Colortherapie, Bach-Blütentherapie, Homöopathie, Aromatherapie, Ayurveda, Fastenkuren* oder verschiedenen *Psychotherapien* verbunden. Manche Lehrer und Therapeuten kombinieren Reiki mit *Meditation, Bioenergetik, Yoga, Autogenem Training* und anderen Techniken. Man kann zum Beispiel auch während einer Injektion ohne weiteres Reiki mit einschleusen.

Somit ist Reiki für alle Menschen, die im weitesten Sinne in einem Heilberuf tätig sind, besonders hilfreich. Es ist eine wunderbare, natürliche Ergänzung zu nahezu jeder uns bekannten Therapie. Wir könnten es vielleicht mit der Wirkung von guter, frischer und sauberer Luft vergleichen, die sich praktisch bei jedem Patienten günstig auswirkt, ja geradezu eine der Grundbedingungen für ein gesundes Leben darstellt.

Reiki bewirkt eine tiefgreifende Umstimmung auf allen Ebenen des Seins zu einer ganzheitlichen, heil-vollen Entwicklung hin.

Es wird sicher einmal vorkommen, daß man dich mit deiner Reiki-Therapie belächelt, was in der Regel auf Unkenntnis und Vorurteile zurückzuführen ist. Wir alle neigen ja mehr oder weniger dazu, alles Neue, Ungewohnte erst einmal skeptisch zu betrachten und kritisch zu hinterfragen. Dies entspricht unserer westlichen Erziehung, unserer verstandesmäßigen Sicht der Welt und war wohl schon zur Zeit Arthur Schopenhauers nicht anders, denn er sagte:

„Ein jedes Problem durchläuft bis zu seiner
Anerkennung drei Stufen:
In der ersten wird es lächerlich gemacht.
In der zweiten bekämpft,
in der dritten gilt es als selbstverständlich."

Zumindest sollte einmal die Überlegung erlaubt sein, Reiki angesichts der kaum noch zu finanzierenden Kosten im Krankheitswesen als Versuch in einer Klinik einzusetzen, wobei je ein Reiki-Behandler etwa 10 bis 15 Patienten betreuen könnte, und zu beobachten, wie sich dies statistisch auf den Krankheitsverlauf und auf die Aufenthaltsdauer der Patienten auswirkt. Ganz sicher könnte Reiki auch erfolgreich in unseren Psycho-Stationen, in Kinder-Kliniken, zur Geburtsvorbereitung, in der Rehabilitation usw. eingesetzt werden. In dieser Beziehung sind uns die USA bereits einen Schritt voraus. Dort ist Reiki als ergänzende Ausbildung für Ärzte, Krankenschwestern und Psychologen anerkannt worden. Das ist bei uns undenkbar, werden manche sagen, wo kämen wir da hin?

*„Wo kämen wir hin,
wenn alle sagten:
‚Wo kämen wir hin‘,
und niemand ginge,
um einmal zu schauen,
wohin man käme,
wenn man ging?"*

Vielleicht sollten wir uns diese Gedanken von Kurt Marti auch hierzulande etwas mehr zu Herzen nehmen. Das Umdenken hat längst begonnen, und auf immer breiterer Ebene vollzieht sich ein spürbarer Wandel zu mehr Natürlichkeit und Spiritualität, zu ganzheitlicheren Denkansätzen und deren praktischer Realisierung.

Wir stehen mitten in einem Umbruch — in einer „Wendezeit" (nach Capra), in einem „Aufbruch zur Neuen Kultur" (nach Duhm). Die „sanften Verschwörer" (nach Ferguson) treten zwar mit leiser Sohle auf, gewinnen jedoch ständig an Terrain.

So denken wir, daß sich eine Heilweise wie Reiki in Zukunft immer mehr durchsetzen und in das Gesundheitswesen einfügen und vielleicht so manche Methode, die rein symptomatisch ausgerichtet ist und die Ganzheit des Menschen außer acht läßt, ersetzen oder ablösen wird.

Glücklichsein

Es gibt keine Pflicht des Lebens,
es gibt nur eine Pflicht des Glücklichseins.
Dazu allein sind wir auf der Welt,
und mit aller Pflicht
und aller Moral
und allen Geboten
macht man einander selten glücklich,
weil man sich selbst damit nicht glücklich macht.
Wenn der Mensch gut sein kann,
so kann er es nur,
wenn er glücklich ist,
wenn er Harmonie in sich hat,
also wenn er liebt.
Dies war die Lehre,
die einzige Lehre in der Welt;
dies sagte Jesus,
dies sagte Buddha,
dies sagte Hegel.
Für jeden ist das einzig Wichtige auf der Welt
sein eigenes Innerstes,
seine Seele,
seine Liebefähigkeit.
Ist die in Ordnung,
so mag man Hirse oder Kuchen essen,
Lumpen oder Juwelen tragen,
dann klang die Welt mit der Seele rein zusammen,
war gut,
war in Ordnung.

Hermann Hesse
(aus seinem Nachlaß)

Was ist, wenn eine Behandlung einmal keinen „Erfolg" zeigte?

Wenn du häufig mit Reiki arbeitest, wirst du es wahrscheinlich ab und zu erleben, daß deine Behandlung offenbar keinen „Erfolg" hatte. Was ist geschehen?

Wir möchten dir in diesem Kapitel einige der Faktoren nennen, die eine Rolle dabei spielen können, wenn Reiki nicht in der vorhergesehenen Weise wirkt. Die folgenden Hinweise mögen sich auch bei der Einschätzung deiner Patienten als hilfreich erweisen, und dies nicht nur bei der Reiki-Behandlung.

Einer der häufigsten Gründe für ein scheinbares „Versagen" von Reiki ist wohl der, daß du wieder einmal ein bestimmtes Ergebnis erwartet hattest, und die universelle Gesetzmäßigkeit, nach der Reiki sich richtet, hatte etwas ganz anderes im Sinn. Deine Erwartung wurde zwar nicht erfüllt, aber bei dem Patienten mag sich manches eingestellt haben, was nicht so offensichtlich zutage tritt. Nicht jeder spricht gleich offen über sein Seelenleben, doch wurden manchmal gerade in diesem Bereich wichtige Wandlungen eingeleitet. Oft hat der Reiki-Empfänger selbst keine klare Empfindung darüber, was sich in ihm abgespielt hat, und manchmal läßt sich die Auswirkung der Behandlungen erst nach Wochen oder gar Monaten beurteilen.

Sei also nicht enttäuscht, wenn sich deine Erwartungen nicht gleich erfüllen. Bei der Anwendung von Reiki können wir mit unserem Eigenwillen nichts erreichen, unser Ego muß hier zurückstehen, und das ist ganz sicher keine schlechte Schule für unsere Entwicklung. Als „Reiki-Kanal" bist du nicht der eigentliche Akteur, sondern eher ein neutraler Beobachter, ein Zeuge des Geschehens. So sollten wir auch niemals den Symptomen des Patienten gegenüber innerlich eine ablehnende Haltung einnehmen. Wir kämpfen nicht gegen die Krankheit — wir geben Reiki und beobachten, was sich daraus entwickelt — und das Ergebnis wird immer das bestmögliche sein.

Nun gibt es einige interessante Ursachen für einen tatsächlichen „Therapie-Mißerfolg". Wir haben es immer wieder einmal erlebt, daß Patienten zwar zu einer Behandlung kamen, ihre Therapiebereitschaft aber nur eine Alibifunktion hatte. Im innersten Kern ihres Wesens wollten sie, bewußt oder unbewußt, nicht gesund werden, ja sie hingen sehr an ihrer Krankheit, die ihnen ganz offensichtlich so manchen Vorteil einbrachte. Da gab es zum Beispiel eine Hausfrau, die von ihrer Familie nur dann Zuwendung, Zuneigung und Unterstützung bekam, wenn sie wieder einmal krank war. Wahrscheinlich sah sie keinen anderen Weg, diese Aufmerksamkeiten zu bekommen. Wenn sich eine solche Erfahrung tief in einem Menschen verwurzelt hat, wird er sich innerlich gegen den Erfolg einer jeden Behandlung zur Wehr setzen. Natürlich hat dieser Mensch nach außen hin alles getan, um wieder gesund zu werden, nichts läßt er unversucht, ja selbst bei dir hat er diese „neue, exotische Methode" ausprobiert!

Ein ähnliches Phänomen findest du nicht selten bei Kindern, gewöhnlich jedoch weniger ausgeprägt. Ist ein Kind krank, wird es umsorgt, geliebt, bedauert und gepflegt, es braucht nicht zur Schule, eventuell bekommt es Besuch und Geschenke. Alle sind ganz lieb und nett, jeder findet bedauernde oder ermunternde Worte. Hat dieses Kind nun sein Minus an Zuwendung ausgeglichen — aber erst dann —, fällt es ihm leicht, wieder gesund zu werden. Dieser Mechanismus spielt sich weitgehend unbewußt ab und wir können niemanden dafür tadeln, denn diese Verhaltensweise führt oft zu dem einzig möglichen Ausgleich der Kräfte.

Und geht es uns nicht selbst oft ebenso? Wochen- oder monatelang übernehmen wir uns in unserer Aktivität, in unserer Arbeit oder Verantwortung, um uns dann, wenn es irgendwann nicht mehr geht, eine passende Krankheit zuzuziehen. Sie sichert uns endlich all die versäumte Ruhe, Pflege, die Zuneigung und Umsorgung von seiten unserer Lieben, die wir uns vorher nicht gönnten oder nicht bekommen konnten, und das auf eine allgemein akzeptierte Weise. Der Kranke gilt ja immer als der Arme, Unschuldige und Bemitleidenswerte, der ja gar nichts dafür kann, daß er gerade jetzt krank wurde. Und danach sieht dann die Welt wieder viel angenehmer aus; die Krankheit hatte ganz gewiß ihren Sinn.

Aber wir wollen hier noch weitere Gründe für ein sogenanntes Versagen von Reiki ansprechen. Bodo erlebte es einmal, daß eine Patientin nach der ersten Behandlung nicht wiederkam. Was war geschehen? Von ihrer Schwester erfuhr er, daß sie die Reiki-Behandlung als etwas unheimlich, als irgendwie suspekt empfunden hatte. Wir wissen nicht, wodurch diese Empfindung bei ihr ausgelöst wurde, wir beobachten jedoch manchmal, daß es Menschen gibt, die mehr auf der grobstofflichen Ebene ansprechbar sind. Sie bevorzugen etwas „Handfestes". Meist sind es Menschen, die sich noch nie mit spirituellen Dingen auseinandergesetzt haben. Es wäre in einem solchen Fall wohl auch besser, ihren Wunsch zu respektieren und ihnen etwas Entsprechendes zu geben. Wir befinden uns ja alle auf ganz unterschiedlichen Entwicklungsstufen, und warum sollten wir diese Tatsache nicht auch bei unseren Therapien akzeptieren?

Versucht darum niemals, jemanden zu einer Reiki-Behandlung zu überreden. Informiert ihn über die Art und Wirkungsweise von Reiki und laßt ihn seine Entscheidung treffen. So wird es in der Regel eine befriedigende Behandlung werden.

Es mag auch vorkommen, daß ein Mensch seine „Lektion", die er aus seiner Krankheit lernen sollte, noch nicht begriffen hat und daß er die Krankheit aus diesem Grund noch für eine Weile behalten muß. Eventuell wird er dadurch daran gehindert, sich selbst durch die immer neue Verletzung von Naturgesetzen noch mehr Schaden zuzufügen. In diesem Falle ist die Reiki-Behandlung jedoch bestens dazu geeignet, ihm die Augen über die inneren Zusammenhänge zu öffnen. Manchmal leuchtet es einem Patienten ganz plötzlich ein, worum es bei seinen Beschwerden eigentlich geht, und nicht selten beginnt er, seine inneren und äußeren Mißstände zu ändern. Wieder ein anderer mag eine *karmische Schuld* abzutragen haben, bevor eine Heilung eintreten kann. Doch wird ihm Reiki auch hierbei helfen können. Oder es mag sein, daß durch bestimmte karmische Zusammenhänge es die Aufgabe eines anderen Behandlers ist, gerade diesen Menschen zu heilen, und dir mag es verwehrt bleiben. Dieser Fall ist jedoch eine große Ausnahme und kommt nur äußerst selten vor.

Dann gibt es noch eine kleine Gruppe von Patienten, denen Reiki einfach zu simpel erscheint, so einfach wollten sie nun doch nicht geheilt werden, am Ende sagt man noch, sie wären gar nicht richtig krank gewesen, sie hätten womöglich immer nur übertrieben mit ihren Beschwerden. Unter drei Wochen Krankenhausaufenthalt soll das nun nicht abgehen. Was sollen wir dazu sagen?

Eine letzte Kategorie von „Problempatienten" sind jene, die zu dir kommen, um sich selbst oder dir zu beweisen, daß eine Methode wie Reiki gar keine Wirkung haben kann. In ihrer Skepsis liegen sie dann angespannt da und wehren sich gegen jeden Energiefluß, gegen jedes angenehme Gefühl, gegen alle Harmonie und innere Veränderung. Und am Ende behalten manche von ihnen auch noch recht!

> *„Niemand, der sich nicht selbst überzeugt,
> wird von dir überzeugt werden."*
>
> Platon

Wenn also jemand zu dir kommt, informiere ihn über Reiki, biete es an, aber dränge niemandem eine Behandlung auf. Jeder Mensch ist frei, und wir sollten das als erste respektieren.

Alle hier erwähnten Fälle kommen in der Reiki-Praxis jedoch nur sehr selten vor, und sie sollten dich sicherlich nicht entmutigen, unbefangen an jede neue Behandlung heranzugehen. Wir wollten sie dir dennoch einmal beschreiben, damit du in einer entsprechenden Situation besser damit umgehen kannst.

Wir sind davon überzeugt, daß du in der Regel mit Reiki ganz wunderbare Erfahrungen machen wirst, wenn es auch Erfahrungen sein können, die uns oft selbst überraschen. So sei auch als Behandler einfach offen für das, was kommt.

Gedanken zur Rechtslage und zum „Energieaustausch"

Wenn du Reiki auf einer breiteren Basis einsetzen und möglichst viele Menschen behandeln möchtest, so ist das ein schöner und natürlicher Wunsch, und wir wollen sehen, was du daraus machen kannst. Die gesetzlichen Bestimmungen, die eine Ausübung der Heilkunde regeln, werden in den einzelnen Staaten recht unterschiedlich gehandhabt.

Wenn du *Arzt* bist, so ist es wohl in jedem Staat selbstverständlich, daß du Reiki geben kannst, wann immer du es für angebracht hältst. Das könnte dann schon eher an der benötigten Zeit scheitern, da die Ärzte heute gewöhnlich mit recht knappen Terminen planen und eine Reiki-Behandlung nun mal sehr viel Zeit braucht. Einzelne Problemzonen kannst du natürlich immer einmal schnell zwischendurch behandeln, wenn auch in der Regel eine Vollbehandlung vorzuziehen ist. Eventuell könntest du dir als Arzt einen oder auch mehrere *Reiki-Therapeuten* einstellen, oder ihr könntet auf einer freien Basis zusammenarbeiten.

Wenn du mit Reiki arbeitest, ist es gut, wenn du deine Patienten vorher über die Art und Wirkungsweise der Reiki-Behandlung unterrichtest. Sie könnten sonst von deiner Therapie etwas befremdet sein. Du könntest dir auch einen Info-Bogen ausarbeiten, den du deinen Patienten vorher zu lesen gibst.

Auch für *Heilpraktiker* gibt es keine nennenswerten Probleme. Wir kennen Fälle, in denen Heilpraktiker fast ausschließlich mit Reiki arbeiten. Falls auch sie mit dem Zeitaufwand nicht zurechtkommen, könnten sie ebenfalls weitere Therapeuten oder *Heilpraktiker-Assistenten* beschäftigen.

Zur Zeit der Drucklegung dieses Buches ist Reiki nicht im Leistungskatalog der Krankenkassen der Bundesrepublik Deutschland enthalten. Erfahrungsgemäß kann die Aufnahme einer neuen Heilweise jahrelang dauern. Man denke nur an die Akupunktur, die selbst heute noch, nach über 25 Jahren erfolgreicher Ausübung, um ihre volle Anerkennung kämpft. Privatkrankenkassen lassen da oft schon eher mit sich reden. So muß man für eine

Reiki-Behandlung in der Regel selbst bezahlen — wenn der Behandler etwas dafür verlangt. Wir meinen, daß eine Gegenleistung, ein *„energy-exchange"*, wie man es zum Beispiel in Findhorn nennt, durchaus gerechtfertigt und empfehlenswert ist. Das muß gewiß nicht immer Geld sein, obwohl dieses Zahlungsmittel in unserer Gesellschaft eine anerkannte Form der Energie darstellt. Wenn jemand jedoch lieber all deine Socken stopft, finden wir das auch akzeptabel. Auf die gleiche Weise bekommst du vielleicht auch frisches, biologisches Obst und Gemüse von den netten Leuten auf dem Alternativhof in deiner Nähe. Wir fanden diese Form des *Energieausgleichs* immer sehr reell und oft vergnüglich.

Bei unserem Aufenthalt in Thailand behandelten wir in einer sehr armen, abgelegenen Gegend einige Eingeborene, die aus dem nahen Dorf zu uns kamen. Als Dank für die Behandlung brachten sie uns alle etwas mit — ein paar Früchte, Nüsse, gekochte Eier oder schöne Muscheln. Eine Frau kam jedoch ohne eine Gabe. Sie erzählte uns, daß sie sehr arm sei und nichts besäße, und fragte uns, ob sie als Gegengabe für uns beten dürfe. Es war für sie das schönste und wertvollste Geschenk, das sie zu vergeben hatte, und wir nahmen es selbstverständlich dankbar an. So konnte sie sich der Behandlung voll hingeben in dem Bewußtsein, auch für uns etwas Gutes zu tun. Es ist nie ein Fehler, sich von den starren Formen etwas zu lösen und offen zu sein für das Natürliche. Viele neue Kommunikationsmöglichkeiten können sich so für uns erschließen.

Warum aber dieser *Energieaustausch?* Als Antwort darauf möchten wir dir eine Begebenheit aus der Zeit erzählen, als Dr. Hayashi in Tokio seine Reiki-Klinik betrieb. Eine sehr vermögende, jedoch auch sehr kranke Dame kam zur Behandlung in die Klinik und erwies sich als ein echter Problemfall, da die Behandlungen keinerlei Wirkung zeigten. Offensichtlich konnte sie aus irgendeinem Grund die Reiki-Energie nicht aufnehmen.

„Wenn du Gold in eine Hand schütten möchtest, die schon bis oben hin mit Steinen gefüllt ist, so fallen die Goldstücke herunter. Du mußt erst etwas von dir hergeben, damit ein Raum entsteht, der neu gefüllt werden kann."

Die Dame bezahlte zwar das übliche Honorar, dieser Betrag bedeutete für sie jedoch so gut wie nichts. Man kam auf den Gedanken, die Dame selbst zu einem Reiki-Kanal auszubilden. Sie sollte andere Patienten mit Reiki behandeln, um so einen Energieaustausch zu ermöglichen. Die Dame stimmte zur Überraschung der Behandler tatsächlich zu, und kaum behandelte sie in der Klinik mit, schlugen auch die Behandlungen bei ihr an, und sie befand sich sehr schnell auf dem Weg der Besserung. Nun konnte sie Reiki offen empfangen — der Energiekreislauf war geschlossen worden.

Dieses Prinzip von Geben und Nehmen gilt in allen Bereichen unseres Lebens. Mittel sind genügend vorhanden, sie sind oft nur zu wenig im Fluß. Wenn wir immer zu sehr an dem festhalten, was wir besitzen, und auch nicht bereit sind, Neues aufzunehmen, kommt irgendwann der Fluß ins Stocken. Dies gilt nicht nur auf der materiellen Ebene, sondern wirkt ebenso im emotionalen und geistigen Bereich. Immer nur Liebe, Wissen oder sonst etwas zu empfangen funktioniert auf Dauer genausowenig, wie immer nur einzuatmen, ohne wieder auszuatmen. Geben und Nehmen sollten sich immer die Waage halten.

Der Wert einer Reiki-Behandlung in Geld festzusetzen ist nicht immer einfach. Um dir eine grobe Richtlinie zu geben: Wir meinen, daß sich eine Reiki-Behandlung in etwa mit der Arbeitsstunde eines Handwerksmeisters vergleichen ließe. Dennoch brauchst du dich nicht unbedingt auf feste Geldbeträge zu fixieren. Setze in dieser Beziehung ruhig einige neue Impulse. Auch ist es ein Unterschied, ob du von deinen Behandlungen lebst oder ob du sie neben deinem Beruf ab und zu gibst.

Nun ist es wohl unsere Pflicht, dich auch mit dem Heilpraktikergesetz bekannt zu machen, welches in der Bundesrepublik Deutschland die berufsmäßige Ausübung der Heilkunde ohne Bestallung regelt.

Das Heilpraktikergesetz vom 17.2.1939 (zuletzt geändert durch das Gesetz vom 2.3.74, BGBl. I S. 496) besagt:

Wer die Heilkunde, ohne als Arzt bestallt zu sein, ausüben will, bedarf dazu der Erlaubnis.

Ausübung der Heilkunde im Sinne des Gesetzes ist jede Berufs- oder gewerbsmäßig vorgenommene Tätigkeit zur Feststellung, Heilung oder Linderung von Krankheiten bei Menschen, auch wenn sie im Dienste von anderen ausgeübt wird.

Wer die Heilkunde ausüben will, erhält die Erlaubnis nach Maßgabe der Durchführungsbestimmungen, er führt die Berufsbezeichnung „Heilpraktiker".

Wer, ohne zur Ausübung des ärztlichen Berufes berechtigt zu sein und ohne Erlaubnis nach Paragr. 1 HPG zu besitzen, die Heilkunde ausübt, wird mit Freiheitsstrafe bis zu einem Jahr oder mit Geldstrafe belegt.

Für alle, die weder Arzt noch Heilpraktiker sind, hört sich das zunächst sehr rigoros an. Wenn wir es aber einmal näher betrachten, fällt auf, daß es außer dem Arzt und dem Heilpraktiker auch in Deutschland eine ganze Menge Berufe gibt, welche „berufsmäßige Heilung oder Linderung von Krankheiten bei Menschen" durchführen. Wir denken zunächst an den staatlich geprüften Masseur und medizinischen Bademeister (in den meisten europäischen Ländern der Physiotherapeut) und an die Krankengymnastin. Es gibt offensichtlich kein Gesetz, das ihnen verbietet, neben den etablierten, konservativen Maßnahmen weitere, weniger populäre Therapiemethoden im weiten Rahmen ihres Berufes auszuführen.

Wir haben zur Klärung dieses Sachverhaltes alle uns bekannten Berufsfachverbände dieser Sparte befragt und festgestellt, daß auch bei ihnen bezüglich dieser Fragen eine große Unsicherheit besteht. Es ist jedoch eindeutig so, daß sich kein Gesetz anführen läßt, welches diesen beiden Berufsgruppen die Ausübung manueller Alternativmethoden verbietet. Die für die Bundesrepublik Deutschland in Frage kommenden Gesetze sind: Bundesgesetzblatt I S. 985, I S. 645, I S. 880, I S. 1561. (Dabei ist zu beachten, daß es Methoden gibt, die per Gerichtsbeschluß für diese Berufsgruppen verboten wurden, zum Beispiel die Chiropraktik und die Nadel-Akupunktur.)

Entscheidend ist, daß sie keine Diagnosen stellen, keine Eingriffe unter der Hautoberfläche vornehmen und selbstverständlich keine Medikamente verordnen oder absetzen. Im Prinzip könnten sie sogar bei jeder ihrer üblichen Therapien Reiki miteinfließen lassen und so die Wirkung ihrer Therapie optimieren.

Wir hörten einmal den Einwand, daß hierbei doch zumindest die Fernbehandlung eine Sonderstellung einnehme. Wir meinen, daß wir im Prinzip auch bei der Fernbehandlung unserer Therapie nichts Besonderes hinzufügen, denn die Reiki-Energie ist ja die gleiche wie bei der Kontaktbehandlung, und wir selbst dienen in beiden Fällen nur als Kanal. Die Entfernung allein wird wohl kein strafbarer Tatbestand sein. Womit du jedoch bei der Fernbehandlung in Konflikt kommen könntest, ist ein eventueller Betrugsverdacht. Die Möglichkeit, aus der Entfernung Heilung zu bringen, erscheint ja vielen Menschen unmöglich, und so könnte der Jurist argumentieren, daß es sich hierbei nur um Betrug handeln kann. Ein Betrug kommt jedoch erst dann gesetzlich in Betracht, wenn der Behandler festgesetzte Geldbeträge verlangt. Wenn du also schon auf Einnahmen aus Behandlungen angewiesen bist, solltest du zumindest bei der Fernbehandlung die Bezahlung auf freiwilliger Basis oder auf Spendenbasis regeln.

Nun gibt es noch weitere Berufsgruppen, die, wenn auch in sehr viel abgegrenzteren Bereichen, „Heilung oder Linderung von Krankheiten bei Menschen gewerbsmäßig betreiben" — und dies offensichtlich, ohne mit dem Gesetz in Konflikt zu kommen. Wir denken da zum Beispiel an die medizinischen und orthopädischen Fußpfleger, Gymnastiklehrer, Kneipp-Bademeister, medizinischen Bademeister, Saunameister, Sportmasseure, Sanitäter, medizinische Assistentinnen, Arzthelferinnen, Zahnarzthelferinnen, Hebammen, Krankenschwestern, Heilschwestern, Krankenpfleger, Gestalttherapeuten, Meditationslehrer, Atemtherapeuten, Yogalehrer, Gesundheits- und Suchtberater. Ja, selbst qualifizierte Kosmetikerinnen arbeiten heute mit Laserstrahl- und Elektrotherapiegeräten. Für einige dieser Berufsgruppen gelten teilweise engere gesetzliche Bestimmungen, die ihr gegebenenfalls selbst einmal unter die Lupe nehmen solltet. Die örtlichen Gesundheitsämter haben in der BRD die Aufsicht über diesen Bereich. Wir möchten euch jedoch raten, euch dabei nicht durch schnelle Pauschalauskünfte ins Bockshorn jagen zu lassen, sondern immer die in Frage kommenden Gesetze logisch und kritisch zu hinterfragen. Auch bei diesen Berufsgruppen ist wichtig: *keine Diagnosen stellen, keine Medikamente absetzen oder verordnen und keine Ärzte oder deren Behandlungen kritisieren. Reiki ersetzt, wie zuvor bereits erwähnt, nicht automatisch die ärztliche Versorgung oder Medikamente, wirkt jedoch in der Regel sehr unterstützend bei allen Therapien!*

Nun kommen wir zu den Laien, welche Reiki nicht in ihrem Beruf einsetzen wollen. Es wird wohl in keinem Land eine Vorschrift geben, die es der Mutter verbietet, ihrem Kind die Hände aufzulegen. Und wenn du deine Freundin, deinen Freund oder deinen Ehepartner mit den Händen berührst, wird wohl niemand Anstoß daran nehmen. Wenn du jedoch deine Reiki-Tätigkeit über deinen engeren Bekanntenkreis hinaus ausdehnen möchtest, solltest du nach Möglichkeit nicht öffentlich damit werben, daß Reiki eine Heilmethode ist, denn sonst könnte man meinen, du betreibst eine medizinische Praxis und damit unrechtmäßig die Heilkunde. Du mußt auch nicht unbedingt den Begriff „Patient" verwenden. Klient, Empfänger, Freund oder Freundin oder auch Hilfesuchender können bessere und passendere Begriffe sein.

Uns ist ein Fall bekannt, in dem ein junges Paar Yoga, Rebirthing und Reinkarnationstherapie unterrichtete und später auch Reiki miteinbezog. Sie erklärten Reiki einfach zu einer „Entspannungstechnik" und arbeiten so ohne Konflikte. Es ist in der Tat auch eine Frage der Definition, als was man Reiki bezeichnet. Vielleicht ist der Begriff „Entspannungstechnik" für den juristischen Gebrauch gar nicht so unpassend, da der Patient primär eine starke Entspannung erfährt, wobei der Körper nicht einmal direkt berührt wird, da der Patient bekleidet bleibt — und eine Entspannung fördert immer automatisch auch die Gesundheit, ob wir es wollen und beabsichtigen oder nicht.

Im Zweifelsfalle sollte jeder seinen speziellen Fall in seinem eigenen Land auf die juristische Tragfähigkeit hin überprüfen. In dieser Beziehung ist ein jeder für sich allein verantwortlich. Er muß letzten Endes selbst entscheiden, was er darf und kann und was nicht.

In der Bundesrepublik Deutschland gibt es neben den Vertretungen der Reiki-Organisationen drei Vereine, die sich mit diesen Themen befassen,

Rechtsauskünfte geben sowie Seminare und Symposien über geistige Heilweisen anbieten. Auch wissenschaftliche Untersuchungen und Statistiken sind geplant.

Der älteste Verein ist die „Deutsche Vereinigung für Geistheilung" (DVG) mit dem ersten Vorsitzenden Eberhard Rues sowie der leitenden Persönlichkeit Annie Ziemer, die häufig auch an Universitäten spricht. (Diese Vereinigung wird auch „Harry-Edwards-Bewegung" genannt, nach dem bekannten britischen Geistheiler Harry Edwards*, 1893 - 1976.)

Dann gibt es den „Verein zur Förderung und Erforschung Geistiger Heilweisen e. V.", der jedoch weitgehend in die „Gemeinschaft für Geistige Entfaltung e. V. München"** eingegangen ist. Als erster Vorsitzender fungiert seit Ende 1984 Jürgen Bitsching, die aktive Seele und Gründerin ist Rotraud von Carnap, welche auch das Mitteilungsblatt dieser Organisation herausgibt, ferner viele interessante Seminare organisiert und abhält. Dieser Verein hält eine bemerkenswerte Verpflichtungserklärung für Nichtärzte und Nichtheilpraktiker zur Unterzeichnung bereit. Der Text lautet:

> *„Ich bestätige und verspreche, daß ich im Ausüben von geistiger Heilweise niemals einem Hilfesuchenden eine Diagnose stellen noch ihm empfehlen werde, Arzt oder Medikamente zu meiden. Ich halte mich strikt an unsere Vorschrift im Wissen, daß nur Gott heilt und ich als sein Instrument oder Kanal nur Mittler bin."*

Andere Länder sind oft großzügiger in der gesetzlichen Handhabung alternativer oder geistiger Heilmethoden. So ist zum Beispiel in Großbritannien Geistheilung inzwischen in über 2000 Kliniken zugelassen und kann vom Patienten gefordert werden. Die „Spiritualist Association of Great Britain" (SAGB) mit Tom Johanson an der Spitze ist die größte spiritualistische Vereinigung der Welt.

Ferner gibt es den englischen Geistheilerverband (NFSH), welcher von Diana Craig geleitet wird, die ebenfalls in Deutschland Seminare abhält.

In anderen europäischen Ländern mag es ähnliche Organisationen geben. Du solltest dich im Bedarfsfalle einmal danach umsehen. Oder ansonsten

---

* „Praxis der Geistheilung" von Harry Edwards, Bauer Verlag Freiburg, 3. Auflage (inzwischen auch als Taschenbuch)
** Anschrift: „Gemeinschaft für Geistige Entfaltung e. V. München" Hammstr. 22, D-8000 München 45

gründet selbst einen solchen Verein, der dann eure Interessen vertritt und euch in allen Belangen helfen kann.

Der einsichtige Chefarzt einer englischen Klinik, in der auch „spiritual healing" praktiziert wird, äußerte sich einmal recht treffend zu dem Problem der Anerkennung geistiger Heilweisen, als er sagte: „Wir haben zwar das Recht, auf jede erdenkliche Weise krank zu werden — aber nicht das Recht, auf jede erdenkliche Weise wieder gesund zu werden. Oder etwa doch?"

Bisher ist uns kein Fall bekannt geworden, in dem jemand durch die Ausübung von Reiki mit dem Gesetz in Konflikt gekommen wäre. Wenn es aber doch einmal aus irgendeinem Grund geschehen sollte, daß du eine Zeitlang hinter „hohen Mauern" verbringen mußt, so kannst du diese Zeit mit Reiki, wie auch mit einer Meditationstechnik, wunderbar nutzen. Laß sie zu einer Zeit der Stille werden, gehe in dich. Wenn du ein Reiki-Kanal bist, kannst du dich selbst und deine Mitgefangenen behandeln und besonders mit der Fernheilungstechnik sehr segensreich wirken.

Als Bodo einmal als politischer Gefangener in einem DDR-Gefängnis saß, hatte er gerade zuvor eine Meditationstechnik erlernt und machte in dieser Zeit äußerst positive Erfahrungen damit.

„Wenn dir das Schicksal eine Zitrone reicht,
mach eine Limonade daraus!"
　　　　　　　Maharishi Mahesh Yogi

Tips für die Reiki-Praxis

Nun wollen wir dir noch einige Tips und Anregungen geben, wie du die Ausübung deiner Reiki-Praxis optimal gestalten kannst. Im Prinzip kannst du eine Reiki-Behandlung natürlich immer und nahezu überall durchführen. Wir haben Reiki schon in der Bahn, im Bus, im Flugzeug, im Wald, am Strand und auf einer Wiese gegeben. Dennoch denken wir, daß unsere Vorschläge dir deine Tätigkeit erleichtern und verschönern können, so daß du dich ebenso wie dein Reiki-Empfänger bei einer Behandlung rundherum wohl fühlst. Suche dir einfach die Anregungen heraus, die dich ansprechen.

Wir alle werden von der Atmosphäre, die unsere Umgebung ausstrahlt, recht stark beeinflußt. Deshalb möchten wir dir empfehlen, dir deine äußeren Bedingungen so zu gestalten, daß sie die Harmonie, den Frieden und die Liebe widerspiegeln, die wir durch Reiki erfahren. Äußeres Chaos trägt kaum zu einer inneren Harmonie bei.

Zuerst einmal solltest du für einen möglichst störungsfreien Behandlungsverlauf sorgen. Es könnte für deinen Patienten schon ein kleiner Schock sein, wenn in seine tiefe Entspannung hinein plötzlich neben ihm dein Hund bellt, das Telefon klingelt oder wenn jemand gerade jetzt deinen Rat braucht. Deshalb nimm am besten den Telefonhörer ab und hänge ein Schild an die Tür: BITTE RUHE — NICHT STÖREN — REIKI. Selbstverständlich sollte während der Behandlung kein Radio oder Fernseher laufen, es sei denn, es handelt sich um eine kurze Gelegenheitsbehandlung.

Sodann ist es wichtig, daß du immer genügend Zeit für die Behandlung einplanst. Eine gute Stunde sollte es schon sein. Oft ist ein kurzes, einleitendes Gespräch sehr wichtig, das möglichst unter vier Augen stattfinden sollte. Eine vertrauliche Atmosphäre ist dabei oft viel wert, aber vor allem nach der Behandlung könnt ihr noch einige nette Worte wechseln. Manche Patienten sprudeln geradezu über von inneren Erlebnissen. Laß sie sprechen. Oft ist auch etwas Nachruhe erwünscht und angezeigt. Laß sie in Stille liegen, wenn sie es möchten, es ist eine wichtige Zeit. Manche Behandler haben sich deshalb schon zwei Behandlungsplätze eingerichtet.

Und nun einige Worte zum Behandler selbst. Sei auch du während einer

Behandlung ruhig, gelassen und harmonisch. Meditation, Autogenes Training und ähnliche Systeme können dir da eine zusätzliche Hilfe bieten. Du solltest auch darauf achten, daß dich dein Patient immer „gut riechen" kann. Knoblauch-, Alkohol-, Tabak- oder sonstige Gerüche, wie auch starke Parfüms, sind für viele Menschen nicht sehr angenehm. Besonders sensible Menschen reagieren da manchmal mit Abwehr, was für eine Entspannung nicht gerade förderlich ist. Da du mit den Händen arbeitest, solltest du sie vorher immer waschen, und selbstverständlich wird bei einer Behandlung nicht geraucht.

Wenn du die Möglichkeit hast, dir einen eigenen Behandlungsplatz einzurichten, so ist das eine wunderbare Sache. Es ist natürlich ein Unterschied, ob du Reiki in einer Praxis gibst oder im Familien- und Freundeskreis. Dein

Behandlungsplatz sollte aber in jedem Fall ein Ort werden, der dich anzieht, etwas Besonderes, Erhebendes. Du kannst schon mit wenigen Mitteln eine Umgebung so gestalten, daß sie Harmonie und Ruhe ausstrahlt. Einige schöne Pflanzen oder Blumen, vielleicht ein paar Steine und Mineralien oder Muscheln, ein gutes Bild können viel dazu beitragen. Ein schöner, natürlicher Bodenbelag wäre ebenfalls vorteilhaft.

Wähle ein gedämpftes Licht, keine Neonröhren oder Scheinwerfer, die den Patienten direkt anstrahlen. Auch etwas Ordnung und Sauberkeit in diesem Bereich tragen zur inneren Geordnetheit bei. Der Raum sollte nicht zu kühl sein, möglichst nicht unter 21 Grad, da ein liegender Mensch leichter auskühlt. Wenn es dir und deinem Patienten angenehm ist und der Raum gut durchlüftet ist, kann die Geruchsatmosphäre durch einen zusätzlichen Duft etwas angehoben werden. Bei Räucherstäbchen ist es günstig, nur milde Sorten zu wählen, besser sind *Duftöle* (eine entsprechende Lieferfirma findest du in Kapitel 32).

Wenn du nun noch die Möglichkeit hast, eine leise *Entspannungsmusik* im Hintergrund laufen zu lassen, ist schon eine optimale Voraussetzung geschaffen. Am besten eignen sich dazu Autoreverse-Kassettengeräte, da das störende „Klack" am Ende der Kassette entfällt und du die Kassette nicht mehr umzudrehen brauchst. Die optimale Therapie-Musik ist z. Zt. von Aeoliah „Majesty" und „Angle Love", auch gefällt uns die Musik von Iasos, zum Beispiel die „Angelic Music", sehr gut, ferner Musik von Steven Halpern, Paul Horn, Kitaro, Daniel Kobialka oder auch die natürlichen Klänge des Meeres, eines Baches oder Waldes, welche als „Natural Sounds" angeboten werden. Auch manche klassische Musik von Bach, Mozart, Händel, Vivaldi oder Pachelbel eignet sich vorzüglich, aber stets nur sehr leise und dezent im Hintergrund. Händler für „Esoterische Musik" findest du ebenfalls im Kapitel 32. Wir selbst schneiden uns sehr häufig mit Hilfe eines Kopiergerätes ein Musikband nach unseren Vorstellungen zusammen, da es nur selten Musikkassetten gibt, auf denen uns alle Stücke geeignet erscheinen. So erhalten wir immer den für die Behandlung optimalen Klangteppich. Es gilt natürlich immer zu berücksichtigen, wer gerade unter deinen Händen liegt. Ist die Musik auch für sie oder für ihn optimal? Es ist ja vor allem zuerst einmal dein Patient, der sich wohl fühlen soll.

Hast du einen rauschenden Bach neben deinem Behandlungsraum, ist das als klanglicher Hintergrund wunderbar! Wir behandelten einmal in einer alten Wassermühle und ein anderes Mal an einem Wasserfall; das Rauschen wirkte sich sehr harmonisierend aus. Auch eine Windharfe kann schöne, natürliche Klänge hervorbringen. Ebenso ein Rohrwindspiel. Als angenehm empfundene Klänge haben immer eine beruhigende Wirkung, ferner können sie störende Geräusche etwas mindern. Sehr aufschlußreiche Tatsachen zu diesem Thema kannst du in dem Buch „Lebensenergie in der Musik"* von Dr. John Diamond nachlesen.

Wenn du einen guten *Rutengänger* kennst, solltest du einmal deinen Behandlungsplatz, und dann ruhig auch gleich deinen Schlafplatz, auf geopathische Störfelder (kreuzende Wasseradern usw.) untersuchen lassen und eventuell ihre Position korrigieren. Du kannst auch mit einem einfachen Mittel einen Ort selbst entstören, indem du einen mit Quarzsand gefüllten Topf (in Glasfabriken erhältlich) unter dem Behandlungsplatz anbringst und zusätzlich ein Jutelaken zuunterst auf die Behandlungsliege legst. (Mindestens einmal im Jahr solltest du den Quarzsand in die Sonne stellen, um ihn zu neutralisieren.)

Ein kleines Gerät, welches negativ-geladene Sauerstoffionen produziert (Ionisator) ist in allen Arbeits- und Behandlungsräumen empfehlenswert. Frisches Wasser zum Händewaschen sollte immer in der Nähe sein, ebenso eine Toilette mit Spiegel.

Und nun zu einem wichtigen Punkt. Da der Patient während der Behandlung liegt, brauchen wir eine Unterlage, die für uns wie für den Reiki-Empfänger gleichermaßen geeignet ist. Dein Patient sollte es bequem haben, während du alle Körperteile leicht erreichen kannst, ohne daß sich dein Rücken oder dein Nacken dabei verspannt.

Manche Reiki-Behandler arbeiten sehr gerne auf einer Matratze, auf deren Rand sie sich setzen, andere halten das keine fünf Minuten aus. Eine Freundin von uns legt drei Matratzen übereinander, so daß der Reiki-Empfänger etwa 50 cm hoch liegt. Sie selbst setzt sich dabei auf einen Kniestuhl (siehe Abbildung Seite 123), der ein optimales Geradesitzen ohne Lehne ermöglicht, doch bleibt auch hier das Problem, möglichst einfach an alle Körperteile des Patienten heranzukommen.

Wenn du sehr viel mit Reiki arbeitest, solltest du schon eine optimale Lösung für dich finden, auch wenn du dafür etwas investieren mußt. Die Freude, Reiki zu geben, wird durch angenehme Arbeitsbedingungen bestimmt erhöht. Brigitte Müller, unsere Reiki-Meisterin, sitzt auf einem

---

* „Lebensenergie in der Musik" von Dr. John Diamond, Verlag Bruno Martin, D-2121 Südergellersen.
„Heilende Kräfte in der Musik" von Johanna v. Schulz, Drei Eichen Verlag, München.

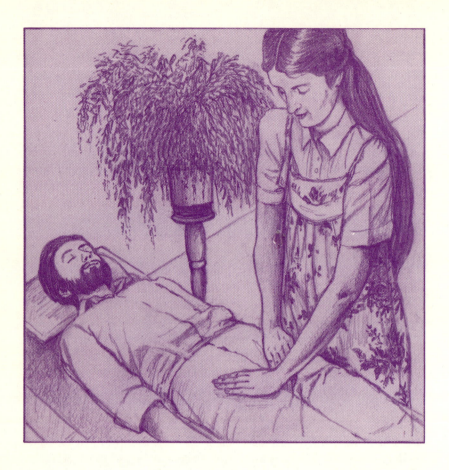

Bürostuhl mit Rollen und „fährt" damit um ihre Behandlungsbank herum. Auch eine gute Möglichkeit. Wir finden die *Pendelhocker* (siehe Abbildung in Kapitel 11) recht interessant. Zwei oder drei von ihnen, an der Massagebank plaziert, ersparen das Verrücken des Hockers. (Der Pendelhocker ist ähnlich wie ein Stehaufmännchen konstruiert, er fällt auch bei Schrägbenutzung nicht um.) Selbstverständlich kannst du auch einfach stehen, dabei mußt du dich jedoch oft nach vorne beugen, was eine Belastung der Wirbelsäule bedeutet. Die Höhe der Behandlungsliege sollte sich dabei möglichst nach deiner Körpergröße richten, sie sollte so hoch sein, daß du, ohne dich zu bücken, deine Hände bequem auf den Patienten legen kannst. (Das wären je nach Körpergröße etwa 70 bis 80 cm.) Ist diese Höhe nicht gegeben, könntest du zum Beispiel die Beine spreizen, anstatt dich herunterzubeugen. Auf diese Weise kannst du etwa 20 cm ausgleichen.

Es gibt auch höhenverstellbare Behandlungsbänke, die entweder mit einem Öldruck-Pumpmechanismus oder mit einem Elektrohub-System per Knopfdruck arbeiten. Abgesehen von dem hohen Preis finden wir es jedoch nicht so optimal, immer vom Strom in der Dose abhängig zu sein, und einen Motor unter den Patienten zu plazieren ist auch nicht gerade weise.

Die Breite der Behandlungsliege sollte möglichst nicht weniger als 60 bis 65 cm betragen, damit dein Reiki-Empfänger bequem seine Arme seitlich neben sich legen kann, ohne sie unter dem Körper festklemmen zu müssen. Auch breitere Personen müssen sich darauf noch sicher fühlen können. Für die Länge sind 190 bis 200 cm ausreichend. Eine Öffnung für das Gesicht ist in der Bauchlage oft sehr angenehm. Es ist vorteilhaft, wenn das Kopfteil nach oben und unten zu verstellen ist. Die Polsterung kann sehr schön dick und weich sein, man darf sich darauf ruhig mal wie auf Wolken fühlen.

Die Preise für Behandlungsbänke liegen in Deutschland zwischen ca. 350,— und 5000,— DM. Sieh dich vorher genau um, bevor du große Summen investierst, eventuell käme ja auch ein Eigenbau in Frage. (Adressen und Lieferfirmen aller hier empfohlenen Arbeitsgeräte und Hilfsmittel findest du im Anhang in Kapitel 32.)

Wer Hausbesuche macht, sollte sich auf jeden Fall eine *Koffermassagebank* zulegen. Wir haben auch schon ganz einfach auf einem ausgezogenen Küchentisch mit einer Bettdecke darauf behandelt. Für welche Lösung du dich auch entscheidest, ein sauberes Laken, Bettuch o. ä. sollte stets auf deinem Behandlungsplatz liegen, und eine Wolldecke sollte griffbereit sein. Eine Schaumstoffrolle, in der Bauchlage unter die Fußgelenke gelegt, fördert sehr die Entspannung. Manche mögen auch gern ein kleines Kopfkissen.

Wie schon erwähnt, gibt es manchmal während einer Reiki-Behandlung einige emotionale Tränen. Es ist daher gut, wenn du stets eine Packung Kleenex-Tücher bereitstehen hast. Wir benötigen sie auch, um das Gesicht des Patienten während der Behandlung abzudecken. So ist er weniger abgelenkt und wird unsere Hände auf seinem Gesicht nicht als unangenehm empfinden. Diese Zellstofftücher sollten daher möglichst groß, weich und ohne Duftstoffe sein.

Du benötigst für Reiki kein Öl, keine Creme noch irgendwelche Medikamente. Manche Reiki-Behandler haben jedoch die *„Rescue-Remedy"* oder „Notfall-Tropfen" aus dem Bach-Blütensortiment bereitstehen — für alle

Fälle. Sie können helfen, starke Emotionen auszugleichen. Du wirst sie aber sehr selten, wenn überhaupt einmal brauchen.

Zugegeben, dies ist eine lange Liste mit Ratschlägen geworden. Die Hauptsache ist und bleibt natürlich die Behandlung selbst, die du auch unter den einfachsten Bedingungen mit dem gleichen Erfolg ausführen kannst. Wir hoffen jedoch, daß du trotzdem einige Anregungen bekommen hast, die du verwerten kannst.

Wie auch immer deine Voraussetzungen sein mögen, es ist schön, wenn du Reiki weitergibst. Wie hieß doch die Volksweisheit? „Wie du in den Wald hineinrufst, so schallt es wieder heraus."

Sicherlich hast du im Laufe der Lektüre dieses Buches gemerkt, wie einfach und natürlich Reiki ist, wie tiefgreifend in seiner Wirkung und wie vielseitig in seiner Anwendung, und wenn es dich neugierig darauf gemacht hat, Reiki einmal selbst kennenzulernen, so hat dieses Buch sicherlich schon seinen Sinn erfüllt. Wenn es dich dazu inspirieren konnte, dich zu einem Reiki-Behandler ausbilden zu lassen, so ist das für uns eine besonders große Freude. Wenn du bereits ein Reiki-Behandler bist, so hoffen wir, daß wir dir einige wertvolle Informationen und Hinweise vermitteln konnten.

In jedem Fall wünschen wir dir und euch allen mit Reiki die gleiche Erfüllung und das gleiche Wachstum und Glück, das wir selbst mit dieser wundervollen Heilkunst erleben durften.

Ganzheit

Sobald wir das Dasein als Ganzheit erfassen
und jede Krankheit als Reifen begreifen,
wird uns das Leben geheilt entlassen,
um höhere Sphären zu durchstreifen
und alles Werden und Vergehn
als Spiel der Einheit zu verstehn.

Sinn der Krankheit

Immer wieder wurde uns die Frage gestellt: Welchen Sinn hat Krankheit, warum gibt es Schmerz und Leid? Einige meinten, das alles sei Zufall oder Schicksal, manche denken bei Krankheit eher an Bestrafung durch eine höhere Instanz.

Zumindest wird Krankheit allgemein als eines der schlimmsten Übel dieser Welt angesehen, und so ist es das Ziel, sie mit allen erdenklichen Mitteln zu bekämpfen und auszurotten. So spricht man dann auch vom „siegreichen Kampf" gegen die verschiedenen Krankheitssymptome.

Ganz offensichtlich wurde allgemein wenig vom Sinn der Krankheit verstanden, von der Bedeutung des Leidens und der Schmerzen. Die Krankheit — der große Feind des Menschen, dies ist die allgemeingültige Meinung, und entsprechend führt man einen Kampf, der jedoch nie zu enden scheint. Denn kaum hat die Menschheit eine Krankheit besiegt, so ist schon eine neue dafür entstanden.

Die allgemeine Unwissenheit über den eigentlichen Sinn von Krankheit besteht mindestens schon so lange, seit Religion (*religio* = Rückverbindung) und Heilkunde zwei voneinander unabhängige Wege gingen. Durch diese Trennung wurde die einheitliche Sichtweise über den Ursprung von Leiden aufgegeben. Die spätere Unterteilung in verschiedene medizinische Diziplinen, zum Beispiel in psychische und körperliche Leiden, führte dann noch weiter weg von der ganzheitlichen Betrachtungweise der Krankheit.

Dennoch gab und gibt es immer wieder geistige Größen, die um die zentrale Rolle der Krankheit für unsere Weiterentwicklung im Leben wußten. Hier sei als Beispiel der englische Arzt Dr. Edward Bach* (1886-1936) wie folgt zitiert:

---

* „Bach-Blütentherapie — Theorie und Praxis" von Mechthild Scheffer, Hugendubel Verlag, München, 4. Auflage 1983.

„Krankheit ist weder Grausamkeit noch Strafe, sondern einzig und allein ein Korrektiv, ein Werkzeug, dessen sich unsere eigene Seele bedient, um uns auf unsere Fehler hinzuweisen, um uns von noch größeren Irrtümern zurückzuhalten, um uns daran zu hindern, mehr Schaden anzurichten — und uns auf den Weg der Wahrheit und des Lichts zurückzubringen."

Auch der bekannte Münchner Psychologe Thorwald Dethlefsen erklärt dieses fundamentale Wissen sehr verständlich in seinem Buch „Schicksal als Chance"*, welches wir dir hier zum besseren Verständnis des Themas empfehlen möchten.

Der Weg der Wahrheit und des Lichts ist immer ein Weg zur Erkenntnis und Verwirklichung der Ganzheit des Lebens, der inneren Einheit mit allem Sein. Das Symptom der Krankheit weist uns darauf hin, in welchem Bereich wir von diesem Weg abgekommen sind. So ist es als ein Informationsträger zu verstehen, der uns helfen soll, diejenigen Aspekte zu erkennen und zu integrieren, die uns im Bewußtsein fehlen, die wir abgewehrt oder verdrängt haben oder die uns verlorengingen. Dieses Fehlen im Bewußtsein ist es, was uns un-heil macht.

Hinter dieser Betrachtungsweise steht die Erkenntnis, daß *„alles Sichtbare nur ein Gleichnis ist"*, wie es schon Goethe ausdrückte, also eine manifeste oder sichtbar gewordene Absicht oder Idee. Diese Idee sucht sich dann den äußeren Stoff oder die äußeren Ereignisse, um sich auszudrücken: im Fall von Krankheit die Viren, die schlechte Ernährung usw. oder auch Begegnungen, Unfälle und sonstige „Zufälle", die jedoch immer nur als „Erfüllungsgehilfen des Schicksals" fungieren, wie es der Münchner Astrologe Wolfgang Döbereiner formulierte.

Als Einstein in seiner Formel $e = mc^2$ sagte, daß Materie und Energie austauschbar sind, kam er dieser Wahrheit ebenfalls sehr nahe.

So ist auch unser Körper nur ein nach außen hin sichtbarer Ausdruck des inneren Bewußtseins, ähnlich wie ein Gemälde den sichtbaren Ausdruck der Idee des Künstlers darstellt. Einer von Bodos Lehrern, Prof. Kurt Tepperwein, drückte es einmal folgendermaßen aus:

---

* „Schicksal als Chance" von Thorwald Dethlefsen, Goldmann Taschenbuchverlag, München, 10. Auflage 1985.

„Unser Körper, ja unser ganzes Leben ist nichts anderes als ein genaues Spiegelbild unserer geistigen Situation, denn es ist der Geist, der den Körper formt und unser Schicksal bestimmt."

Das bedeutet, daß wir im äußeren, sichtbaren Bereich — in unserem Körper wie in unserem Leben — nach dem *Gesetz der Affinität* immer genau das anziehen, was unserem Bewußtsein oder Unterbewußtsein entspricht. Sehr deutlich wird das in der Astrologie, wo ein bestimmtes astrologisches Prinzip nicht nur einen Teil unseres Charakters ausmacht, sondern auch die äußeren Situationen bestimmt, in die wir „hineingeraten". Auffällig ist, daß dieses Prinzip immer dann von außen auf uns zukommt, wenn wir es nicht bewußt leben, wenn wir es verdrängt und damit nicht integriert haben. Indem wir nun durch eine Lebenssituation damit konfrontiert werden, werden wir gezwungen, uns mit diesem Prinzip auseinanderzusetzen. Somit sagt jede *scheinbar* zufällige Lebenssituation etwas über uns selbst aus.

Ganz offensichtlich stehen alle Dinge und Ereignisse in einer inneren Einheit und damit in einer unsichtbaren Wechselbeziehung zueinander, wenn auch unsere äußeren Sinne in der Regel nur den äußerlich sichtbaren Ausdruck der Dinge und ihrer Beziehungen untereinander wahrnehmen.

So geht auch eine holistische (vom griechischen *holos* = ganz) Auffassung von Gesundheit, Krankheit und Heilung von der absoluten Einheit allen Lebens in seinen unterschiedlichen Ausdrucksformen aus. Und jedes Symptom, egal ob seelisch, geistig oder körperlich, ist ein genauer Indikator dafür, wo wir uns gerade auf unserer Lebensreise befinden, was wir zu lernen und mit welchen Bereichen in uns wir uns auseinanderzusetzen haben und womit wir uns aussöhnen müssen, weil wir es in die Einseitigkeit gedrängt haben.

Wie kommt es nun aber, daß es offensichtlich Menschen gibt, die die gleichen Fehler machen wie wir, ohne irgendwelche negativen Folgen davonzutragen? Je weiter wir in unserer Entwicklung fortschreiten, desto deutlicher werden die Hinweise darauf, wo uns noch etwas zur Ganzwerdung fehlt. Die Krankheit zeigt uns also, welcher Schritt als nächster in unserer eigenen Evolution ansteht, und dieser Schritt muß mit dem eines anderen Menschen nicht identisch sein. Jedes Krankheitssymptom ist eine spezifische Botschaft, die es zu erkennen, zu akzeptieren und für unsere Weiterentwicklung und Heilung zu integrieren gilt. Krankheit stellt somit immer eine Aufforderung und eine Chance dar, zu wachsen.

Deshalb geht es im Grunde genommen überhaupt nicht darum, Krankheit zu bekämpfen, sondern ihren Sinn zu erkennen, zu deuten, um zu einer *Be-deutung* zu kommen, uns anzusehen, was uns zur Ganzheit fehlt — um dies hinzuzufügen, bewußt zu integrieren — und somit wieder Einheit, Heilheit und Heiligkeit zu erlangen. Dann wird Krankheit in sich überflüssig, und ohne Kampf vollzieht sich eine Entwicklung, weg von der Polarität (Einseitigkeit) hin zur Einheit beider Pole, zur Gesundheit.

So fragte man auch in früheren Zeiten einen Kranken: „Was fehlt ihnen?" Und gewöhnlich antwortete der Patient mit dem, was er hatte: „Ich habe Kopfschmerzen" oder „Ich habe einen steifen Rücken". Daraus erkannte der Kundige dann, was der Patient zur Heilwerdung brauchte.

Jede Störung muß uns erst einmal stören, damit wir unseren Weg korrigieren — dadurch wird dann Krankheit zu einem Düngestoff für Heilung. Somit ist jedes echte Heilungsgeschehen eine Bejahung unserer ganzheitlichen Entwicklung — dem Ziel allen Lebens.

„Unglück wird zu Glück, wenn man es bejaht".
Hermann Hesse

Was aber können wir nun tun, wenn wir uns eine Krankheit zugezogen haben, um ihre Signale zu verstehen und das uns Fehlende in unser Bewußtsein zu integrieren? Das Wichtigste ist zunächst einmal, die Krankheit nicht abzulehnen, sie nicht zu verdrängen, sondern ihr für die Signalwirkung zu danken.

Wenn wir nicht in der Ganzheit leben, so deshalb, weil wir immer wieder bestimmte Bereiche in uns verdrängt, abgelehnt, vielleicht sogar bekämpft oder einfach nicht beachtet haben. Wenn wir aber etwas ablehnen oder unterdrücken, das nun einmal vorhanden ist, so entsteht eine Spannung, ein Druck. Das Leben kann nicht mehr frei in uns fließen. Und Druck erzeugt immer Gegendruck. Wenn du gegen eine Zimmerwand drückst, weil du hinaus in die Freiheit willst, so wird der Gegendruck der Wand immer stärker, je stärker du selber drückst, und dieser Vorgang kostet dich vielleicht deine ganze Kraft. Laß von dem Druck los und schaue dich um. Es gibt bestimmt eine Tür. So werden deine Energien wieder frei, und du kannst sie sinnvoll und aufbauend einsetzen, anstatt sie in einem sinnlosen Kampf zu verschwenden.

So sollten wir als erstes von der Unterdrückung bestimmter Bereiche oder Gefühle in uns loslassen und einfach hinschauen, was da in uns lebt, ohne es zu verurteilen. Auf diese Weise können wir eine Menge über das Leben lernen.

Wenn ein verstocktes Kind zu dir kommt und deine Hilfe braucht, so wird es dir niemals sagen, was ihm fehlt, wenn es von vornherein deine Ablehnung und Verurteilung spürt. Nur wenn du dich ihm liebevoll zuwendest, offen bist und ihm deine ganze Aufmerksamkeit gibst, wird es seine Seele öffnen. Und oft ist diese Hinwendung schon alles, was es brauchte.

Gehe mit dir, mit deinem Leben, mit deiner Krankheit und mit deinen Problemen um wie mit solch einem Kind. Gib auch deinen Schmerzen, deiner Wut oder deiner Angst liebevolle Aufmerksamkeit, verurteile sie nicht, dann verlieren sie ihre Schrecken und ihre Macht über dich. Probiere es einmal aus. Dabei mußt du jedoch konsequent sein und nicht wieder sagen: Ja, dies kann ich wohl annehmen, aber das doch lieber nicht, das ist doch zu schmerzhaft oder zu schlimm — oder daran sind ja sowieso nur die Viren schuld. Nimm dich auch mit all deinen Reaktionen an und schaue sie dir an. Als Jesus sagte:

> *„Widerstehet nicht dem Bösen"*
> (Matthäus 5, Vers 39),

drückte er damit eine tiefe Weisheit aus. Denn nur ein Mensch, der nicht widersteht, kann die Ganzheit des Lebens erkennen und das Leben als ein wunderbares Spiel der Polaritäten begreifen. Denn Schöpfung entsteht allein aus dem Zusammenspiel gegensätzlicher Kräfte. Und ein Mensch, der diese Ganzheit in sich integriert hat, ist von Natur aus gut, voller Liebe und Weisheit, voller Freude und schöpferischer Kraft. Erst die Verdrängung schafft eine Trennung von der Ganzheit.

Auch in der äußeren Welt ist es ganz sicher sinnvoller, seine Kraft dafür einzusetzen, Licht und Liebe in die Welt zu bringen, anstatt gegen die Dunkelheit anzukämpfen, denn wo Licht ist, wird die Dunkelheit von selber weichen.

Wie du wohl im Verlauf dieses Buches gesehen hast, ist Reiki eine Heilmethode, die bestens dazu geeignet ist, dir auf deinen Weg zur Ganzheit zurückzuhelfen. Du erfährst primär eine Entspannung, und Entspannung bedeutet immer ein Loslassen von Anspannung, von Abwehr und Trennung. Daher kommen bei einer Behandlung auch nicht selten verdrängte Inhalte oder Gefühle in das Bewußtsein zurück, und du solltest dies ruhig geschehen lassen und willkommen heißen.

Mit Hilfe der Mentalheilung kannst du außerdem auf spezifische Verhaltensmuster einwirken, wie wir dies im Kapitel über die Mentalheilung beschrieben haben. Da körperliche Erkrankungen immer ein Ausdruck einer geistig-seelischen Fehlhaltung in einem bestimmten Bereich sind, können wir von den Symptomen Rückschlüsse darauf ziehen, was dem Kranken fehlt, wo er sich innerlich falsch verhält, was er verdrängt oder nicht integriert hat, und wir können mittels der Mentalbehandlung dem Kranken das Fehlende geben, so daß er wieder ganzheitlich und heil werden kann.

Darüber hinaus kann jeder Kranke seine Gesundung beschleunigen, indem er, wie zuvor beschrieben, hinschaut und das Geschaute sowie alle begleitenden Gefühle und Reaktionen in sich annimmt und zuläßt. Dadurch allein kann er schon eine Menge erkennen und lösen.

Um auch intellektuell zu verstehen, was hinter einem bestimmten Krankheitssymptom steckt, was es uns sagen will, solltest du zunächst einmal auf die Hinweise und Doppeldeutigkeiten in unserer Sprache achten, die uns nicht selten schon die Richtung aufzeigen. So erkennen wir oft beim genauen Hinhören, worauf ein Symptom zurückzuführen ist, mit welchen Problembereichen es in Verbindung steht. Leider wurde diese Möglichkeit durch die Einführung lateinischer Krankheitsnamen immer mehr eingeschränkt.

Die Deutung eines Symptoms wird uns sehr erleichtert, wenn wir uns fragen: *„Wozu zwingt mich dieses Symptom bzw. woran hindert es mich, und unter welchen Begleitumständen trat oder tritt es auf?"* (Nach Dethlefsen.) Die Beantwortung dieser Fragen führt uns gewöhnlich sehr schnell zum eigentlichen Zentralthema, dem Hintergrundproblem der Erkrankung.

Dazu ist es noch nützlich zu wissen, daß jedes Krankheitsbild bei Nichtbeachtung eine Verschärfung in mehreren Stufen erfährt. (Vergleiche hierzu auch die Homotoxinlehre von Dr. H. H. Reckeweg, siehe Hinweis in Kapitel 3.) So kommt es nach einer anfänglichen leichten funktionalen Störung gewöhnlich schon bald zu einer akuten körperlichen Störung, wie zum Beispiel einer Entzündung (alle Symptome mit der Endung *„itis"*: zum Beispiel Bursitis, Arthritis, Otitis usw.), zu Verletzungen oder gar kleinen Unfällen. Dies ist immer eine ganz akute Aufforderung, etwas zu begreifen, etwas zu integrieren. Werden auch diese Symptome nicht beachtet, kommt es zu chronischen Leiden (alle Symptome mit der Endung *„ose"*: zum Beispiel Osteochondrose, Gonarthrose, Arteriosklerose usw.). Danach kommt es dann in einer weiteren Phase zu unheilbaren Prozessen, wie Organveränderungen, Krebs usw. Wird auch diese Eskalationsphase unberücksichtigt übergangen, führt dies zum Tod durch Krankheit oder Unfall und in einem weiteren Zyklusschritt dann zu angeborenen Störungen oder Mißbildungen, welche auch als *Karma* bezeichnet werden.

Soweit diese Erklärungen in aller Kürze. (Es lohnt sich gewiß, dieses Kapitel mehrmals zu lesen, um das Gesagte voll zu erfassen und es auch anwenden zu können.)

Damit du dich nun am Anfang dieser Betrachtungweise etwas leichter tust, haben wir eine Auflistung zusammengestellt, in der du jeweils eine Interpretation des Krankheitssymptoms findest und ein entsprechendes Verhaltensmuster, das dir oder deinem Patienten auf den Weg zur Heil- und Ganzwerdung zurückhelfen kann. Wir erheben dabei jedoch keinerlei Anspruch auf Vollständigkeit und möchten dich ermutigen, deine eigenen Erfahrungen immer wieder mit einzubeziehen. Wertvolle Erkenntnisse haben uns bei der Zusammenstellung vor allem die Vorträge von Thorwald Dethlefsen zu diesem Thema vermittelt, dessen Darlegungen beinahe exakt mit unseren Erfahrungen im Umgang mit Menschen übereinstimmen.

Wir denken, daß dieses Wissen in Verbindung mit Reiki von unschätzbarem Wert ist. Wenn du über den zweiten Reiki-Grad verfügst, kannst du die Mentalheilungstechnik mit diesen Erkenntnissen füllen, um so noch effektiver damit arbeiten zu können. Aber auch ohne den zweiten Reiki-Grad mag dir die folgende Auflistung wertvolle Erkenntnisse vermitteln und dir Klarheit über so manche Problemkreise geben.

Zur Vertiefung dieses Themas möchten wir dir noch folgende *Literaturempfehlungen* geben:

„Krankheit als Weg" von Thorwald Dethlefsen und Rüdiger Dahlke, C. Bertelsmann Verlag, München, 1. Auflage 1983.

„Die Organsprache" von Hubert H. Scharl, Verlag T. Marczell, München, 1. Auflage 1976.

„Botschaften des Körpers" von Ron Kurtz und Hector Prestera, Kösel Verlag, München, 3. Auflage 1984.

„Heile deinen Körper" von Louise L. Hay, Eigenverlag Alf Lüchow, Stadtstr. 9 a, 7800 Freiburg, 2. deutsche Auflage 1984.

„Die Heilkraft des seelischen Gleichgewichts" von John A. Schindler, Biederstein Verlag, München 1956.

„Psychosomatik — wenn die Seele leidet, wird der Körper krank" von Reinhart Stalmann, Fischer Verlag, Frankfurt 1984.

„Verdrängen und Heilen" von Georg Groddeck, Kindler Verlag, München 1974.

„Der ganzheitliche Mensch" von Boris Luban-Plozza und Lothar Knaak-Sommer, Goldmann Verlag, München 1972.

„Körperbewußtsein" von Ken Dychtwald, Synthesis Verlag, Essen, 5. deutsche Auflage 1986.
„Die Leidenschaft der Erkenntnis" von Joel Kramer, Hugendubel Verlag, München.
„Dein Gesicht lügt nie" von Michio Kushi, Mahajiva-Verlag, 1. Auflage 1986
„Entschlüsselte Organsprache — Krankheit als SOS der Seele" von Henry G. Tietze, Ariston Verlag, Genf, 1. Aufl. 1985
„Die Botschaft Deines Körpers" von Prof. Kurt Tepperwein, Carval-Verlag, 1. Aufl. 1984
„Körperzentrierte Psychotherapie" von Ron Kurtz, Synthesis Verlag, Essen, 2. Auflage 1986

Entsprechende *Vorträge auf Tonbandkassetten:*

„Krankheit als Weg" von Thorwald Dethlefsen, Band I und II.
„Krankheitsbilder" von Thorwald Dethlefsen, Band I und II.
Zu bekommen über: Hermetische Truhe, Kurfürstenstr. 45, D-8000 München 40.

Entsprechender *Vortrag auf Schallplatte:*

„Die Homotoxinlehre" von Dr. H. H. Reckeweg, Aurelia Verlag, Baden-Baden.

Einen leichten Einstieg in die Denkweise alternativer Medizin ermöglicht das Buch:

„Das Buch der ganzheitlichen Gesundheit", Herausgeber: Berkeley Holistic Health Center, Scherz Verlag, München 1982, auch als Knaur-Taschenbuch, München 1985.

Bemerkung: Der Begriff *Symptom* bedeutet „Zeichen, Anzeichen, Merkmal" oder „Hinweis". Ein Symptom wird auch als „Krankheitsbild" bezeichnet, *symptomatisch* bedeutet „kennzeichnend". Die *Symptomatologie* ist die Lehre von den Krankheitszeichen, von den Krankheitsmerkmalen.

Ich habe gut und böse gekannt,
Sünde und Tugend,
Recht und Unrecht;
ich habe gerichtet
und bin gerichtet worden;
ich bin durch Geburt
und Tod gegangen,
Freude und Leid,
Himmel und Hölle;
und am Ende erkannte ich,
daß ich in allem bin
und alles in mir ist.

HAZRAT INAYAT KHAN

Be-Deutung der Krankheitssymptome

(Metaphysische Hintergründe)

Diese Aufgliederung in verschiedene Symptombereiche soll dir das Auffinden und das Verständnis der einzelnen Symptome im Zusammenhang des Geschehens erleichtern. Wir haben folgende Unterteilung vorgenommen:

1. Kopf
2. Hals
3. Atmung
4. Herz—Kreislauf
5. Verdauung—Ausscheidung
6. Sexual- und Genitalbereich
7. Haut
8. Bewegungsapparat
9. Infektionen
10. Allergien
11. Kinderkrankheiten
12. Krebs
13. Psyche
14. Sonstiges

Die einzelnen Abteilungen sind natürlich in der Realität nicht voneinander zu trennen, da alle Bereiche in einer ständigen Wechselbeziehung miteinander bestehen und der Mensch deshalb immer als Ganzheit betrachtet werden sollte. Selbst die Trennung zwischen somatisch (körperlich) und psychisch halten wir im Grunde genommen nicht für gerechtfertigt, da es sich immer um ein und dasselbe Problem oder Prinzip handelt, das sich lediglich auf verschiedenen Ebenen manifestiert. So sollten möglichst immer alle vorhandenen Symptome betrachtet werden.

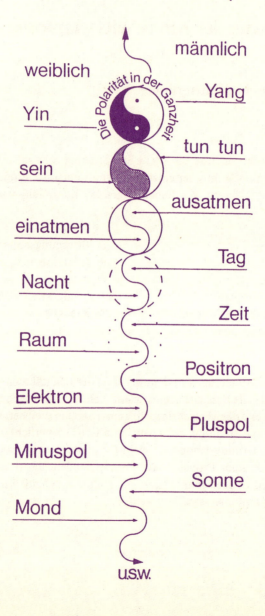

Kopf

Aufgliederung:

a) Gehirn
b) Haare
c) Augen
d) Nase
e) Ohren
f) Mund
g) Zähne und Zahnfleisch

GEHIRN

Grundsätzliches:
Die rechte Gehirnhälfte steuert überwiegend das Verhalten der linken Körperhälfte. Ihr werden folgende Prioritäten zugeschrieben: Ganzheitserfassung, Kreativität, Gefühl, Intuition, Raumempfinden und Musik. Sie entspricht dem chinesischen Yin, dem Mondprinzip, dem Wasser, dem Weiblichen, dem Empfangenden.

Die linke Gehirnhälfte steuert überwiegend die rechte Körperhälfte, ihr werden Logik, analytisches und rationales Denken, Intelligenz, Sprache und das Rechnen zugeordnet. Sie entspricht dem chinesischen Yang, dem Sonnenprinzip, dem Feuer, dem Männlichen, dem Gebenden. (Siehe dazu auch die Darstellung „Ganzheit".)

Epilepsie (Fallsucht)
Ein epileptischer Anfall ist ein Ausleben und Freiwerden von zuvor unterdrückten Kräften und Aggressionen. Der Anfall zwingt dich, dich gehen zu lassen, dich fallen zu lassen und so dein Bewußtsein und die Erinnerung loszulassen. — Akzeptiere die Kräfte und Energien in dir, ohne sie zu verurteilen oder zu verdrängen. Schaue sie dir bewußt an. Gehe auch bewußt in den Schlaf. Erlebe und akzeptiere, was in der Phase des Einschlafens in dein

Bewußtsein tritt, und lasse es geschehen. So wirst du Hingabe und Loslassen lernen und mußt nicht erst dazu gezwungen werden.

Gehirnerschütterung
Bei einer Gehirnerschütterung wird der ganze Bereich deines Denkens *erschüttert*, das heißt in Frage gestellt. *Nun kannst du deinen Kopf nicht mehr oben tragen*; sobald du dich aufrichtest, tut er weh. — So laß von deinen alten Denksystemen los. Gehe nach innen, um auch die Bereiche des Gefühls und der Intuition in dein Leben mit einzubeziehen.

Gehirntumor
Ein Tumor im Kopf will dich darauf hinweisen, daß etwas an deiner Art zu denken geändert werden muß. Du bist zu *starrköpfig* und willst dich von alten, längst überholten Gedankenmustern nicht lösen. — Du solltest jedoch verstehen, daß alles im Leben einem ewigen Wechsel unterliegt. Wachstum bedeutet immer Veränderung. So vertraue dich dem *Fluß des Lebens* an, er wird dich zu *neuen Ufern* tragen, die schöner und erfüllender sind als dein jetziges Leben. So wirst du frei.

Kopfschmerzen (allgemein)
Kopfschmerzen weisen auf eine übergroße Anspannung hin. Sie können zum Beispiel durch einen Leistungsdruck von außen verursacht worden sein oder auch durch einen zu großen Ehrgeiz und Anspruch auf Perfektion von deiner Seite, auch durch *Dickköpfigkeit* oder ein dauerndes *Kopfzerbrechen*. Der Verstand wird überbetont, was zur Kopflastigkeit führt. — Gib dich zum Ausgleich deinem inneren Gefühl wieder bewußt hin. Nimm dir Ruhe und laß eine Zeitlang alles in dir geschehen, was von sich aus geschehen will. Nimm es an, ohne zu urteilen. So kann sich die Spannung wieder lösen und Platz machen für Frieden, Liebe und Freude.

Migräne
Die Migräne weist auf einen *Widerstand gegen den Fluß des Lebens* hin. Sie entsteht aus einem Konflikt zwischen den natürlichen Trieben des Menschen und seinem Verstand. Sie zeigt an, daß ein sexuelles Problem *in den Kopf geschoben wurde*. — Entspanne dich im Fluß des Lebens, das in dir fließt. Empfinde und akzeptiere deine Sexualität und alle Kräfte in dir. Wenn du sie nicht mehr verdrängst, wirst du sehen, daß sie im Grunde

genommen gut sind, und dann kannst du sie bewußt und positiv einsetzen, ganz leben. Gib dir Reiki vermehrt im Kopf- und Unterleibsbereich.

Schlaganfall (Apoplexie)
Bei einem Schlaganfall fällt ein bestimmter Hirnanteil durch die Unterbrechung der Blutversorgung aus. Er zeigt einen extremen Widerstand, eine innere Verneinung des Lebens. Die folgende Körperteillähmung beeinträchtigt deine Aktivität in der äußeren Welt. — So nimm diesen Hinweis an. Die Kräfte des Gefühls und der Intuition sollten bei dir stärker entwickelt und beachtet werden. Akzeptiere das Leben in seiner Ganzheit. Gehe mehr nach innen, zu Ruhe und Stille.

HAARE (Haarproblem allgemein)

Die Haare symbolisieren Freiheit, Kraft und Macht. Lange Haare waren früher gewöhnlich ein Zeichen der freien Menschen, der Freiheit allgemein. Kurze Haare dagegen bedeuteten oft eine *Beschneidung* der Macht, der Freiheit und Würde des Menschen. (Siehe in diesem Zusammenhang auch die Geschichte von Simson in der Bibel, Richter 16, Vers 17-31.) Wenn du Probleme mit den Haaren hast, frage dich, was du wirklich tun möchtest, unabhängig von dem, was andere Menschen von dir erwarten. Wenn du den Mut hast, ganz aus dir selbst heraus zu leben, wird deine Lebensfreude wieder wachsen und damit auch deine Freiheit und deine Kraft — und deine Haare. So werden dir zum Beispiel auch gespaltene oder gebrochene Haare eine entsprechende Interpretation ermöglichen.

AUGEN

Augenprobleme (allgemein)
Unsere Augen sind das Fenster zur Welt und der Spiegel unserer Seele. Sie lassen Eindrücke herein und hinaus. Wenn du Probleme mit den Augen hast, solltest du dich fragen, was du nicht sehen willst, wovor du deine Augen verschließen möchtest — vor der Wahrheit, vor der Zukunft, vor dir selbst? — Nun, die größte Klarheit liegt in der Tiefe deines Bewußtseins. Dort findest du Licht und Wahrheit. So schaue zuerst nach innen, bevor du deinen Blick wieder nach außen wendest. Deine Sicht wird verändert sein.

Bindehautentzündung
Die Bindehautentzündung deutet auf einen Konflikt hin, dem du nicht bewußt *ins Auge schauen willst*. Wenn du die Augen verschließen möchtest, so tue es, um in dich hineinzuschauen. — Sei ehrlich zu dir und weiche deinen Konflikten nicht aus. Schau sie dir bewußt an, und betrachte auch deine Reaktion darauf, ohne sie jedoch abzulehnen. Die Lösung liegt schon in dir.

Blindheit
Blindheit ist wohl die extremste Form des Nicht-Sehen-Wollens. Es ist die Manifestation einer Blindheit im Bewußtsein. Nun wird der Blinde gezwungen, nach innen zu schauen. — Blindheit soll und kann zur inneren *Einsicht* führen. So schaue lieber freiwillig nach innen, denn dort wirst du vieles finden, was das äußere Auge nicht sehen kann. Eine neue Welt wird sich dir eröffnen, eine neue Sichtweise sich dir erschließen.

Farbblindheit
Bei der Farbblindheit wird alles *grau in grau* gesehen, die Unterschiede verwischen, alles gleicht sich an. Wenn du die bunte Vielfalt des Lebens nicht sehen kannst, öffne deinen Blick für die zugrundeliegende Einheit des Seins, und dann schaue zurück in die Welt. Auf der Grundlage der Einheit wirst du erkennen, wieviel Freude und Vergnüglichkeit in der Vielfalt liegt.

Grauer Star (Katarakt)
Beim grauen Star wird *der Blick getrübt*, die Dinge erscheinen nicht mehr so *scharf*. Du distanzierst dich von dir und deiner Umwelt, so daß du nicht mehr sehen mußt, was du nicht sehen willst. So hast du deinen „Rolladen" dichgemacht. — Wenn dir nun deine Zukunft dunkel erscheint, schaue auch hier bewußt nach innen, bis du das Licht in dir selbst gefunden hast. Es ist schon da und wartet nur darauf, von dir selbst entdeckt zu werden. Darum sind dir ja die äußeren Augen getrübt worden, damit du nicht immer nur nach außen schaust. Das innere Licht wird auch die äußere Welt wieder erhellen, über dem trüben Tag erstrahlt eine helle Sonne.

Grüner Star (Glaukom)
Der grüne Star resultiert aus einem erhöhten Augeninnendruck. Dahinter steckt der anhaltende seelische Druck deiner *nicht geweinten Tränen* sowie deiner verletzten Gefühle. *Die Weite des Lebens geht verloren.* Du nimmst nur noch einen engen Ausschnitt von der Ganzheit wahr, dies entspricht dei-

nem Denkmuster, in welches du geraten bist. — So gib deinen Kummer zu und laß endlich deinen Tränen freien Lauf. Dies wird dich erleichtern und dich wieder öffnen für die Weite und Vielfalt des Lebens. Solange du die Weite nicht sehen kannst, geh in die Tiefe. Auch Reiki wird dir eine große Hilfe sein, aufgestaute Emotionen loszulassen.

Kurzsichtigkeit
Kurzsichtigkeit zeigt immer eine starke Subjektivität an. *Du betrachtest alles durch deine eigene Brille.* Der eingeengte Gesichtskreis will dich zur Selbsterkenntnis führen, er zeigt dir, daß du dich selbst näher anschauen solltest. — Unsere äußere Welt ist immer ein Ausdruck von uns selbst. So kannst du aus dem, was du außen siehst, eine Menge über dich lernen und daran reifen, und du kannst deine Sicht der äußeren Welt wieder erweitern, wenn du die Weite in dir selbst gefunden hast. (Deshalb verschwindet die Kurzsichtigkeit häufig im Alter, oder sie entsteht erst dann.)

Schielen (Strabismus)
Schielen ist eine Art von Einäugigkeit, *du siehst alles nur aus einem Blickwinkel heraus.* Alles erscheint dir flach und ohne echte Dimension. — Um ganz zu werden, mußt du auch die andere Seite der Dinge und der Welt kennenlernen und vor allem akzeptieren lernen. Schaue einfach einmal offen hin, versuche nicht immer einen Teil der Gesamtheit wegzuschieben. Auch hier macht Krankheit ganz offensichtlich ehrlich und zeigt dir, was dir fehlt. Beachte den Hinweis deines Körpers. Es ist schön, alles zu sehen.

Weitsichtigkeit
Die Weitsichtigkeit tritt vor allem bei älteren Menschen auf. Es ist ein Hinweis darauf, *mehr das Große und Ganze zu sehen,* die Weite des Lebens, und sich nicht an den Kleinigkeiten des Lebens festzuhalten. — So beherzige diesen Hinweis deiner Augen.

NASE

Schnupfen
Unsere Nase ist das Organ, durch das wir die Atemluft hinein- und herauslassen. Wenn die Nase verstopft ist, wird der Austausch mit der Umwelt eingeschränkt (siehe auch unter Atmung). Du willst dich zurückziehen, hast

die Nase erst einmal voll. Vielleicht gibt es Konflikte, die du meiden willst, vielleicht ist dir auch alles nur zuviel geworden. — So gönne dir die ersehnte Ruhe und den Abstand von anderen Menschen und Problemen. Sammle neue Kraft, dann kannst du deine Konflikte leichter und bewußt lösen.

Stirnhöhlenprobleme (auch Nebenhöhlenprobleme)
Dieses Symptom zeigt dir an, daß eine nahestehende Person dich *reizt oder irritiert.* — Schau dir deine Reaktion an und akzeptiere sie und nimm dir Ruhe für dich selbst, so daß du wieder Festigkeit und Unabhängigkeit in dir findest. Dann hat niemand die Kraft, dich zu irritieren, dich zu reizen. Reiki kann dir dabei sehr hilfreich sein.

OHREN

Ohrenschmerzen (z. B. Otitis media — Mittelohrentzündung)
Wie bei allen Entzündungen zeigt sich auch hier ein unterdrückter, nicht gelebter, aktueller Konflikt, der in diesem Fall mit Gehorsam in Verbindung steht. *Was willst du denn nicht hören?* Wo fehlt es dir an Demut? Gewöhnlich haben Kinder im Erziehungsalter dieses Problem. — Du solltest wissen, daß wir außen immer unbewußt die Situationen und Menschen anziehen, die uns gerade das zu sagen haben, was wir nicht freiwillig begreifen wollten oder konnten. So höre hin und lerne daraus. Alles im Leben kann uns etwas erzählen. Horche auch auf deine innere Stimme und folge ihr. So kannst du dir deine Ohrenschmerzen sparen.

Schwerhörigkeit
Dieses Symptom tritt gewöhnlich im zunehmenden Alter auf. Der Mensch verschließt sich hier noch mehr, als zuvor beschrieben, und wird damit noch unbeugsamer, noch unnachgiebiger. Er ist immer weniger bereit, zu *horchen* und zu *gehorchen.* Dies ist zwar typisch für den alten Menschen, jedoch nicht zwingend notwendig. Das Alter macht ebenso wie die Krankheit ehrlich und zeigt die Probleme auf, die im Leben nicht gelöst wurden. — So bleibe auch im zunehmenden Alter im Geist und im Bewußtsein *offen* und *aufnahmebereit,* und lerne aus dem, was dir begegnet. Höre auch bewußt auf deine innere Stimme. Sei einfach offen.

Taubheit
Taub wird nur der, der für seine innere Stimme schon lange taub ist. Hier zeigt die gesteigerte Form des zuvor geschilderten Symptoms in seiner Endphase, in Abkapselung, Starrköpfigkeit und Isolation. So wirst du gezwungen, nach innen zu horchen. — Lerne daraus. Horche auf innere Signale, horche auf das Leben, das in dir *fließt*, es ist ein Teil des großen Lebens der Schöpfung. Öffne dich ganz für deine innere Stimme, und höre auf das, was sie dir sagt.

MUND

Mundgeruch
Du atmest aus, was an Gedanken in dir ist, und wenn das schlecht riecht, so läßt das darauf schließen, daß etwas in deinen Absichten faul und verdorben ist. Auch hier macht das Symptom ehrlich und zeigt, was innen vorhanden ist. — So sieh dir einmal deine Gedankenwelt an, worum dreht sich dein Denken primär? Wenn wieder Liebe, Freundlichkeit und Ehrlichkeit in dir sind, wirst du nur Gutes ausatmen, dein Atem wird wieder rein sein, und andere werden dich auch wieder besser *riechen* können. Reiki führt auch hier zur Selbsterkenntnis.

Mundprobleme (allgemein)
Mundprobleme zeigen dir, daß du eine gewisse Unfähigkeit hast, neue Eindrücke und Ideen in dich *hineinzunehmen*. So lebst du in starren Meinungen und bist etwas *festgefahren*. — Heiße neue Ideen und Konzepte willkommen, und nimm Neues bereitwillig entgegen. Sei flexibler und offener, dann wird auch dein Mund wieder aufnahmebereiter.

Wucherungen — Rachen-Mandel-Polypen
Hieran erkennst du gewöhnlich familiäre Schwierigkeiten, eine gespannte häusliche Atmosphäre. Kinder mit diesem Symptom fühlen sich in der Regel abgelehnt. — So gib deinem Kind das ehrliche Gefühl, trotz aller Schwierigkeiten gewollt und willkommen zu sein. Jeder Mensch ist ein Ausdruck der göttlichen Schöpferkraft und hat seine Daseinsberechtigung, auch wenn er noch soviel wachsen und lernen muß. So akzeptiere dich zunächst selbst und dann dein Kind, so wie ihr seid, gebt euch echte innere Liebe und Zuneigung.

ZÄHNE UND ZAHNFLEISCH

Zahnprobleme (allgemein, z. B. Karies)
Mit unseren Zähnen beißen wir zu. Sie sind ein Ausdruck davon, ob wir uns *durchsetzen* können, *zupacken* und uns *durchbeißen* können, ob wir *jemandem unsere Zähne zeigen* können. Schlechte Zähne sind ein Hinweis darauf, daß du deine Durchsetzungskraft und deine Aggressionen nur schwer äußern kannst, dies aber nicht siehst oder nicht sehen willst. An was *hast du so schwer zu beißen?* Du kannst dich oft nicht entscheiden und unterdrückst deine natürlichen Aggressionen aus Angst, dadurch Liebe und Anerkennung zu verlieren. — So sei ganz du selbst, unabhängig von dem, was andere von dir erwarten. Nimm deine Aggressionen an, laß sie in dir geschehen, ohne sie zu verurteilen. So können sie sich in eine positive, aufbauende Kraft verwandeln, mit der du dann leicht deine Ziele erreichen kannst. Sei ehrlich zu dir selbst.

Zähneknirschen (nachts)
Zähneknirschen zeigt ohnmächtige Aggressionen an. Der Wunsch, *richtig zuzubeißen*, wird bei Tage nicht akzeptiert, so wird dann nachts die Schärfe der Zähne etwas gemindert. — Werde dir deiner Aggressionen, deines Ärgers und deiner Hilflosigkeit bewußt, verdränge sie nicht in die Nacht. (Siehe auch die Informationen unter *Zahnprobleme*.)

Zahnstein
Hier erkennst du geronnene, nicht verarbeitete Aggressionen, die nun tatsächlich *versteinert* sind. Dies will dich darauf hinweisen, daß du deine Probleme besser bewußt lösen solltest, dann brauchen sie sich nicht an deinen Zähnen zu manifestieren.

Zahnprothese (künstliches Gebiß)
Hier wird eine Vitalität und Durchsetzungskraft vorgetäuscht, die eigentlich nicht vorhanden ist. Man könnte es eine *künstliche Bissigkeit* nennen. — Schaue einmal, ob du dir nicht zuviel auferlegt hast oder dich zu sehr nach dem gerichtet hast, was andere von dir erwarten. Frage dich, was dein inneres Wesen wirklich möchte, und habe den Mut, es einfach zu leben.

Zahnfleischprobleme (allgemein)
So wie das Zahnfleisch die Grundlage für die Zähne darstellt, so sind Urver-

trauen und Selbstsicherheit die Grundlage für Durchsetzungskraft und *Zubeißenkönnen*. Probleme mit dem Zahnfleisch zeigen einen Mangel in diesem Bereich, häufig aus Angst vor Liebesverlust. Du hast nicht den Mut, *harte Nüsse zu knacken*, bist empfindlich und verletzlich. — Sobald du dich selber liebst und akzeptierst, wirst du unabhängig von der Liebe und Anerkennung durch andere, und du wirst in dir die Kraft finden, deine wirklichen Wünsche in die Tat umzusetzen. Und nun kannst du auch anderen deine Liebe geben, da du sie selbst in dir hast. Wunderbar! Reiki wird dir sehr helfen, das nötige Urvertrauen zurückzugewinnen.

Hals

Halsprobleme (allgemein)
Der Hals ist das Durchgangstor, durch das die äußeren Einflüsse wie Nahrung und Atemluft in uns hineingelangen und durch das wir uns nach außen hin, mittels der Stimme, ausdrücken. Probleme mit dem Hals zeigen, daß du entweder etwas nicht schlucken willst oder kannst oder daß du einen *geschluckten Ärger*, verletzte Gefühle oder ähnliches, nicht nach außen dringen lassen willst. So stehen alle Halsbeschwerden im gewissen Sinne mit einer Angstproblematik in Verbindung.

Heiserkeit (Kehlkopfentzündung, Laryngitis)
Die Heiserkeit zwingt dich, dich aus der Kommunikation und Auseinandersetzung zurückzuziehen. Das kann aus einer Angst geschehen, auf Widerstand zu stoßen, wenn du deine Meinung zum Ausdruck bringst. Es ist ein Hinweis darauf, daß du deinen Groll (nicht selten auf Autoritäten) und Ärger auf eine andere Weise lösen solltest. — Äußerer Ärger ist jedoch nur ein Hinweis auf einen Konflikt in dir selbst. So gönne dir Ruhe, bleibe eine Zeitlang mit dir alleine und gehe mehr nach innen. Wenn du wieder mit Liebe und Vertrauen sprechen kannst, wird deine Heiserkeit nicht mehr nötig sein. Reiki wirkt sich hier günstig aus, mache reichlich Gebrauch davon.

Husten siehe unter **Atmung-Bronchitis**

Mandelentzündung (Angina)
Bei einer Mandelentzündung fällt dir das *Schlucken* schwer. Du willst etwas nicht mehr *hineinnehmen*, nicht akzeptieren, unterdrückst jedoch deine Gefühle — oft verbunden mit einer Angst. Wie bei jeder *Entzündung*, zeigt sich auch hier ein akuter, aktueller, unterdrückter Konflikt. — Ziehe dich auch hier zurück und laß eine Zeitlang alles in dir geschehen, was von sich aus geschehen will. Akzeptiere deine Gefühle, wie auch deinen Ärger, und schaue dir auch deine Angst an. So werden sie ihre Schrecken verlieren, du wirst wieder offen und frei.

Schiefhals siehe unter **Bewegungsapparat**

Schluckstörungen (allgemein)
Wenn du Schluckbeschwerden hast oder ein Kloßgefühl im Hals, solltest du dich fragen, welche Brocken es sind, die du nicht mehr schlucken kannst oder willst. — Akzeptiere deine Grenzen. Wenn dir etwas zuviel wird, so zwinge dich nicht dazu, nur weil es andere von dir erwarten. Besinne dich auf die Ruhe und die Kraft, die tief in dir liegt. Sei ganz du selbst, dann wird das Schlucken leichter gehen und vielleicht sogar Freude machen.

Steifer Hals siehe unter **Bewegungsapparat**

Atmung

Atmung (allgemein)
Unsere Atmung verbindet uns mit dem Leben, das uns umgibt. Sie hält die Verbindung zu jenem Bereich aufrecht, der nicht stofflich ist. Sie fordert eine Integration des gesamten Lebens, denn wir atmen die gleiche Luft wie alle anderen Menschen ein (auch wenn sie unsere „Feinde" sind). Es ist die gleiche Luft, die auch die Tiere und die Pflanzen atmen. Der Bereich der Atmung weist auf Kontakt und Kommunikation mit unserer Umwelt hin, aber auch auf Probleme mit der Freiheit: *„Ich kann wieder frei atmen."* Atmung besteht aus den beiden Polen von Einatmen und Ausatmen, Nehmen und Geben. Wenn du Schwierigkeiten mit der Lunge oder der Atmung hast, so frage dich einmal, was du nicht *hereinnehmen* willst oder was du nicht *hergeben* willst, ob es etwas gibt, mit dem du nicht in Kontakt treten möchtest, oder ob du dich irgendwo nicht frei fühlst. Reiki ist ein wunderbares Mittel, um dir zu helfen, dich wieder ganz für das Leben zu öffnen, in einen lebendigen, offenen Austausch zu treten, um das Dasein in seiner Ganzheit anzunehmen und zu integrieren.

Asthma
Asthma ist ein Symptom, bei dem du zwar viel Luft hereinnimmst, aber das Herausgeben der Luft bereitet dir ernste Schwierigkeiten. Und weil du nur so wenig herausgeben kannst, ist es dir schon bald nicht mehr möglich, genug hereinzunehmen, das Atemvolumen wird immer geringer. Du bist wahrscheinlich ein Mensch, der sich nach Liebe sehnt, es aber offensichtlich nicht gelernt hat, Liebe zu geben. Immer nur nehmen, ohne zu geben, funktioniert aber nicht. Woran also hältst du fest, was willst du nicht hergeben? Welche Lebensbereiche wertest und wehrst du ab, was willst du nicht hereinnehmen? Wo hast du uneingestandene Aggressionen oder Angst? — Lies hierzu einmal in der Bibel Matthäus 5, Vers 44. Erkenne auch, daß für jeden alles im Überfluß vorhanden ist. Die ganze Fülle des Lebens ist schon in dir, nur dein Bewußtsein, deine Angst, zu kurz zu kommen, trennt dich davon ab. So gib von dem, was du von dieser Fülle jetzt schon hast, an andere weiter, so daß neues Leben *nachfließen* kann. Und gestehe dir selbst ruhig deine jetzige Hilflosigkeit und deine relative Kleinheit ein. Nur so kann Hilfe zu

dir kommen. Lasse auch bewußt die Bereiche in dein Bewußtsein herein, die du bisher immer gemieden und abgelehnt hast. Akzeptiere und integriere das Leben in seiner Ganzheit, und du wirst erkennen — plötzlich gibt es keine „Feinde" mehr, das alles erzeugte nur dein Bewußtsein. Endlich wirst du wieder frei atmen können. Ein herrliches Gefühl!

Atembeschwerden (allgemein)
Wenn du beim Atemholen eine Beklemmung auf der Brust spürst und es dir schwerfällt, Luft zu bekommen, so frage dich, was dich *einengt*, was *dich nicht frei atmen läßt*, oder was es ist, *das dir den Atem verschlägt* oder *dir die Luft nimmt*. — Akzeptiere, daß du in Wahrheit ein freier Mensch bist. Deine wirkliche Freiheit liegt aber alleine in dir, in deinem Bewußtsein. Du bist es, der innerlich loslassen muß von dem, was dich bedrückt.

Bronchitis (Reizhusten)
Bronchitis weist auf einen akuten Konflikt, einen Ärger oder eine Erregung im familiären Bereich oder der näheren Umgebung hin. Der Husten deutet darauf hin, daß du unbewußt etwas loswerden willst, dich von etwas befreien möchtest, das dich ärgert oder belastet. Vielleicht willst du auch einfach jemandem etwas husten. — Die Menschen in deiner Familie und Umgebung befinden sich alle in der gleichen Schule des Lebens wie du, das solltest du erkennen. So akzeptiere ihren eigenen, ihnen gemäßen Weg wie auch deinen. Schließe Frieden mit dir und deinem Leben. Lebe in Freude.

Lungenentzündung
Eine Lungenentzündung zeigt dir an, daß der Austausch mit dem Leben in seiner Vielfalt, einschließlich seiner feineren, nichtmateriellen Aspekte, in dir gestört worden ist. Du bist mit den Abgrenzungsbestrebungen deines Egos in Konflikt geraten, und dieser Konflikt hat nun deine Lunge *entflammt, entzündet*. Nicht selten steht eine emotionale Verletzung dahinter, durch die du dich verschlossen hattest. — So laß den Atem des Lebens wieder in dich hinein. Er fließt gleichermaßen in Trauer und Freude, in den Erregungen des Lebens wie in seiner Ausgeglichenheit und Harmonie. Reiki ist auch hier eine wunderbare Möglichkeit der effektiven Hilfe.

Tuberkulose (Lungen-TB)
Eine Lungentuberkulose zeigt einen großen Konflikt zwischen deiner Ichbezogenheit und dem lebendigen Ausdruck mit allem Leben an, einen Kon-

flikt, der dein eigenes Leben *verzehrt*. Du willst zuviel für dich selbst haben und hast darüber die wunderbare Größe des Lebens vergessen. — So atme wieder frei und ohne Vorbehalte das ganze Leben ein, werde dir bewußt, daß genug von allem für uns alle da ist, wenn wir uns nur dafür öffnen. Jeder Moment des Lebens ist voller Wunder, wenn wir nur offen sind. Gib dir viel Reiki.

Herz — Kreislauf

Aufgliederung:
a) Herz
b) Blut
c) Kreislaufsystem

Herz — Blut — Kreislaufsystem (allgemein)
Unser Herz ist das körperliche Symbol für unsere Liebesfähigkeit und unsere Emotionen. Das Blut steht für Lebenskraft und Vitalität, und der Kreislauf ist jenes Geschehen, durch das Lebenskraft und Lebensfreude, angeregt durch die Fähigkeit des Herzens, zu lieben und zu fühlen, überallhin verteilt werden. Mit der Hilfe von Reiki wirst du dich für die Liebe in dir öffnen, du wirst die Freude und Lebenskraft erfahren, die in dir selbst und in der Schöpfung verborgen liegen, und wirst sie frei weiterschenken können.

HERZ

Herzprobleme (allgemein)
Auch hier erkennen wir einige sprachliche Bezüge, die uns deutlich aufzeigen, in welche Richtung das Symptom weist. So sprechen wir von *Herzlosigkeit, Kaltherzigkeit* oder auch von Halbherzigkeit. Dahinter stehen dann gewöhnlich langandauernde, emotionale Probleme, das Fehlen von Freude, eine ablehnende Haltung gegenüber dem Leben sowie der Glaube an den Kampf ums Überleben. Durch das Symptom wirst du gezwungen, wieder mehr *auf dein Herz zu hören*, was zum Beispiel bei der Herzphobie noch extremer wird. — So frage dich einmal, ob bei dir Kopf und Herz, Verstand und Gefühl im Gleichgewicht sind. Hat dein Leben noch einen lebendigen Rhythmus? Gehst du wirklich *ganzherzig* durchs Leben, und *hörst du auch freiwillig auf dein Herz,* ohne daß es erst krank werden muß? Wenn ja, wirst du keine Herzprobleme nötig haben!

Herzflattern
Im Herzflattern zeigt sich eine emotionale Störung, ein Einbruch in deine Ordnung. Etwas ist aus dem Gleichgewicht geraten. — So integriere bewußt in dein Leben, was deine Ordnung zu stören scheint. *Nimm es in dein Herz mit auf.*

Herzinfarkt
Im Herzinfarkt entlädt sich ein großer Stau von aggressiver, nicht gelebter Energie. Es ist die Summe aller deiner Ärgernisse, die sich nun geballt gegen dich selbst richten, da sie sonst keinen anderen Weg fanden, frei zu werden. Dabei solltest du bedenken, daß immer *nur ein hartes Herz brechen kann*, daß nur etwas unser *Herz zerreißen* kann, das wir nicht freiwillig akzeptierten. — So sieh dir einmal bewußt und ohne zu werten die innere „Schwitzkammer" deiner nicht gelebten Gefühle an. Öffne dein Herz für dich selbst und andere, dann wird dir ein Herzinfarkt erspart bleiben.

Herzkranzgefäßverengung (Angina pectoris)
Enge hat immer mit Angst zu tun. Im Fall der Angina pectoris finden wir einige sehr treffende Hinweise in unserer Sprache. So kennen wir ein *verhärtetes, enges* oder *versteinertes Herz*. Du hast dein Ego von der Ganzheit des Lebens abgetrennt und dadurch deine Gefühle blockiert. Doch Trennung schafft immer Feindschaft, etwas, wogegen wir uns wehren. (Siehe dazu auch in der Bibel 5. Mose 15, Vers 7, und Hebräer 3, Vers 8.) So entsteht Angst in dir, die du durch Machtwünsche zu kompensieren versuchst. Die Angina pectoris ist auf der körperlichen Ebene nur die Folge, ein Signal. — Öffne dich auch für die Dinge, die dir Angst machen, denn wenn du eng bist, kommt weder etwas zu dir herein noch von dir hinaus. Wir leben jedoch in einem ständigen Austausch untereinander, und Enge bedeutet immer nur Blockade. So verschenke freizügig von dem, was an schönen Dingen in dir ist.

BLUT

Blutprobleme (allgemein)
Hier zeigt der Körper an, daß du einen Mangel an Freude hast, deine Ideen und Gedanken können nicht frei und freudig zirkulieren. — Warum siehst du nicht all das Schöne und Positive um dich herum? Gib deinen Ge-

danken die Freiheit, sich der Schönheiten des Lebens zu erfreuen, frei zu fließen.

Anämie (Blutarmut)
Die Anämie steht für Mangel an Freude, ein Fehlen von Kraft und Dynamik. Warum weigerst du dich, die dir zustehende Energie aufzunehmen? Du solltest wissen, daß Kraft, Energie und Freude für uns alle im Überfluß vorhanden sind, wir brauchen uns nur zu öffnen und sie hereinzulassen. Das beste Beispiel dafür ist die Reiki-Energie, die uns immer zur Verfügung steht. Ändere deine innere Einstellung von deinem „Ja, aber" zu einem „JA".

KREISLAUFSYSTEM

Arteriosklerose (Arterien-Verkalkung)
In der Arterien-Verkalkung zeigt sich ein gewisser *Widerstand*, eine *Spannung*, eine *Erstarrung* und auch eine *Engstirnigkeit*. So wurdest du zu unflexibel, es mangelt dir an geistiger Beweglichkeit. Dies ist dir offenbar nicht bewußt, und nun zeigt dir dein Körper ganz klar, was dir im Bewußtsein fehlt — *Offenheit, Flexibilität, Toleranz* und *Einverstandensein* mit dem Leben und der Welt, *Weichheit statt Härte*. So sei *weit geöffnet* und gehe voller Frieden im Einklang mit dir und der Welt durch dein Leben.

Embolie
Die Embolie will dir zeigen, daß du deine innere Beweglichkeit blockiert hast und geistig unflexibel geworden bist. Du lebst zu sehr im Ruhepol, eine körperliche Trägheit ist die Folge. — Du solltest wissen, daß alles im Leben Bewegung ist, und du kannst da keine Ausnahme bilden. So sei offen und beweglich im Geiste, tolerant und liebevoll. Alles fließt!

Hypertonie (Bluthochdruck)
Ein Bluthochdruck entsteht, wenn du deine Emotionen und Gedanken über lange Zeit hinweg nicht in die Aktivität umsetzt. So lebst du ständig in der Nähe eines Konfliktgeschehens, ohne jedoch eine Lösung herbeizuführen. Dadurch stehst du unter einem anhaltenden, nicht freiwerdenden Druck. (Auf diesen Sachverhalt macht schon die Bibel in Sprüche 13, Vers 12 aufmerksam.) — Schaue dir einmal bewußt an, was dich ärgert oder was dir Probleme bereitet, empfinde und durchlebe es, ohne dabei an irgend etwas

festzuhalten. Ein Konflikt zeigt dir, wo du lernen solltest loszulassen. So wirst du den größten *Dampf ablassen* können; und dann stelle dich mit neuer Gelassenheit dem Konflikt. Auch Reiki kann dir hier eine gute Hilfe sein.

Hypotonie (niedriger Blutdruck)
Die Hypotonie ist ein sicheres Zeichen dafür, daß du Problemen gerne ausweichst. Du besitzt wenig Lebenskraft, Standhaftigkeit und Durchsetzungsvermögen. Sie kann auch auf eine Flucht vor der Sexualität hindeuten. — So schaue dir die Kräfte einfach an, die in dir leben, ohne zu urteilen. Schaue einfach hin. Nimm dich selbst mit all deinen Schwächen und Stärken an. Sei *aufrichtig* gegenüber dir selbst, dann kannst du dich auch dem Leben und der Verantwortung stellen. Gehe nach innen und finde Kraft in dir selbst, dann kannst du mit Freude aktiv werden. Reiki wird dir zusätzliche Energie liefern.

Krampfadern (Varizen)
Gewöhnlich verrichtest du deine Arbeit nur gegen einen inneren Widerstand, du bist sehr ungern an deinem Arbeitsplatz. Du fühlst dich überarbeitet und womöglich enttäuscht. Trägheit, Schwerfälligkeit und Negativität sind die Folge. Es fehlt dir an *Elastizität und Spannkraft*, gepaart mit einem Mangel an *innerem Halt*. Diese Probleme wollen dir die Krampfadern bewußt machen. — Akzeptiere zunächst deine Situation und auch deine Reaktion darauf. Sei wieder du selbst, dann kannst du dich *entspannen* und eine Lösung finden, wie du mit Freude und mit innerem Glück dein Leben leben kannst. Vielleicht brauchst du nur deine Einstellung zu ändern, deine Betrachtungweise der Welt. Wenn du innerlich wieder freier bist, kann auch dein Kreislauf wieder frei zirkulieren und hast solche Stauungen nicht mehr nötig. Bedenke immer, daß dein Körper nur der Ausdruck deiner Gedanken ist.

Kreislaufkollaps
Durch den Kollaps schiebst du erst einmal alle Verantwortung von dir und ziehst dich von den zu lösenden Problemen zurück. Andere müssen dich nun betreuen und sich um dich sorgen. So benutzt du deine Ohnmacht auch dazu, um auf andere Macht auszuüben. Doch wenn du wieder daraus erwachst, stehst du vor dem gleichen Berg von Problemen. — Gestehe dir ein, daß du über bestimmte Situationen keine Macht hast und akzeptiere

diese Tatsache. Betrachte dann deine Probleme, ohne etwas davon zu verdrängen, so kann sich eine dir gemäße Lösung finden; und du wirst sehen, daß Verantwortung sogar Freude macht. (Vergleiche hierzu auch **Ohnmacht** unter PSYCHE.)

Ödem (Flüssigkeitsansammlung / Wassersucht)
Beim Ödem zeigt sich, daß du etwas *festhalten* möchtest, etwas nicht gehen lassen willst. Vielleicht befürchtest du, etwas zu verlieren, gestehst dir das jedoch nicht ein. — So lasse freiwillig alle Belange der Vergangenheit los. Dir kann nur das genommen werden, woran du selbst festhältst, was du nicht loslassen willst oder kannst. Wenn du aber etwas von dir aus hingibst, wirst du ein Vielfaches dafür zurückbekommen.

Thrombose
In der Thrombose wird ein *mangelnder Fluß* in deinem Leben deutlich. Es besteht in der Regel eine innere Unbeweglichkeit und zu wenig Flexibilität. Deine Meinungen, Ansichten und Vorstellungen sind gewissermaßen geronnen, und das erlebst du nun auf der körperlichen Ebene in deinen Adern. Ohne diesen körperlichen Ausdruck hättest du wohl keine Notiz davon genommen, aber jetzt sollte es dir klar werden. — Sage ja zur Bewegung und zum Wandel aller Gegebenheiten. Löse dich bewußt von deinen *verfestigten Ansichten* und *sei offen*. Gönne dir selbst mehr innere und äußere Freiheit, dann können auch deine Adern wieder frei werden. Reiki fördert sehr den *Fluß des Lebens!*

Verdauung und Ausscheidung

Aufgliederung:
a) Magen
b) Darm
c) Bauchspeicheldrüse
d) Leber
e) Galle
f) Nieren
g) Blase

MAGEN

Magenbeschwerden (allgemein)
Der Magen nimmt unsere Nahrung auf und beginnt, sie zu verarbeiten. Somit steht er für die *Aufnahme* und *Verdauung* von *Eindrücken*. Das erfordert ein *Geöffnetsein, Annehmen* und *Hingabefähigkeit*. Wenn jemand die Fähigkeit des Fühlens aus seinem Bewußtsein verdrängt hat, so schlagen ihm seine Gefühle auf den Magen. Um uns Gefühlen und Eindrücken, Ideen und Meinungen öffnen und sie bewußt integrieren zu können, brauchen wir Selbstvertrauen und ein Gefühl innerer Geborgenheit. Probleme mit dem Magen weisen letztlich auf Probleme in diesem Bereich hin. Durch das fehlende Vertrauen fällt es dir schwer, deine Gefühle und besonders deinen Ärger und deine Aggressionen zu akzeptieren und dich Konflikten bewußt zu stellen. So *frißt du die Dinge lieber in dich hinein*. — Öffne dich für alles, was das Leben zu dir gebracht hat und zu dir bringt. Wenn du weißt, daß sich hinter allem ein Sinn verbirgt, den du jedoch nur begreifen kannst, wenn du dich nicht davor verschließt, so wird dir so leicht nichts mehr *schwer im Magen liegen*, und du wirst lernen, dich mit innerem Vertrauen dem Dasein mit seinen vielen Eindrücken und Erfahrungen hinzugeben und deine Gefühle anzunehmen und frei zu äußern.

Appetitlosigkeit
Wenn du unter Appetitlosigkeit leidest, dann zeigt dies an, daß du Angst vor

neuen *Eindrücken* hast und die Verarbeitung und Aktivität, die dazugehört, ablehnst. Dies wird ganz deutlich, *wenn dir etwas den Appetit verschlägt.* — Nun, die Welt ist voller neuer Eindrücke, uns zur Freude und Anregung, und wenn du dich davor verschließt, zumachst, lebst du eigentlich nur halb. Erweitere deine innere seelische Aufnahmebereitschaft, dann nimmt auch dein Appetit wieder zu.

Magengeschwüre (Gastritis)
Wenn du deine Gefühle und Aggressionen nicht nach außen läßt, sondern nach innen gegen dich selbst lenkst, entstehen Magengeschwüre. Es ist eine Art von Selbstzerfleischung — der Magen wird durch die eigene Säure angefressen. — Akzeptiere deine Gefühle und weiche innerlich Konflikten nicht aus. Öffne dich für Eindrücke von außen und *verdaue sie bewußt* (im Bewußtsein!). Stehe zu deinen Aggressionen. Gestehe dir auch deine Sehnsucht nach mütterlicher Geborgenheit ein und danach, geliebt und umsorgt zu werden. (Siehe dazu auch unter **Sodbrennen**.)

Sodbrennen (Aufstoßen)
Wenn du deinen Ärger immer wieder *hinunterschluckst*, so manifestiert sich dein *„Sauersein"* als Magensäure. Das damit verbundene Aufstoßen will dich daran erinnern, daß du deine Gefühle nicht *schlucken* solltest. Die Säure will zum Ausdruck kommen, auf diese Weise machst du dir mal wieder Luft. Die Magensäure erzeugt ein Druckgefühl, wodurch die Aufnahme weiterer Nahrung verhindert wird — du willst keinen Ärger mehr *schlucken*. — So werde dir bewußt, daß alles im Leben seinen Sinn und seine Berechtigung hat — die Dinge, die auf dich zukommen, wie auch deine Reaktion darauf. Dieses Verständnis kann dir Vertrauen und ein Gefühl der Geborgenheit geben, die es dir erlauben, deine Bedürfnisse und Gefühle wie auch deinen Ärger (falls er dann noch da ist) frei zu äußern.

Übelkeit (Erbrechen)
Hier zeigt sich immer die Ablehnung von etwas, was wir nicht haben möchten, *das zu schwer verdaulich ist* — und dies nicht nur im Magen. Auch wenn wir zuviel durcheinander essen — zuviele neue Eindrücke in uns hineinstopfen —, kann es mit der Verdauung (Verarbeitung) Probleme geben, und wir wehren uns gegen ein weiteres Hereinnehmen durch Erbrechen. Typisch hierfür ist auch das sogenannte Schwangerschaftserbrechen. Dies bedeutet immer eine unbewußte Abwehr gegen das Kind oder den männlichen Sa-

men, den man sich nicht einverleiben wollte. Auch eine Ablehnung der weiblichen Rolle steckt häufig dahinter. — So sei etwas bewußter in der Auswahl der Dinge, die du in dich *hereinnimmst*, damit du sie dann auch verarbeiten kannst. Dein Körper will dir ja nur anzeigen, daß ein Zuviel nicht die geeignete Lösung ist. Und wenn du an der Situation nichts mehr ändern kannst, dann mache dich innerlich offen und weit, so daß dein Aufnahmevermögen wächst. Danke deinem Körper für diesen Hinweis!

DARM

Blähungen
Dahinter verbirgt sich häufig das Problem, daß man *etwas nicht schlucken will oder kann*, dies jedoch nicht zugeben möchte und deshalb durch Luftschlucken den Schluckvorgang vortäuscht. Oder du hast zu viel Unverträgliches geschluckt, das sich nun in dir aufbläht. — Nimm nur das in dich herein, was du gerne hereinläßt und was du auch *verdauen* kannst. Stehe zu dir und zu deinen Grenzen und sage auch einmal „*Nein*". Dann kannst du dich innerlich wieder entspannen, und das Leben kann wieder leicht durch dich *hindurchfließen*.

Blinddarmentzündung
Wie bei allen *entzündlichen* Erkrankungen zeigt sich auch hier ein akutes, aktuelles Problem, durch das der lebendige Fluß des Lebens blockiert wird. Häufig steht eine gewisse Angst vor dem Leben allgemein im Hintergrund des Geschehens. — Sperre dich nicht gegen die Ereignisse des Lebens, schaue sie dir an, akzeptiere sie, und laß dem Leben seinen *freien Lauf*. Reiki wird dich dabei sehr unterstützen.

Darmkrämpfe (Koliken)
Krämpfe und Koliken weisen immer auf eine Spannung hin, die durch das Festhalten an überlebten Entwicklungsphasen entstanden ist. Es ist zu einem Stau gekommen, der sich nun durch die Krämpfe Luft schaffen will. — Du sollst daraus lernen, alte Dinge, die für deine Entwicklung keinen Nutzen mehr haben, loszulassen. Auf diese Weise bauen sich Spannungen von selbst ab oder treten gar nicht erst auf. So laß einfach los, sei offen für das Neue und laß dein Leben *fließen*.

Verdauung und Ausscheidung (Darm) 171

Dickdarm-Katarrh (Colitis ulcerosa)
Wahrscheinlich hattest du sehr genaue und strenge Eltern und hast dadurch viel Unterdrückung und Niederlagen erlebt. So entstand eine gewisse Angst vor der eigenen Persönlichkeitsentfaltung, du spielst oft eine Rolle, nur um zu gefallen. Da du viel Zuwendung brauchst, hängst du dich zu sehr an andere Menschen, anstatt dein eigenes Leben zu führen. — Habe den Mut, du selbst zu sein. Wenn du dich selbst annimmst und liebst, wirst du wirklich frei und bist nicht mehr auf andere angewiesen. Du wirst erkennen, daß Leben an sich Freude ist.

Durchfall (chronisch und akut)
Hierbei handelt es sich oft um eine Angstproblematik, und wir kennen dazu einige treffende sprachliche Verbindungen und Hinweise zur Deutung des Durchfalls: *„Jemand hat Schiß, er macht sich vor Angst in die Hosen"* oder *„Er hat die Hosen voll"*. Manchmal willst du auch einfach etwas *loswerden*, anstatt es *anzunehmen* und zu *verarbeiten*. Oft sind dies dann Dinge aus der Vergangenheit. Vielleicht läßt du auch neue *Eindrücke unverdaut hindurchfall-en*, weil da zuviel auf dich zukommt, zum Beispiel Reisen in fremde Länder. — Alle Eindrücke und Erlebnisse können dir etwas Nützliches und Schönes geben. So öffne dich für sie ohne Angst, schaue hin und nimm sie in dich auf.

Hämorrhoiden
Bei diesem Symptom zeigt sich, daß du Probleme hast loszulassen, daß dich etwas belastet, von dem du dich jedoch nicht lösen kannst oder willst. — Schaue dir ohne Furcht bewußt an, was dich bedrückt und dir Angst macht. Weiche dabei nicht aus, durchlebe und empfinde dein Problem ganz bewußt, jedoch ohne es ablehnen zu wollen. Sobald du es ganz in dir annehmen kannst, wird aller Druck und alle Last von dir weichen. Du wirst wieder mit Freude im Hier und Jetzt leben können, auch ohne Hämorrhoiden.

Verdauungsbeschwerden (allgemein / Dünndarm)
Der Dünndarm analysiert unsere Nahrung, wertet sie aus. So hat er mit der Analyse und Verarbeitung von Eindrücken zu tun und dadurch auch mit Kritik. Ebenso zeigen sich hier Existenzängste — die Angst nicht genug herausholen zu können. — Wenn du Probleme mit dem Dünndarm hast, weist das auf Schwierigkeiten in den beschriebenen Bereichen hin. Wahrscheinlich fühlst du dich im Leben nicht geborgen und hast an vielen Dingen

etwas auszusetzen. Sobald du dich innerlich mehr öffnest, wirst du alle neuen Eindrücke leicht und ohne Beschwerden verarbeiten können. Nimm die Kleinigkeiten nicht so ernst und wichtig, gib dich mehr dem *Spiel des Lebens* hin.

Verstopfung (Dickdarm)
Auch hier zeigt sich ein geistiges Problem recht eindrucksvoll auf der körperlichen Ebene. So hat Verstopfung immer mit einer Geizproblematik zu tun, du *willst etwas festhalten, nicht hergeben*, oft im materiellen Bereich. Auch wird es dir schwerfallen, alte Ideen loszulassen, verbunden mit einer gewissen Angst, verdrängte Inhalte ans Tageslicht kommen zu lassen. So werden seelische Eindrücke gestaut, *du kannst sie nicht hinter dir lassen*, wie es dir auch dein Symptom auf der körperlichen Ebene zeigt. — Auch hier ist die Aufforderung klar: Loslassen! Loslassen von materieller Knauserigkeit, loslassen von der Vergangenheit, von überholten Vorstellungen, loslassen von der Verdrängung ungeliebter Themen. Erlaube deinem Leben, großzügig durch dich *hindurchzufließen*, und finde Sicherheit und Reichtum in dir selbst.

Zwölffingerdarmgeschwür (Ulcus duodeni)
Wenn du deine Aggressionen immer wieder nach innen richtest, kommt es zu Anspannung, Angst, Beklemmung und Druck. Sie beginnen, dich *aufzufressen*. — Wie kannst du am besten mit deinen Aggressionen umgehen? Du kannst sie entweder ausleben — dies solltest du jedoch nur dann tun, wenn du damit nicht ständig andere Menschen *verletzt* —, oder du kannst sie dir ansehen und in dir geschehen lassen, ganz bewußt und ohne zu werten und zu urteilen. Du wirst erleben, daß sie sich dann irgendwann selbst *aufgezehrt* haben, wodurch das körperliche Symptom allmählich verschwindet. Auch Reiki ist selbstverständlich ein vorzügliches Mittel, Überspannungen zu neutralisieren. So kannst du wieder ruhig, friedvoll und ausgeglichen werden.

BAUCHSPEICHELDRÜSE

Diabetes (-mellitus / Zuckerkrankheit)
Dahinter steht der nicht eingestandene Wunsch nach Liebeserfüllung, jedoch gepaart mit der Unfähigkeit, Liebe anzunehmen, sie ganz hereinzu-

lassen. Es kommt zur Übersäuerung, denn *wer nicht liebt, wird sauer,* und *wer nicht genießen kann, wird bald ungenießbar.* Dir fehlt die *Süße des Lebens,* und du sehnst dich nach Liebe, die du selbst jedoch nicht geben kannst. So kommt es schon bald zu Gefühlsstörungen auf der körperlichen Ebene, wie sie im seelischen Bereich schon längst vorhanden sind. — Lasse die Vergangenheit los und akzeptiere Freude und Spaß, Liebe und Zuneigung als eine wichtige Grundlage des Lebens. Reiki ist eine optimale Hilfe in dieser Situation, die du nutzen solltest. Viel Freude!

LEBER

Leberprobleme (allgemein)
Die Hauptaufgabengebiete der Leber sind Energiespeicherung und -produktion, Eiweißstoffwechsel und Entgiftung. Die Leber wertet aus, was uns zuträglich ist und was nicht. So hat sie auch im geistig-seelischen Bereich mit Wertung zu tun, wie auch mit Maß und Übermaß. Außerdem verwandelt sie tierisches und pflanzliches Eiweiß in menschliches, wobei jedoch die Grundbausteine dieselben bleiben. Die Leber schafft also aus einer niedrigeren Form eine höhere und symbolisiert damit den Bereich von Höherentwicklung und Evolution. Bei diesem Vorgang bleiben die Eiweißbausteine, also der Grundstoff, erhalten, nur seine Struktur, die Form seiner Manifestation ändert sich. Ähnlich sind in der Schöpfung die verschiedenen Erscheinungsformen nur unterschiedliche Manifestationsformen des einen, zugrundeliegenden Seins. Auch auf diese Zusammenhänge weist uns die Leber hin und steht damit in einem inneren Zusammenhang mit der „Religion", der *Rückverbindung zum Urgrund, zum Ursprünglichen* (nach Dethlefsen). — Wenn du Probleme mit der Leber hast, solltest du dich fragen, ob du irgendwo in ein Übermaß geraten bist, in etwas, das dir nicht mehr zuträglich ist, vielleicht sogar giftig für dich ist. Sind deine Bewertungsmaßstäbe noch *angemessen,* oder ärgerst und beklagst du dich über viele Dinge? Hast du zu hohe Ideale? Und wie steht es mit deiner Verbindung zum innersten Sein? Die Beantwortung dieser Fragen wird dir die Richtung aufzeigen, in der du die wirklichen Ursachen für deine Leberprobleme finden kannst. Wahrheit ist Einfachheit, so lasse von jedem *Zuviel* los, dann kannst du Freiheit, Verständnis, Liebe und Vertrauen in das Leben in dir finden. Reiki wird dir sehr helfen, diese Qualitäten zu erschließen.

Gelbsucht
Es gibt etwas, das du sehr übertreibst, du bist voreingenommen und parteiisch, hast also „gefärbte" Einstellungen. — So sei vor allem toleranter und *ausgewogener* und gebe deine Liebe und dein Mitgefühl allen Menschen. Laß los von deiner einseitigen Haltung — dies will dir deine Gelbsucht sagen! Gib dir Reiki! (Siehe auch unter **Leberprobleme**.)

Leberentzündung (Hepatitis)
Die Leberentzündung weist auf einen akuten Konflikt hin. Frage dich einmal, wo es dir an objektiver Bewertung fehlt, so daß Angst oder Ärger und Groll in dir entstanden sind. Wo bist du zu einseitig geworden und ins Übermaß geraten? — Die Leberentzündung zwingt dich nun zu Ruhe und Beschränkung.

Nutze diese Zeit und laß von allem los, von Kritik, Ärger und alten Konzepten. So kann dein Bewußtsein gereinigt daraus hervorgehen. Es ist die Chance für einen wirklichen Neubeginn. Laß ihn zu! (Siehe auch unter **Leberprobleme**.)

Leberzirrhose
Betrachte dir zunächst die Deutungen der vorgehenden Lebererkrankungen, so erkennst du klar die Richtung, aus der sich auch dieses Symptom ergibt. Nur bist du hier bereits schon wieder eine Eskalationsstufe weiter fortgeschritten. Offensichtlich hast du aus früheren Symptomen nichts gelernt, keine notwendigen Konsequenzen gezogen, und nichts hat sich verändert in deiner inneren Welt, in deiner Anschauung. So gibt dir nun dein Körper diese eventuell letzte *Aufforderung*, und es liegt an dir, *das Steuer noch einmal herumzureißen*. Dein Bewußtsein ist der Herr deines Körpers, entscheide dich schnell!

GALLE

Gallenbeschwerden (allgemein)
Die Galle ist ein äußerst aggressiver Stoff, der Fett aufspaltet. Gallenbeschwerden haben immer mit Aggression zu tun, und offensichtlich bist du dir deiner Aggression nicht voll bewußt, egal ob du sie nun auslebst oder unterdrückst. Gewöhnlich handelt es sich bei diesem Symptom um einen gefühlsmäßigen Aggressionsstau, um gestaute Energie. So *spuckt* der Cho-

leriker *Gift und Galle*, anstatt seine Energien bewußt zu leben. — Sieh dir deinen Ärger einmal ganz bewußt an, verurteile ihn nicht, betrachte einfach, was sich dir zeigt. Sei ehrlich zu dir selbst, akzeptiere dich mit allen Kräften, die in dir sind. Nimm dich selbst liebevoll an, dann wird auch dein Ärger auf andere oder auf deine Lebenssituation vergehen, und du kannst deine Energie positiv einsetzen.

Gallensteine
Hier befindest du dich in einer weiteren Eskalationsstufe des zuvor beschriebenen Symptoms. *Bitterkeit, harte Gedanken* und gestaute Aggressionen sind nun *zu Stein geronnen*. Wahrscheinlich steht dein Leben unter irgendeinem Zwang. — So öffne dich nun *für die Süße des Lebens*. Laß deine Vergangenheit los. Es liegt an dir, ob du weiterhin in Bitterkeit leben willst oder ob du echte Liebe in dir zuläßt. Reiki wird deine Entscheidung positiv beeinflussen.

NIEREN

Nierenprobleme (allgemein)
Wie alle Organe, die als Paar auftreten, haben auch die Nieren mit dem Bereich der Partnerschaft zu tun. So repräsentieren die Lungen zum Beispiel den Bereich der Freundschaft und des Austauschs, die Hoden und Eierstöcke den sexuellen Bereich (Eros), und die Nieren stehen für jenen Bereich, in dem wir den Partner als Ergänzung finden, als den Teil von uns, den wir selbst nicht bewußt leben. So ziehen wir gewöhnlich immer den Partner oder die Menschen an, die unsere *Schattenbereiche* repräsentieren, also jene Dinge und Eigenschaften, die wir in uns selbst nicht integriert haben, die wir uns wünschen oder die wir verdrängen. — Wenn du Probleme mit den Nieren hast, so kannst du davon ausgehen, daß du deine eigenen Unzulänglichkeiten oder Probleme auf den oder die Partner projiziert hast. So bist du empfindlich, enttäuscht, frustriert, oder du kritisierst an anderen herum. Wie nun durch die mangelnde Unterscheidungskraft deiner Nieren dein Körper vergiftet wird, ebenso *vergiftest* du dich selbst, indem du deine Probleme auf andere projizierst, anstatt sie bewußt in dir selbst zu verarbeiten und zu lösen. So frage dich, welche Probleme du in Partnerschaften hast und auf welche Begrenzungen in dir sie dich hinweisen. Akzeptiere ohne Vorbehalte, was du dort findest, nur so kannst du daraus lernen. Alles was uns

außen begegnet und eine Reaktion in uns auslöst, enthält eine Chance, etwas über uns selbst zu erkennen und daran zu wachsen. Auf diese Weise kann das ganze Leben zu einem Partner werden. Öffne dich dafür und halte nicht an alten Problemen fest. Reiki kann dir helfen, Liebe und Freude in dir zu erfahren, die du dann auch in der Welt um dich herum finden und erkennen wirst.

Nierenbeckenentzündung
Wie bei allen *entzündlichen* Erkrankungen handelt es sich auch hier um ein akutes Problem, um einen aktuellen Konflikt — in diesem Falle im Partnerschaftsbereich —, den du im Bewußtsein nicht gelöst hast. So ist er dir an die Nieren gegangen und bittet dich nun hier um deine Aufmerksamkeit. — Schaue dir den Konflikt und alles, was damit in Verbindung steht, an, laß ihn zu und verarbeite ihn bewußt. (Beachte auch die Informationen unter **Nierenprobleme**.)

Nierensteine
Nierensteine sind lange festgehaltene, *geronnene* Aggressionen im Partnerschaftsbereich. Du hast längst überholte Probleme und negative Gedanken immer wieder festgehalten, anstatt sie endlich gehen zu lassen. So hast du deine Entwicklung selbst durch einen *Stau* blockiert. — Frage dich einmal, in welchen Bereichen du an alten Problemen festhältst und so den natürlichen Fluß deiner eigenen Entwicklung behinderst. Nun solltest du die Gelegenheit ergreifen und endlich einmal bewußt loslassen, die alten Zöpfe endlich abschneiden. Und gib deinen Nieren Liebe, zum Beispiel in Form von Reiki.

Schrumpfniere (zutreffend auch bei künstl. Nieren, Dialyse)
Dies ist der vorläufige Endpunkt, wenn die zuvor beschriebenen Probleme nicht beachtet, nicht aufgelöst oder ins Bewußtsein integriert wurden. Nun bekommst du eventuell einen neuen *Partner*, die Dialyse-Maschine zur künstlichen Blutwäsche. Mit ihr bist du nun aufs engste verbunden, du stehst in engster Abhängigkeit und kannst nun wieder einmal feststellen, daß es keinen perfekten Partner gibt, solange du selbst noch nicht vollkommen bist. — Es ist ganz wichtig, daß du in dir Liebe und Zuneigung entwickelst und deine Probleme nicht auf andere projizierst. (Beachte auch die Anmerkung unter **Nierenprobleme**.)

BLASE

Blasenentzündung (Zystitis)
In unserer Blase warten die von den Nieren ausgesonderten Stoffe darauf, ausgeschieden oder losgelassen zu werden. Die Aufforderung dazu geschieht durch einen Druck. Bei der Blasenentzündung äußert sich das Loslassen als Schmerz. Du kannst trotz starkem Druck *kaum etwas gehenlassen*. Hier zeigt sich ganz eindeutig deine Unfähigkeit loszulassen, und dies in sehr akuter Form, da es sich um einen entzündlichen Prozeß handelt. Vielleicht hast du dich auch selber *unter Druck gesetzt* und projizierst dies nun auf andere. — So solltest du längst überholte Themen und Inhalte lieber freiwillig *ausscheiden*, da sie nur noch Ballast darstellen. Gehe einmal ganz bewußt all deine gewohnten, liebgewonnenen Ansichten durch und sehe, was du davon aus Ängstlichkeit *festgehalten* hast und was schon lange überflüssig geworden ist. Laß diese Dinge dann freiwillig *laufen*, dann brauchst du nicht erst eine Blasenentzündung, die dich darauf aufmerksam macht.

Blasenschwäche (allgemein)
Langanhaltende Erwartungsängste erzeugen eine Blasenschwäche. Du stehst unter einem psychischen Druck, den du nach *unten* zur Blase geschoben hast und nun dort erlebst. — Du solltest wissen, daß sich das *Loslassen von Druck* immer befreiend auswirkt. Nur solltest du besser zuerst oben im Bewußtsein loslassen, dann regelt sich die Blasenschwäche von selbst.

Reizblase
Die Reizblase zeigt einen chronisch bestehenden (empfundenen) *Dauerdruck* an, der wie zuvor beschrieben nach *unten* zur Blase geschoben wurde, da du ihn „oben" verdrängt hast. — Sieh dir einmal deine „Druckprobleme" bewußt an, weiche ihnen nicht aus, schiebe sie nicht weg, verdränge sie nicht, dann wird sich der „reizende Druck" umwandeln können, du wirst wieder frei und zufrieden.

Sexual- und Genitalbereich

Aufgliederung:
a) Schwangerschaft und Geburt*
b) Sexualprobleme
c) Sonstiges

SCHWANGERSCHAFT UND GEBURT

Fehlgeburten (allgemein)
Bei Fehlgeburten ist immer eine bewußte oder unbewußte Ablehnung des Kindes vorhanden. Oft sind es familiäre Spannungen oder Streitigkeiten, die dahinterstehen. Die „Krankheit" macht auch hier ehrlich. — Möchtest du wirklich ein Kind, so sollte es erwünscht und willkommen sein. Und dann wird es ein überwältigendes, positives Erlebnis für euch beide werden.

Frühgeburten (allgemein)
Eine Frühgeburt deutet darauf hin, daß die Mutter das Kind frühzeitig loswerden wollte, sich dies jedoch nicht eingestehen wollte oder konnte. Diese Tatsache wird selbstverständlich fast immer bestritten. Oft ist eine unbewußte Ablehnung gegen eine weitere Schwangerschaft vorhanden. Die Frühgeburt zeigt, was du verbergen wolltest, und macht dich ehrlich. — Willst du eine Frühgeburt verhindern, so gib deinem Ungeborenen deine ganze Liebe und Aufmerksamkeit, gib ihm auch viel Reiki.

Scheinschwangerschaft
Bei einer Scheinschwangerschaft besteht einerseits ein starker Wunsch nach einem Kind, andererseits eine unbewußte Angst vor der damit verbundenen Verantwortung. Bei Frauen, die alleine leben, zeigt sich darin gewöhnlich der Wunsch nach einem Wesen, das man lieben und bemuttern kann, ohne daß sie den mit einer Partnerschaft verbundenen Sex *auf sich nehmen* müs-

---

* siehe auch: „Kosmobiologische Geburtenkontrolle" von Shaila Sharamon und Bodo J. Baginski, Windpferd-Verlag, Durach, 2. Auflage, 1989.

sen. — Verantwortung wie auch Sex sind Bereiche des Lebens, die schön und erfüllend sein können, wenn du dich für sie öffnest und bewußt hineingehst. Wenn du innerlich ganz ja dazu sagst, werden sich auch die äußeren Umstände dementsprechend ergeben, denn Gleiches zieht nach dem Gesetz der Affinität Gleiches an.

Schwangerschaftsprobleme (allgemein)
Hier zeigt sich sehr deutlich eine gewisse Ablehnung des Kindes durch die Mutter. Je stärker diese Behauptung bestritten wird, desto zutreffender dürfte sie sein, denn wenn etwas zutrifft, macht es dich *betroffen*. Dabei geht es hier nicht um eine Wertung, nicht um gut oder böse, sondern um Ehrlichkeit; und jedes Symptom macht ehrlich. — So frage dich einmal offen nach dem Grund der Ablehnung in dir. Ganz offensichtlich habt ihr beide etwas voneinander zu lernen — du und dein Kind. Öffne dich für das, was da auf dich zukommt, und akzeptiere deine Situation. So wirst du dein Ungeborenes viel lieber haben können. Es ist wunderbar, wenn neues Leben in dir entsteht. (Siehe auch das Kapitel „Reiki und Babys".)

Spätgeburt (allgemein)
Die Spätgeburt symbolisiert das Gegenteil der Frühgeburt, denn dahinter steht eine gewisse Weigerung der Mutter, das Kind herzugeben. Das gleiche Problem vollzieht sich dann gewöhnlich nochmals mit der Volljährigkeit des Kindes, wenn es das elterliche Haus verläßt. — Auch dies ist eine Aufforderung, loszulassen von dem, woran man zu sehr festhält. In diesem Fall will die Mutter weiterhin das Kind nur für sich behalten. Je mehr du gibst, desto mehr wirst du jedoch empfangen. Dies zu erkennen kann sehr befreiend für dich sein und dir viel Segen bringen. *„Geben ist seliger denn Nehmen"* (Apostelgeschichte 20, Vers 35).

SEXUALPROBLEME

Frigidität (sexuelle Gefühlskälte)
Du kannst oder willst dich nicht wirklich hingeben, nicht unterordnen, nicht die *Unterlegene* sein. Oft sind es auch die Ängste vor den eigenen sexuellen Wünschen und Trieben, die Angst, als unanständig angesehen zu werden, die dich daran hindert, *etwas herein- oder hinauszulassen*, und so bleibst du lieber *kühl*, frigide. — Hingabe ist immer ein Sichöffnen, ein Hereinlassen.

Viele Dinge können wir nur auf diese Weise in ihrer ganzen Tiefe und Schönheit kennenlernen. Das gilt auch für die Sexualität. So akzeptiere sie in dir, und mache nicht durch deine Abwehr und Angst etwas Häßliches daraus.

Geschlechtskrankheiten (allgemein)
Praktisch alle Geschlechtskrankheitssymptome verhindern auf irgendeine Weise den Sexualverkehr, deshalb ist eine Art Selbstbestrafung sehr naheliegend. Im Hintergrund stehen gewöhnlich sexuelle Schuldgefühle und der Glaube, die Genitalien seien *schmutzig* oder gar *sündhaft*. — So lege ruhig mal eine Pause ein und mache dir klar, daß Sexualität im Grunde genommen etwas Schönes und Reines ist, wenn du sie als einen Ausdruck von Liebe und einen Wunsch nach Einswerdung freudig und liebevoll akzeptierst. Dann gibt es auch keine Schuld oder Bestrafung.

Impotenz
Bei sexuellen Potenzproblemen des Mannes ist immer eine Angst vorhanden loszulassen, eine Angst vor Kontrollverlust und vor Verdrängtem. So wird dann die benötigte Energie im Kopf festgehalten, statt dort zu sein, wohin sie zu dieser Zeit gehört. Dahinter steht oft ein sexueller Druck oder Spannung, ein Schuldgefühl oder auch Trotz gegen einen früheren Partner — und dann klappt gar nichts mehr! — Wenn du dir dieser Dinge einmal bewußt bist, so wirst du erkennen, daß du mehr in deine Gefühle hineingehen solltest. Sex ist nicht mit dem Verstand zu regeln. Gib dabei dein Inneres, deine wirkliche Liebe, oder laß es lieber ganz sein. Wenn du den Intellekt losläßt, wird die Kraft des Gefühls und die Freude sexueller Energie sich mit Leichtigkeit ausdrücken.

Scheidenkrampf (Vaginalkontraktion)
Du versuchst etwas, das du liebst, *festzuhalten*, oder du hast Angst, einen geliebten Menschen zu verlieren. Es können auch sexuelle Schuldgefühle dahinterstecken. — So sei dir bewußt, daß du nur *loszulassen* brauchst und daß auf dieser Welt nichts verlorengeht, schon gar nicht wahre Liebe. Wisse, daß alles an dir schön ist.

Sexuelle Abartigkeiten siehe unter PSYCHE

SONSTIGES

Brust (Wundheit / Zysten)
Dieses Symptom macht dich darauf aufmerksam, daß du das „Beschützenwollen" und „Bemuttern" etwas übertreibst, und vielleicht ist dein Verhalten schon beherrschend und anmaßend geworden. Du bist dir dessen jedoch nicht bewußt, und so setzt dir dein Körper dieses Signal. — Akzeptiere, daß jeder Mensch ein freies Wesen ist, daß jeder seinen eigenen Weg gehen und finden muß. Erlaube es dir und anderen, unabhängig und frei zu sein.

Menstruationsprobleme (allgemein)
Menstruationsprobleme sind ein innerer Protest gegen echte Hingabe, ein unbewußter Widerstand gegen die eigene Weiblichkeit, gegen Sex und den Mann. Oft ist auch ein Gefühl der Schuld und der Gedanke von Sünde und Schmutzigkeit bezüglich der Sexualität vorhanden. — Eine Frau zu sein bedeutet, die Kräfte der Hingabe, des Annehmens, der *Offenheit* und der Liebe in sich zu erfahren und zu entwickeln. Diese Eigenschaften bilden einen wichtigen Gegenpol zu den Kräften von Widerstand und Durchsetzung des Ego, die heute in der Welt vorherrschend sind (Yang-Kräfte). So erkenne die Schönheit und Kraft, die in der Weiblichkeit liegt, und akzeptiere sie auch in dir. Reiki wird dir sehr helfen, *dich für das Frau-Sein zu öffnen*.

Prostatabeschwerden
Hast du diese Beschwerden, so hast du übersehen, daß sich in dein Bewußtsein einige Fehlurteile eingenistet haben. Der Glaube an Niederlagen und Angst vor dem Altern oder das Aufgeben von wichtigen Lebenszielen stehen hier im Hintergrund des Symptoms. Mit deiner „Miesmacherei" schiebst du oft Schuld auf andere. Auch ein innerer sexueller Druck und unbewußte sexuelle Schuldgefühle können manchmal dahinterstehen. — Reiki kann dir sehr helfen, mit der unerschöpflichen Kraftquelle in dir wieder Kontakt aufzunehmen. Akzeptiere deine männliche, schöpferische Kraft in allen Bereichen deines Lebens, dann ist auch Sex wieder ein ungetrübtes Vergnügen.

Sterilität (Unfruchtbarkeit)
Bei der Frau zeigt Sterilität an, daß aus irgendwelchen nicht bewußten Gründen die Schwangerschaft abgelehnt wird. Oder du wünschst dir ein Kind nur, um einen Partner zu halten, so daß deine eigentliche Motivation

unehrlich ist. Beim Mann zeigt sich darin eine Angst vor echter, tiefer Bindung, vor Verantwortlichkeit, die durch ein Kind erfüllt werden müßte. — In beiden Fällen ist es wichtig, daß du dir selbst gegenüber Ehrlichkeit zeigst und dir deine wirklichen Wünsche eingestehst, ohne sie jedoch zu verurteilen. Und dann tue den Schritt, der dir wirklich entspricht.

Unterleibsentzündungen (allgemein)
Wie jede Entzündung, so ist auch die Unterleibsentzündung eine aktuelle, akute Aufforderung des Körpers, einen Konflikt bewußt zu lösen, ein Problem, das im Bewußtsein verdrängt wurde. Das Konfliktthema liegt hier im sexuellen Bereich. Es können verdrängte Schuldgefühle dahinterstehen oder das Gefühl, daß du etwas oder jemanden verloren hast, der dir sehr lieb war. — Werde dir deines inneren Konfliktes bewußt, und sieh ihn dir offen und ehrlich an. Du wirst sehen, daß das Loslassen gar nicht so schwierig ist. Wirkliche Liebe ist etwas, das nie verlorengeht, so mußt du sie auch nicht festhalten. Und Liebe ist frei von Schuld, auch in ihrem sexuellen Ausdruck.

Wechseljahrbeschwerden (Menopause / Klimakterium)
Ein ganzer Symptomkomplex drängt hier zur Betrachtung. Im Hintergrund erkennen wir Probleme wie: Angst vor dem Altern, Angst, daß du unattraktiv wirst, daß du nicht länger erwünscht bist, und eine gewisse Selbstablehnung. Deshalb zeigst du durch die *fliegende Hitze*, daß du eigentlich noch eine *heiße Frau* bist, Jugendlichkeit und Fruchtbarkeit werden durch wiedereinsetzende Blutungen vorgetäuscht oder zurückersehnt. — Bedenke dabei: Nur das, was nicht gelebt wurde, macht dich *heiß*, was du bereits durchlebt hast hingegen, läßt dich *kalt*. Lebe gemäß deinen natürlichen Bedürfnissen und nicht nach künstlichen Moralbegriffen oder gesellschaftlichen Erwartungen. Schaue dir diesen Wandel, der sich nun in dir vollzieht, genau an, es ist weder gut noch schlecht, es ist Leben, und Leben heißt Wachstum und Veränderung. Gehe offen und freudig in diesen neuen Zyklus deines Lebens hinein.

Haut

Hautprobleme (allgemein)
Die Haut ist jenes Organ, das unseren Körper von der Umgebung abgrenzt. Sie stellt die äußere Grenze unseres stofflichen Seins dar. Über die Haut treten wir mit unserer Umwelt in eine direkte Berührung. So symbolisiert sie den Bereich von Abgrenzung und Kontakt. Die Beschaffenheit der Haut sagt etwas über den Menschen aus, der in ihr steckt. So hat ein empfindlicher Mensch oft eine *dünne Haut*. Eine widerstandsfähige, dicke Haut läßt dagegen eher auf ein *dickes Fell* schließen. Eine schwitzende Haut zeigt uns Unsicherheit oder Angst, eine errötende Haut Erregung. Die Abgrenzung zur Umwelt durch die Haut kann entweder von innen, zum Beispiel durch eine Entzündung, einen **Ausschlag** oder **Abszeß** durchbrochen werden oder von außen durch eine Verletzung der Haut. —
Wenn du Probleme mit der Haut hast, solltest du dich immer fragen, wie es mit deiner Kontaktfähigkeit, Zärtlichkeit usw. steht, ob du dich vielleicht zu sehr abgrenzt und ob es etwas bei dir gibt, das diese Abgrenzung *durchbohren, durchbrechen* will.
Die Reiki-Vollbehandlung wird dir helfen, die Begrenzung zur Umwelt zu durchbrechen und in einen liebevollen Kontakt zu ihr zu treten. Setze mit der Mentalbehandlung zusätzliche Impulse in der beschriebenen Richtung, und behandle auch die betroffenen Stellen auf der Haut.

Abszeß
Da ein innerer Konflikt auf der geistigen Ebene nicht frei werden konnte, kommt es nun auf der Haut zur *Explosion*, zu einer *Entzündung* auf der stofflichen Ebene. Du erlebst nun am Körper die Auseinandersetzung, die du auf der psychischen Ebene mit all ihren Schmerzen und Gefahren gemieden hast. So erzwingt sich der Konflikt seine Daseinsberechtigung als Entzündung. — Durchlebe deine Konflikte besser bewußt, ohne ihnen immer auszuweichen, löse sie freiwillig, ohne daß sie erst den schmerzhaften Weg über die Körperlichkeit gehen müssen.

Akne
Wenn du unter Akne leidest, so ist das ein Zeichen dafür, daß etwas in dir

durchbrechen, sichtbar werden will, daß du es aber aus Angst, Unsicherheit oder Scham unterdrückst. Dieser Konflikt manifestiert sich nun auf der Haut als Akne. Bei der Pubertätsakne ist es die noch unbekannte Sexualität, die nun in dein Leben tritt, die du aber aus Angst vor dem Ungewohnten verdrängst. Die Akne zeigt eine unbewußte Abwehr gegen den Hautkontakt mit einem anderen Menschen, auch wenn du dich vielleicht innerlich danach sehnst. Das Sichtbarwerden deines inneren Konfliktes auf der Haut will dir zeigen, daß du die Grenze des *Ich* überwinden mußt, um zum *Du* zu finden. — So akzeptiere alle Kräfte und Wandlungen in dir. Sexualität ist etwas Natürliches und Schönes. Öffne dich für das Du.

Ekzem

Ein Ekzem will dich darauf hinweisen, daß es etwas in deinen Gefühlen oder in deinem Unterbewußtsein gibt, das dich ärgert oder *juckt*, und das bewußt verarbeitet werden will. Es zeigt auch, daß in dir eine Abwehr besteht, weil du dich in deiner Individualität verletzt oder bedroht fühlst. — Nur solange eine Grenze in dir selbst besteht, ist eine *Grenzverletzung* möglich. Werde dir bewußt, was dich immer wieder juckt und ärgert, und integriere es bewußt in dein Leben. Wenn du deine Begrenzung öffnest, wird Liebe und Verständnis die Bedrohung ablösen.

Furunkel

Ein Furunkel weist auf einen akuten, inneren Ärger hin, der sich *Bahn brechen, sich Luft schaffen* will. — Setze dich einmal hin und lege deine Reiki-Hände auf den Solarplexus. Unterdrücke deinen Ärger nicht, laß ihn in dir geschehen, so wie er es von selber will, solange er deine Aufmerksamkeit auf sich zieht. Schaue ihn dir an, er ist ein interessantes Phänomen. Und auf einmal ist er dann *verraucht*. Du bist wieder frei und offen. Ein Furunkel ist nicht notwendig.

Geschwüre

Etwas bedrückt dich, eine unbewußte Furcht oder Spannung nagt an dir. — Schaue dem, was dich ängstlich macht, dich bedrückt, mitten ins Gesicht. Und schaue dir an, wie du darauf reagierst, weiche nicht aus. Du wirst sehen, wie die Angst, der Druck vergeht und du wieder ruhig und zuversichtlich wirst. So wird das Geschwür überflüssig.

Gürtelrose (Herpes zoster)
Die Gürtelrose zeigt, daß seit längerer Zeit eine innere Spannung, eine Ungewißheit oder Unentschiedenheit in dir besteht. Die entstehenden Schmerzen resultieren aus Aggressionen, die jedoch nicht freigesetzt wurden, und nun richten sie sich gegen dich selbst (Autoaggression). (Siehe auch Galater 6, Vers 7). — Du solltest dich einmal fragen, was bei dir so ungewiß ist. Wo kannst du dich nicht entscheiden? Vertraue dich dem Fluß des Lebens an, gehe ohne Furcht mit den Ereignissen, sie werden dich richtig führen. Hab Vertrauen, daß sich alles so entwickeln wird, wie es für dich optimal ist.

Hautausschlag
Der Hautausschlag kann ein Zeichen dafür sein, daß du dich in deiner Abgrenzung bedroht fühlst und nun versuchst *auszuschlagen*, um dich zu schützen. Gleichzeitig möchtest du aber auch Aufmerksamkeit auf dich ziehen. Du hast Emotionen aus Unsicherheit *unterdrückt*, und sie *drängen* nun in die Sichtbarkeit. — Eine Bedrohung besteht jedoch nur so lange, wie du dich selbst verschließt. Reiki wird dir dabei helfen, das nötige Vertrauen zurückzugewinnen und dir deiner verdrängten Gefühle bewußt zu werden. So sei dir selbst gegenüber offen, dann kannst du dich auch für den anderen öffnen und wirst positive Aufmerksamkeit bekommen.

Juckreiz
Irgend etwas *juckt* dich, *reizt* deine Haut. Vielleicht ist es ein unbefriedigter Wunsch, vielleicht eine unbewußte Sehnsucht nach Hautkontakt oder auch ein Ärger, der dich *beißt*. Etwas drängt von innen auf deine Haut und will endlich von dir wahrgenommen werden. — Kratze lieber in deinem Bewußtsein nach dem, was dich juckt. Akzeptiere deine Wünsche wie auch deinen Ärger als einen Ausdruck deiner Lebendigkeit, ohne sie jedoch auf andere zu projizieren. Dann wird sich schon bald eine Lösung finden.

Milchschorf (Ekzem bei Säuglingen)
Hat dein Baby Milchschorf, so will es dir damit zeigen, daß es sich emotional vernachlässigt fühlt oder mehr Berührung, Körperkontakt haben möchte. Es ist ein Versuch des Babys, die empfundene Isolation zu *durchbrechen*. — So gib deinem Baby viel Aufmerksamkeit und Liebe. Streichele es und gib ihm Reiki, sooft du kannst.

Schuppenflechte (Psoriasis)
Die Schuppenflechte ist eine Art Panzer, den sich meist besonders empfindliche Menschen zulegen, aus Angst vor emotionaler Verletzung. Nun *kommt nichts mehr hinaus und nichts mehr herein, die Grenze ist perfekt gesichert.* So zeigt sich ein Konflikt zwischen der Sehnsucht nach Nähe und der gleichzeitigen Angst davor. Die Schrunden und offenen Wunden sind ein Hinweis darauf, daß man sich wieder *öffnen* muß, auch wenn dies *Verwundbarkeit* bedeutet. — Öffne dich dem Leben, in welchen Ausdrucksformen es auch zu dir kommen mag. Sei auch bereit, emotionale Schmerzen und Verletzungen anzunehmen, verschließe dich nicht aus Angst davor. Schaue sie dir einfach an, dann hören sie bald auf, dir weh zu tun. Lasse wieder Gefühle frei herein und hinaus.

Verbrennungen (auf der Haut)
Auch eine Verbrennung ist eine Verletzung der Grenze zwischen dem Ich und der Umwelt. Um wirklich lieben zu können, muß diese Grenze fallen. Vielleicht ist es der *Wunsch nach Liebe, der dir auf der Haut brennt*, die du dir aber nicht leisten willst. Es kann auch ein falscher Umgang mit dem *Feuer des Lebens* dahinterstecken, so daß es in dir als Ärger oder Wut *entbrannt* ist. Ferner ist es auch möglich, daß du Gefahren falsch einschätzt und dir dadurch *die Finger verbrennst, manchmal auch den Mund*. Feuer ist ein lebendiger Ausdruck von Energie. Wenn es sich als Liebe manifestiert, kann es *Herzen zum Schmelzen bringen*. So laß es zu. Wenn das *Feuer der Wut* in dir brennt, so setze dich einmal hin und schaue es dir an, ohne deinen Ärger auf andere zu projizieren. Wenn du es bewußt brennen läßt, wirst du beobachten können, wie es nach einem *Aufflackern* allmählich *verraucht* und wieder Platz macht für Frieden, Harmonie und die Glut der Liebe.

Warzen
Warzen zeigen dir, daß du etwas in dir als häßlich empfindest, etwas, wofür du dich schuldig fühlst. — Du solltest wissen, daß alles in dir ein Ausdruck des *Spiels des Lebens* in seinen verschiedenen Variationen ist. So hat alles seine Berechtigung und ist auf seine Art schön — wenn du es nicht verurteilst. Auch du bist schön und liebenswert. Wenn du das endlich erkennst, brauchst du auch keine Warzen mehr.

Bewegungsapparat

Bewegungsapparat (allgemein)
Der Bewegungsapparat symbolisiert Beweglichkeit und Flexibilität, wie auch unsere *innere und äußere Haltung*. So sprechen wir zum Beispiel von einem *aufrechten Menschen*, von einem *erstarrten* oder von einem *gebeugten Menschen*. Der Bewegungsapparat setzt sich aus Knochen, Muskeln, Sehnen und Bändern zusammen. Die Knochen bilden das innere Gerüst, das dem restlichen Körper seinen *Halt* gibt. So haben die Knochen mit Festigkeit zu tun und mit Maßstäben und Normen, die dem Menschen *Halt* geben sollen. Werden diese Maßstäbe zu starr, so werden analog dazu unsere Knochen unflexibel und brüchig — oder sie werden uns gebrochen. Die Muskeln und Gliedmaßen symbolisieren Beweglichkeit und Aktivität. Mit den Händen *betasten* wir etwas und *greifen* zu; so haben sie mit *Begreifen* und *Handlungsfähigkeit* zu tun. Mit unseren Beinen *schreiten wir im Leben vorwärts*. Probleme mit den Beinen weisen auf Schwierigkeiten in diesem Bereich hin. Unsere Knie haben etwas mit Demut zu tun. Wir sollten sie auch im Alter noch leicht beugen können. Und mit den Füßen stehen wir mehr oder weniger fest auf dem Boden. So weisen sie auf die Bereiche von *Standhaftigkeit* und *Verwurzelung*, aber auch auf Verständnis und Demut hin.

Acidose (Gewebeübersäuerung)
Die Acidose zeigt dir auf der körperlichen Ebene an, daß du *unverdaute* Themen, die du nicht lösen oder erlösen wolltest, in unterbewußte Bereiche abgelagert hast. Verdrängung ist jedoch keine Endlösung, auch wenn es zunächst so scheint. Irgendwann ist dein Körper so übersäuert, daß du echte körperliche Beschwerden, wie zum Beispiel **Rheuma**, bekommst. — Schaue dir deinen Ärger und deine Probleme an und bearbeite sie besser gleich bewußt, ohne sie zu verdrängen. Alles was du im Bewußtsein *löst*, brauchst du nicht mehr auf der körperlichen Ebene zu erleiden. Eine Acidose-Therapie ist recht schmerzhaft, Konflikte zu *lösen* bringt Freude und Befreiung.

Alterssteifheit (allgemein)
Die Alterssteifheit findet immer dann ihren Ausdruck auf der körperlichen

Ebene, wenn das gleiche Phänomen auf der geistigen Ebene keine Beachtung findet. Dort sind immer Unflexibilität, eine gewisse *Erstarrung* und zu enge Normen zu beobachten. Oft ist der Betroffene auf bestimmte Grundsätze *versteift*, in eine psychische Erstarrung geraten und anpassungsunfähig geworden. — So laß von deinem starren Denken und Vorstellungen los. Dann kann auch dein Körper wieder frei und flexibel werden. Öffne dich!

Arthritis (Gelenkentzündung / allgemein)
Die Arthritis zwingt dich zur Ruhe, eine eventuelle Überaktivität wird kompensiert. Diese Überaktivität fand jedoch nur auf der körperlichen Ebene statt, während dein Geist eher *steif und störrisch* wurde, sogar *starrsinnig*. Frage dich einmal ehrlich danach. Vielleicht bist du auch übermoralisch und übergewissenhaft. Bitterkeit, Groll und Unmut sind die Folge. Du fühlst dich im Grunde genommen nicht geliebt. — Liebe ist überall, du brauchst dich nur zu öffnen und sie hereinzulassen. Sei freundlich, liebevoll und verständnisvoll zu dir, dann wirst du das gleiche auch anderen geben können — und von anderen bekommen (Gesetz der Affinität). Sei selbst frei und gib auch anderen diese Freiheit. Auch Vergebung ist Liebe, wenn sie echt ist.

Arthrose (allgemein)
In der Arthrose erkennen wir eine weitere Eskalationsphase des zuvor beschriebenen Symptoms. Offensichtlich hast du an deiner inneren Einstellung nichts geändert, sondern dich noch mehr in deinen Vorstellungen und Meinungen *versteift*. Nun bist du *festgefahren* und beginnst *einzurosten*. — Auch hier solltest du im Bewußtsein ansetzen, denn dein Körper folgt deinem Geist. *Innere Beweglichkeit* wird allmählich auch die *äußere Beweglichkeit* wiederherstellen. Die ganze Schöpfung ist in Bewegung, und darin liegt ihr Spiel, ihr Tanz, ihre Freude. Sag ja zu diesem *Spiel*, zur Bewegung!

Bandscheibenvorfall (Prolaps)
Hier zeigt sich eine gewisse Unentschlossenheit, oft mit dem Gefühl verbunden, von anderen emotional nicht *unterstützt* zu werden. Etwas hat sich in dir *verklemmt*, so bist du *steif* und *unbeweglich* geworden. Vielleicht hast du dir auf der Suche nach Liebe und Anerkennung *zuviel aufgeladen*, und jetzt stehst du *unter einem Druck*. — So wirst du jetzt zur Ruhe gezwungen, dies ist eine gute Gelegenheit und eine Aufforderung, deine Situation zu betrachten und neu zu ordnen. Habe den Mut zur Unabhängigkeit von der Meinung anderer, und öffne dich für das innere und äußere Leben, dann wirst du wie-

der beweglich und frei. Wenn du Vertrauen in das Leben hast, wird es dich immer *unterstützen* — sei offen für diese Unterstützung.

Beinprobleme (allgemein)
Mit unseren Beinen schreiten wir in die Zukunft, und wenn du Zukunftsangst hast oder wenn du meinst, daß es in deinem Leben so nicht mehr weitergeht, dir dies jedoch nicht eingestehst, werden es dir deine Beine schon zeigen, sie hemmen dich am *Fortschreiten*. — So schaue dir deine Situation bewußt an, und gestehe dir deine Angst oder Abwehr ein. Wenn du außen nicht weitergehen kannst, so gehe nach innen, sammle dort Ruhe und Kraft, und dann frage dich, was du wirklich willst und was du leicht und gut bewältigen kannst. Stehe dazu, und dann *unternimm Schritte* in diese Richtung. So wirst du wieder mit Zuversicht und Freude *vorwärts gehen* können. (Siehe auch unter **Fußprobleme**.)

Bindegewebsschwäche (allgemein)
Die Bindegewebsschwäche zeigt immer einen gewissen Mangel an innerem Halt und einen Mangel an geistiger Spannkraft. Deshalb bist du auch so leicht verletzbar und auch nachtragend, was durch die vielen kleinen oder großen blauen Flecken an deiner Haut *nach jedem kleinen Anstoß* sichtbar wird. — Frage dich auch hier, was du selbst eigentlich willst. Stehe zu dir und deinen innersten Wünschen, dann wirst du mehr *Halt* und mehr *Kraft* in dir finden. Du mußt nicht immer *nachgeben*. Sei du selbst, dann wirst du unabhängig von der Liebe anderer, und du wirst merken, daß sich in der Tiefe deines Wesens sehr viel Liebe und viel Schönes verbirgt, das du dann auch an andere weitergeben kannst.

Brüchige Knochen
Unsere Knochen geben uns Halt, so wie es auch Normen und Maßstäbe tun sollten. Werden unsere Normen jedoch zu *eng und starr*, so zeigen uns dies auch unsere Knochen auf der körperlichen Ebene. — Löse dich von deiner innerer Erstarrung und von zu engen und starren Maßstäben in deinem Leben. Hier ist bewußtes Loslassen gefordert, Treibenlassen, Geschehenlassen, Akzeptierenkönnen, ohne zu werten. So wirst du wieder *anpassungsfähig und flexibel*.

Buckel (starke Wirbelsäulenverkrümmung)
Eine verkrümmte Wirbelsäule weist darauf hin, daß du Demut leben soll-

test. Da dir diese Demut fehlt, *haben sich Wut und Ärger in deinem Rücken aufgestaut.* So zeigt dir auch hier dein Körper recht deutlich, was dir in deinem Bewußtsein fehlt. Bist du bereits mit einem Buckel geboren, so ist es in diesem Leben deine Aufgabe, Demut zu lernen und zu integrieren. Du hast es dir selbst so ausgesucht, und so solltest du diese deine Aufgabe akzeptieren. Alles ist richtig und gut, so wie es ist, und niemand hat dir je geschadet, das solltest du erkennen. Andere Menschen sind nur Erfüllungsgehilfen deines Schicksals (nach Döbereiner).

Dupuytrensche Kontraktur (Sehnenzusammenziehung in der Hand)
Krankheit macht ehrlich! Und hier zeigt sich ganz besonders deutlich, was dir im Bewußtsein fehlt. Deine Hand wird wie durch Zwang geschlossen, so fehlt es dir offensichtlich an *Offenheit*. Aggressionen und Feindseligkeit sollen *versteckt* werden, und nun wird die *geballte Faust* als Aggressionssymbol erzwungen. — So öffne deinen Geist, lebe deine Gefühle offener und du wirst mit *geöffneten Händen* empfangen können.

Frakturen (Knochenbrüche / allgemein)
Der Knochen, das Symbol für Festigkeit, Normerfüllung und Halt, zeigt dir durch einen Bruch, daß du offensichtlich das Ende einer Entwicklungsphase übersehen hast, so daß der Körper dir diesen fälligen *Bruch* erst anzeigen muß. Es kommt zu einer *Unterbrechung*, um zu einem *neuen Durchbruch* zu gelangen. Oft wurde auch die körperliche Aktivität übertrieben und die geistige vernachlässigt. — So laß dich ruhig mal unterbrechen, oder noch besser, unterbrich selbst deinen eventuell zu starren Weg, sei flexibel im Geist, so bist du auch flexibel und *ungebrochen* im Leben. Sei *beugsam*, dann geben deine Knochen nach und müssen dir nicht gebrochen werden.

Fußprobleme (allgemein)
Fußprobleme sind ähnlich zu deuten wie Beinprobleme. (Wenn die Zehen betroffen sind, so betreffen sie kleinere Details der Zukunft.) Auch hier gibt es eine gewisse Zukunftsangst, hervorgerufen durch ein mangelndes Verständnis der Gesetzmäßigkeiten des Lebens. Das Fußproblem zeigt dir dies ganz deutlich, indem es dich daran hindert, mühelos *vorwärts zu gehen*. Oft weisen Fußprobleme auch auf einen zu starken willentlichen *Fortschritt* hin, der auf diese Weise *gebremst* wird. — Erkenne, daß sich Fortschritt immer aus den beiden Polen von Ruhe und Aktivität zusammensetzt. Folge nun der Aufforderung deines Körpers und gehe bewußt in den Ruhepol. Finde die

Stille in dir, aus der Wahrheit und Verständnis sowie Liebe und Kraft erwachsen. Dann wirst du dich wieder voller Freude vorwärts bewegen können.

Gicht
Wenn du an Gicht leidest, wirst du körperlich *starr und steif*, und offensichtlich warst du im Bewußtsein schon lange *unflexibel und festgefahren*. Ärger und Ungeduld haben sich in deinen Gedanken abgelagert, und du wirst nun zur Ruhe gezwungen. Vielleicht hast du mit deiner herrischen Art andere dominieren wollen, und jetzt wirst du von deiner Gicht selbst beherrscht. — So gehe bewußt in die Ruhe und Stille, werde in dir selbst wieder weit und aufnahmebereit, und laß die anderen ihre eigenen Wege gehen, laß sie sein wie sie sind. Jeder Mensch hat das Recht auf Freiheit, und alles ist in Ordnung, wenn wir nur ja sagen können. Reiki wird dir sehr dabei helfen.

Handbeschwerden (allgemein)
Mit unseren Händen *greifen wir zu*, wir *ergreifen* Gelegenheiten und *begreifen* neue Gedanken und Ideen. Probleme mit den Händen zeigen eine bewußte Furcht davor, *zuzupacken* sowie neue Ideen *aufzunehmen* und alte loszulassen. — Wenn du nicht zugreifen willst oder kannst, so öffne einfach deine Hände und schau, was dir hineingelegt wird. Öffne deine Seele, deine Aufnahmebereitschaft und sei neugierig auf das Leben.

Hüftprobleme (allgemein, z. B. Coxarthrose)
Auch Hüftprobleme zeigen eine gewisse Starrheit und Unflexibilität an. Dies resultiert aus einer Zukunftsangst und aus der Unfähigkeit, dich bei wichtigen Dingen zu entscheiden. — Zwinge dich nicht zum *Fortschritt*. Reiki wird dir helfen, Ruhe, Lebenskraft und Vertrauen in dir zu entfalten, auf deren Basis du dann wieder freudig und freiwillig Entscheidungen triffst und *vorwärtsschreiten* kannst. Dann wird jeder Schritt wieder echter Fortschritt sein.

Ischiasbeschwerden (Lumbago)
Ischiasbeschwerden zwingen dich zu mehr Ruhe, Aktivität wird verhindert. Offensichtlich gibt es eine Überlastung, die häufig einhergeht mit einer gewissen Angst vor der Zukunft wie auch mit Geldsorgen. Nicht selten soll ein bestehendes Gefühl der Kleinheit oder Minderwertigkeit durch große Taten kompensiert werden. — Folge auch hier der Aufforderung zur Ruhe,

aber laß sie zu einer bewußt erlebten Ruhe und inneren Stille werden. Reiki wird dir dabei sehr helfen. Akzeptiere und betrachte auch deine Ängste und deine Grenzen, anstatt sie zu verdrängen oder zu kompensieren. Schaue hin, und akzeptiere dich und das Leben, ohne zu urteilen. Dann wirst du entdecken, daß das Gute überall ist, daß du gestützt und beschützt bist. Hab Freude und Zuversicht!

Knieprobleme (allgemein)
Wenn du dich *innerlich nicht beugen kannst* oder willst — aus Stolz, Starrköpfigkeit, Egoismus oder einer unbewußten Furcht —, so zeigt sich das in unflexiblen, *unbeugsamen* Knien. Du kannst schlimmeren Kniebeschwerden vorbeugen, indem du mehr Toleranz und Mitgefühl und die Fähigkeit zur Vergebung entwickelst. Reiki ist ein wunderbares Mittel dazu. Wenn du dich wieder innerlich in Demut beugen kannst, können sich auch bald wieder deine Knie beschwerdefrei beugen.

Lähmung (allgemein)
Die Lähmung zeigt immer eine gewisse Flucht aus der Verantwortung, die oft aus Angst oder einem Schock resultiert. Nicht selten ist auch eine geistige Unflexibilität vorhanden, welche jedoch gewöhnlich nicht beachtet oder verdrängt wurde. — Du solltest erkennen, daß du eins bist mit allem Leben und alle neuen Erfahrungen, und alle Bewegung im Leben willkommen heißen.

Leistenbruch (ähnliches gilt auch für den Nabelbruch)
Überanstrengung, Druck und geistige Belastung sowie ein Hang zur Selbstbestrafung stehen hinter einem Leistenbruch. Deine schöpferische Kraft ist in eine falsche Bahn geraten. — Sei dir dessen bewußt und fließe sanft und harmonisch, voller Liebe und Feingefühl mit deinem Leben. Nimm dich selbst an, wie du bist. Gib dir Liebe und Reiki.

Morbus Bechterew (chronische Wirbelsäulen-Verkrümmung)
Hier erkennen wir sehr deutlich eine manifestierte, jedoch nicht bewußt gelebte *Unbeugsamkeit*, die aus einem starken Egoanspruch resultiert. Der Patient sieht nun, wie steif und unbeugsam er in Wirklichkeit ist. Deshalb ist *Vorbeugen* (Demut) besser, als erst gebeugt zu werden. So sehe nicht nur dich und deine Ansprüche und Bedürfnisse. Werde wieder flexibler im Geist

und nachgiebiger, dann könntest du *aufrecht* durchs Leben gehen, mit innerer Freude und in Frieden mit dir und der Welt.

Multiple Sklerose (MS)
Die MS entsteht oft durch den Versuch, alles ständig unter Kontrolle zu haben. Hier spielt nun dein Körper nicht mehr mit und will dir den Hinweis geben, von deinem eisernen Willen und deiner *Unbeugsamkeit* loszulassen. Wahrscheinlich haben sich auch dein Geist und dein Herz im innersten *verhärtet*. So fließe freudig und freiwillig mit dem Fluß des Lebens. Gib deine Herrschaft und Kontrolle auf, entspanne dich und laß los, ganz und gar! Habe Vertrauen zu der inneren Führung in deinem Leben und überlaß dich ihr. Gib dir Reiki, sooft du kannst. Auch eine Entspannungs- oder Meditationstechnik wird dir dabei sehr helfen können.

Muskelkrämpfe (allgemein)
Ein Krampf bedeutet immer eine starke Spannung, etwas festhalten wollen, nicht loslassen können. Dabei geht es oft um Dinge und Situationen, die längst überlebt sind und abgelegt sein sollten. So entsteht ein Stau, und im Krampf macht sich dann die Unterdrückung Luft und lebt sich aus. — Lege besser freiwillig alles Unnötige und Vergangene beiseite, sei frei und entspannt und erlaube deinem Leben zu fließen, locker und harmonisch. Eventuell mag dir auch eine Meditationstechnik wertvolle Hilfe leisten, denn dort lernst du, ähnlich wie bei Reiki, das Loslassen.

Nackenbeschwerden (allgemein, z. B. Genicksteife)
Unser Nacken steht mit *Hartnäckigkeit* eng in Verbindung. Oft geht damit die Weigerung einher, alle Seiten einer Sache zu betrachten, also eine gewisse Eigen- und *Starrsinnigkeit*, welche du offensichtlich nicht bemerkt hast. — So sei beweglich und tolerant und heiße auch andere Meinungen freudig willkommen, so wird sich auch dein Nacken nicht erst verhärten müssen. (Lies dazu einmal die Bibel, Sprüche 29, Vers 1, und Nehemia 9, Vers 16.)

Polyarthritis
Dieses Symptom weist auf einen Menschen hin, der wie unter einem Zwang ein übergewissenhaftes und übermoralisches Verhalten erkennen läßt, woraus sich *Starrheit und Sturheit* ablesen lassen. Auch eine Tendenz zur Selbstaufopferung ist gewöhnlich vorhanden. Dahinter steckt jedoch eine verdrängte, uneingestandene Aggression: „Die andern sollen einmal sehen,

wie schwer ich zu kämpfen habe!" Dabei ist Aufopferung durchaus lobenswert, betrachte jedoch einmal kritisch deine wirkliche Motivation. Spiegelt sie wirklich Liebe wider! Läßt du anderen ihren eigenen Freiraum, läßt du sie ihr eigenes Leben führen? — So sollte es auch in deinem Bewußtsein keine Zwänge geben. Liebe, Vergebung, Freiheit und Einverstandensein sind Tugenden, die für dich besonders wichtig sind. Werde offen dafür.

Rachitis (englische Krankheit)
Gefühle haben in deiner Kindheit eine Nebenrolle gespielt, bei der Altersrachitis auch in deinem späteren Leben. Es fehlt an Liebe und Geborgenheit und dadurch an *innerem Halt*. Man könnte auch von einer *emotionalen Unterernährung* sprechen. — So achte etwas mehr auf diese Bereiche und bedenke, daß wir ständig alle durch universelle Energien ernährt werden, daß wir in der Liebe des Universums geborgen sind, wenn wir sie nur zu uns hereinlassen. Eine Blume braucht nur ihre Blütenblätter zu öffnen, und schon erhält sie die wärmenden Sonnenstrahlen. Auch bei der Reiki-Therapie wird ein ähnlicher Vorgang deutlich. Öffne dich weit!

Rheuma (allgemein)
In deinem Bewußtsein fehlt die wahre Liebe. So haben sich Ärger, Groll, Bitterkeit und Rachsucht in dir aufgestaut, und diese nichtgelebten Energien entladen sich nun in deinem eigenen Körper in Form von entzündlichen Prozessen. Warum stehst du nicht zu deinen Gefühlen und Aggressionen, warum blockierst und verdrängst du sie? — Schau sie dir einmal genau an, zusammen mit deiner Sturheit, Unbeugsamkeit und Herrschsucht. Und dann verurteile sie nicht. Habe Mitgefühl für dich und für andere, und lerne, dich selbst mit all deinen Gefühlen zu akzeptieren und zu lieben. So kannst du deine negativen Gefühle aus ihrer Verbannung erlösen und sie endlich gehen lassen, du wirst wieder friedvoll und gütig. Mache reichlich Gebrauch von Reiki.

Rückenprobleme (allgemein)
Unser Rücken *stützt* unseren Körper und *richtet ihn auf*, so hat er mit *Unterstützung und Aufrichtigkeit* zu tun. Probleme im Rücken zeigen eine Überbelastung an, die du wahrscheinlich nicht wahrhaben willst. Auch hast du sicherlich das Gefühl, nicht genügend unterstützt zu werden. Im oberen Rückenabschnitt zeigt sich vor allem ein Mangel an emotionaler Unterstützung und dadurch an innerem Halt. Wahrscheinlich hältst du auch selbst

deine Liebe zurück. Im unteren Rückenbereich besteht der empfundene Mangel eher im materiellen und finanziellen Bereich, in einer Angst vor der Zukunft in Verbindung mit dem Geld. — Die Kraft, die das Universum hervorgebracht hat und erhält, hat auch dich hervorgebracht und wird dich auf jeder Ebene erhalten und unterstützen. Du mußt dich lediglich dafür öffnen und nicht immer nur auf dein kleines, begrenztes Ich bauen. Gib auch anderen deine Liebe und dein Vertrauen, so wird beides nach dem Gesetz der Affinität auf dich zurückkommen.

Schiefhals
Der Schiefhals zeigt eine innere Unsicherheit an, du möchtest *der Wahrheit nicht ins Gesicht sehen* und der Konfrontation ausweichen. So wendest du dich unfreiwillig ab, da du dir deine *Abneigung* nicht eingestehen kannst. Auch hier macht das Symptom ehrlich. — Gib deine innere *Einseitigkeit* auf und schaue dir ohne Furcht auch die andere Seite an. Durch bewußtes Hinschauen und Annehmen verliert alles seine Schrecken, und auch dein Hals kann sich wieder frei bewegen.

Schleimbeutelentzündung (Bursitis / allgemein)
Wenn du eine Schleimbeutelentzündung durchlebst, so zeigt dir dies, daß du lange deinen Ärger und deine Wut unterdrückt hast, deine Aggressionen gestaut und zurückgehalten hast. Du möchtest gerne mal *so richtig auf den Tisch schlagen* oder eventuell auch einen Mitmenschen schlagen. — Lasse deine Wut auf harmlose Art und Weise los, du wirst sicherlich eine Möglichkeit dafür finden. Halte sie nicht in dir fest, verurteile sie nicht, schaue sie dir bewußt an. Sie ist Energie und Kraft, und wenn du sie akzeptierst, kann sie sich in eine positive Energie verwandeln, und auch die Kraft der Liebe kann wieder frei in dir fließen.

Schreibkrampf
Der Schreibkrampf zeigt dir recht deutlich, daß du einen extremen Ehrgeiz und ein übersteigertes Anspruchsniveau erzwingen willst. Vielleicht möchtest du durch deine Leistung beeindrucken? Ein Krampf zeigt jedoch immer *Krampfhaftigkeit*, eine künstliche Bemühung, etwas oder jemanden darzustellen, der man eigentlich nicht ist. — So bewege dich mehr im Sein als im Wollen, und das Leben ist viel flüssiger, es ist wieder locker und frei. Du bist auch ohne deinen übertriebenen Ehrgeiz wer! (Siehe auch unter **Muskelkrämpfe**.)

Schulterprobleme (allgemein)
Du hast dir wohl *zuviel auf die Schultern geladen*, und an dieser Last hast du nun *zu schwer zu tragen*. Betrachte dir einmal sehr genau, was du dir da aufgeladen hast, ob es wirklich nötig ist. Und dann habe auch den Mut, einiges davon loszulassen, *von deinen Schultern zu nehmen*. So braucht dir dein Körper nicht erst diesen Hinweis zu geben, und lebst wieder freier, freudiger und *unbelasteter*.

Taubheit der Glieder (allgemeine Gefühlsstörung)
Auch hier zeigt sich etwas in einem Symptom, das im Geist schon lange unbewußt vorhanden ist: Du lebst in einer emotionalen Gefühlslosigkeit und hältst Liebe und Rücksichtsnahme zurück. Dein Gefühl ist taub, wie es nun deine Glieder auch sind. — So reagiere offener auf das Leben und öffne dich für Empfindungen von Liebe, Glück und Harmonie. Fühle und spüre das ganze Leben! Reiki wird dir eine große Hilfe sein.

Verstauchung (allgemein)
Auch im Leben *stauchen* wir manchmal jemanden zusammen. Und wenn wir das nicht mehr merken, ziehen wir uns unbewußt selbst eine Verstauchung zu, um darauf hingewiesen zu werden. — Aber warum auch andere in das eigene Schema pressen wollen? Frei leben sie viel glücklicher, ihrem Leben entsprechend. Und du brauchst dann keine Verstauchungen zu ertragen. Wunderbar!

Wirbelbruch (WS-Fraktur / allgemein)
Eine gebrochene Wirbelsäule zeugt von *Unbeugsamkeit*, Unflexibilität und Einseitigkeit in der geistigen Ausrichtung. Deine Haltung war zu starr, und so wurdest du *vom Schicksal gebeugt*, weil du dich vorher nicht freiwillig beugen wolltest. Vorbeugen hat auch immer etwas mit Demut zu tun, die du besser freiwillig praktizieren solltest. — Nun hast du Zeit, dir diesen Sachverhalt genau anzuschauen. Du wirst erkennen, daß das Leben Bewegung und Wandel ist, und sich dagegen zu stemmen hat keinen Sinn. Fließe mit dem ganzen Leben, lebe alle Aspekte, und es geht dir gut!

Infektionen

Infektion (allgemein)
Jede Infektion zeigt einen Konflikt an, eine Auseinandersetzung, die auf der Ebene des Bewußtseins nicht gelebt und bewältigt wurde. Du hast diesen Konflikt entweder nicht bewußt wahrgenommen, bist ihm ausgewichen oder gestehst ihn dir nicht ein. Frage dich einmal danach.

Die im Psychischen gemiedene Erregung hat, um von dir erkannt zu werden, Krankheitserreger (Viren, Bakterien, Toxine) in den stofflichen Bereich eindringen lassen, die körpereigene Abwehr wurde mobilisiert, und die Erregung, der zuvor gemiedene Konflikt, *tobt* sich nun als Entzündung in deinem Körper aus. Du erkennst diese Krankheiten gewöhnlich an der Endung „itis", zum Beispiel Neuritis, Bronchitis usw. Eine akute Entzündung ist immer eine akute Aufforderung, etwas zu begreifen. Eine chronisch gewordene Entzündung weist auf einen ungelösten Dauerkonflikt hin: Du traust dich offensichtlich nicht, eine klare *Entscheidung* zu treffen, um den Konflikt zu lösen, da du meinst, etwas dabei verlieren zu können oder aufgeben zu müssen. So kommt es zu einer Stagnation, zu einer energetischen Blockade, alle Energie sammelt sich um den *Entzündungsherd*, und der Körper fühlt sich schlapp und müde. Der Körperbereich, in dem sich die Entzündung manifestiert, weist uns immer auf den seelischen Bereich hin, in dem der Konflikt stattfindet, jedoch nicht gelöst wurde. Wir sind also dazu aufgefordert, sehr genau zu beobachten, wie sich das Geschehen der Krankheit äußert, um dadurch zu seiner Bedeutung zu kommen. —

Wenn du einen Schritt, der in deiner Entwicklung anliegt, nicht freiwillig vollziehst, so kommt es zu einem Konflikt. Schaue dir an, was deine Seele in dieser Situation lernen kann. Weiche nicht aus. Nimm die Herausforderung des Lebens, zu wachsen und zu lernen, bewußt und freiwillig an. Bei einem chronischen Konflikt ist es wichtig, ihn durch eine klare Entscheidung zu beenden. (*Ent-scheidung* bedeutet ursprünglich, *das Schwert zum Kampf aus der Scheide ziehen*).

Bronchitis siehe unter **Atmung**

Erkältungen (allgemein)
Eine Erkältung zeigt an, daß sich ein Konflikt festgesetzt hatte, der nun wieder *in Fluß* kommen will. Die *Kanäle sind verstopft* und wollen wieder frei werden. Bei einer Erkältung werden Toxine ausgeschieden, und wenn du sie überstanden hast, bist du gewöhnlich ein kleines Stückchen weitergekommen in deiner Entwicklung. — So akzeptiere auch hier deinen Wunsch, in Ruhe gelassen zu werden, und gehe, wenn möglich, ein wenig in die Stille. Verarbeite innerlich durch Hinschauen und Annehmen deine Konflikte. Du wirst gereinigt und gestärkt daraus hervorgehen.

Lungenentzündung siehe unter **Atmung**

Hepatitis siehe unter **Verdauung — Ausscheidung**

Fieber (allgemein)
Fieber zeigt eine psychische Erregung, einen *brennenden Ärger* oder Wut an, die nicht gelöst wurden und sich nun im körperlichen Bereich manifestierten. — So schaue dir an, was dich ärgert oder erregt. Es ist ein Teil deines Lebens, und jeder Konflikt erzählt dir etwas über dich und dein Leben. Akzeptiere, was dich ärgert oder erregt, so wie du auch die schönen Dinge in deinem Leben akzeptierst. Dann kannst du zu einer Ganzheit wachsen und wirkliche Liebe ausstrahlen.

Grippe (allgemein)
Grippe ist ein Hinweis auf eine Überlastung oder eine Krisensituation, aus der du dich zurückziehen willst, es dir jedoch nicht eingestehen wolltest. Du hast *die Nase voll* und willst erst einmal *alles laufen lassen*. — Akzeptiere deinen Wunsch nach Ruhe und sammle neue Kraft. Und dann nimm die Situation, in der du dich befindest, bewußt an. Sie enthält immer eine Chance zu wachsen. (Siehe auch unter **Erkältung**.)

Allergien

Allergie (allgemein)
Eine Allergie ist eine übersteigerte körperliche Abwehr gegen einen Stoff, der als feindlich erklärt wurde, da er für den Allergiker einen Bereich symbolisiert, den er ablehnt, bekämpft oder verdrängt. Eine Abwehr gegen einen Feind, den wir erst selbst dazu gemacht haben, bedeutet jedoch immer eine Aggression. Es ist ein unbewußter Kampf gegen einen Bereich, der uns angst macht, den wir nicht hineinlassen wollen in unser Leben. Abwehr ist das Gegenteil von Liebe, da Liebe immer Annehmen und Einswerden bedeutet. Der Stoff, der als Symbol benutzt wird, um die Allergie auszulösen, weist auf den Bereich hin, den du meidest, gegen den du dich unbewußt wehrst. —
   Wenn du unter einer Allergie leidest, frage dich zuerst einmal, worauf der symbolische Feind, gegen den die Allergie sich richtet, dich aufmerksam machen will. Welchen Bereich meidest und verdrängst du, weil er dir unbewußt Angst einflößt? Dann schaue dir diesen Bereich bewußt an, betrachte auch deine Abwehr und deine Angst und inneren Aggressionen. Du wirst erkennen, daß es nichts gibt, das böse oder schlecht ist, solange du es nicht selbst dazu machst. (Vergleiche hierzu Matthäus 5, Vers 39 und 44.) Schließe Frieden mit allem, was in dir lebt, und mit allem, was ist. Eine echte Heilung ist nur möglich, wenn du die gemiedenen Bereiche bewußt aufnimmst, in dich hineinläßt, sie nicht abwehrst und zu Feinden erklärst. Das ist der Weg der Liebe, der Weg des Reiki.

Antibiotika-Allergie (z.B. Penicillin-Allergie)
Der Begriff Antibiotika setzt sich zusammen aus den Worten *anti* = gegen und *bios* = Leben. Es sind also Mittel, die sich gegen das Leben richten, die etwas in dir abtöten. Die Allergie ist in diesem Falle eine gesunde Reaktion. Sie ist ein Hinweis darauf, alles Lebendige anzunehmen, auch wenn es sich als Spannung oder Konflikt manifestiert.

Hausstaub-Allergie
Eine Hausstaub-Allergie zeigt dir eine Angst vor allem, was du als *unrein und schmutzig* empfindest, nicht selten auch auf den sexuellen Bereich übertragen.

Heuschnupfen

Dies ist eine Allergie gegen *Blütenpollen,* die ein Symbol für Befruchtung und Fortpflanzung darstellen. So zeigt sich auch hier ein Hinweis auf eine unbewußte Abwehr speziell im sexuellen Bereich. Im Unterbewußtsein ist gewöhnlich eine Angst vor Sexualität sehr ausgeprägt.

Tierhaar-Allergie (allgemein)

Alle Arten von Tierhaaren symbolisieren den Bereich von Liebe, Trieb und Sexualität.

Hundehaar-Allergie

Hundehaare weisen auf die Verdrängung der aggressiven Komponente der Sexualität hin.

Katzenhaar-Allergie

Katzenhaare symbolisieren die eher weibliche Sexualität, Weichheit und Anschmiegsamkeit. Die Katzenhaarallergie weist auf Probleme in diesem Bereich hin.

Pferdehaar-Allergie

Pferdehaare stehen für die Triebhaftigkeit in der Sexualität. Hier besteht eine Angst und Abwehr gegen sexuelle Triebe. Auch hier macht Krankheit ehrlich!

Krebs

Krebs (allgemein)
Krebs ist Leben, das aus der Ordnung geraten ist — geboren aus einer Disharmonie der Zellen untereinander. Beim Krebs will sich die einzelne Zelle dem Gesamtgefüge des Körpers nicht mehr unterordnen. Sie will ihr eigenes, unabhängiges Leben führen. So vermehrt sie sich ungehemmt und rücksichtslos gegenüber dem restlichen Körper. Der Psychologe Thorwald Dethlefsen vergleicht in seinem Buch „Krankheit als Weg"* das Krebsgeschehen mit dem Geschehen in der heutigen Welt. Unsere Zeit ist gekennzeichnet durch eine rücksichtslose Expansion und die Verwirklichung eigennütziger Interessen. Im politischen, wirtschaftlichen, religiösen und privaten Bereich wird nur noch das eigene Ziel gesehen, es werden überall Stützpunkte (Metastasen) aufgebaut, um die Verwirklichung der eigenen Vorstellungen und Ziele zu sichern. Das Bewußtsein der Ganzheit allen Lebens ist verlorengegangen. Andere Menschen wie auch die Natur werden in den Dienst der eigenen Interessen gestellt; so haben wir die ganze Welt zu unserem Wirt erklärt.

    Ebenso ist auch unser Körper für die Krebszelle nur ein Wirt, den sie hemmungslos und rücksichtslos für die eigenen Ziele ausnutzt. Stirbt jedoch der Körper, dann ist auch der Krebs am Ende — und das bedenkt er offensichtlich genausowenig wie wir Menschen, die wir heute die Welt als unseren Wirt betrachten. Der Krebs scheitert letztlich daran, daß er sagt: „Ich oder die Gemeinschaft" — wobei er sich für das „Ich" entschieden hat; und wenn er damit fortfährt, stirbt er irgendwann daran. Er erkennt und akzeptiert nicht, daß er nur zusammen mit allen anderen Zellen leben und bestehen kann. Ihm fehlt das Bewußtsein für eine größere, umfassendere Einheit. So wie die Zelle ein Teil unseres Körpers ist, so sind auch wir nur ein Teil des großen Weltgefüges. — Wenn du also an Krebs erkrankt bist, frage dich, wo du dich von der Ganzheit des Lebens abgetrennt hast oder abgetrennt worden bist. Der körperliche Bereich, in dem der Krebs auftritt, wird dir über seinen

---

* „Krankheit als Weg" von Thorwald Dethlefsen und Rüdiger Dahlke, C. Bertelsmann Verlag, München, 1. Auflage 1983.

Symbolgehalt Hinweise darauf geben. So nimm mit all deinen Stärken und Schwächen bewußt an, akzeptiere deine positiven und negativen Lebenserfahrungen. Sie alle tragen zu deiner Ganzwerdung bei, wenn du sie, so wie sie sind, annimmst und integrierst, ohne etwas davon abzutrennen oder nicht haben zu wollen. So kannst du dich für die Ganzheit des Lebens öffnen und jenen Bereich erfahren, in dem alles Leben, das äußere wie das innere, ein Teil von uns ist, wo alles mit allem in Harmonie lebt und wirkt. Eine Heilmethode wie Reiki, wie auch jede Technik zur Bewußtseinserweiterung, ist sehr hilfreich dabei.

Psyche

Bettnässen
Nachts läßt das Kind los, was es sich am Tage nicht loszulassen getraut — den Druck von den Eltern, der Schule usw. Das Bettnässen hat eine gewisse Verwandtschaft mit dem Weinen. Beides ist ein Loslassen, ein Befreien von einer Spannung. — So befreie das Kind durch Liebe und Verständnis von seinem inneren Druck.

Depression (allgemein)
Depression ist eine starke *Bedrückung*, bei der der Depressive sich mit Selbstvorwürfen und Schuldgefühlen quält. Eine nach außen gerichtete Aggression wird unbewußt als Schuld empfunden und richtet sich nun gegen dich selbst. Depression ist eine Form, Verantwortung abzulehnen, was im *Freitod* seinen Höhepunkt findet. Über die Schuldgefühle wirst du jedoch gerade wieder mit deiner Verantwortung konfrontiert. Oft zeigt sich eine Depression, wenn du in eine neue Lebensphase gehen solltest, wie zum Beispiel bei der *Wochenbettdepression*. Oder du wirst mit jenen Lebensbereichen konfrontiert, mit denen du dich nicht ausgesöhnt hast, wie Alter, Tod, Einsamkeit, Verzicht. — So schaue dir den Bereich, der deine Depression auslöst, bewußt an. Betrachte und erspüre ihn. In allem, was das Leben zu dir bringt, liegt eine Aufforderung verborgen, gerade diesen Bereich zu integrieren. Reiki wird dir eine besondere Hilfe sein.

Exhibitionismus
Wennn du einen Drang nach Exhibitionismus verspürst, so ist die freie Äußerung deiner Sexualität immer unterdrückt worden. Du hast sie unbewußt oder bewußt als etwas *Unsauberes* abgelehnt, und nun erzwingt sie sich auf diese Weise ihre Daseinsberechtigung. So wirst du nun mit dem konfrontiert, was du nie sehen wolltest, ja immer weit weggeschoben hast von dir. — Erkenne, daß Sexualität ein schöner und wichtiger Teil des Lebens ist. Gib dir vermehrt Reiki auf dein Sakralchakra und dein Herzchakra, so daß deine Sexualität wieder ihren ursprünglichen Ausdruck finden kann.

Geisteskrankheit (Psychose)
Über die verschiedenen Kräfte und Mechanismen, die bei einer Geisteskrankheit eine Rolle spielen, gibt es recht unterschiedliche Forschungsarbeiten, Entdeckungen und Meinungen. Gewöhnlich ist eine Geisteskrankheit ein Rückzug aus einer Wirklichkeit, mit der man nicht zurechtkam, die man als zu hart empfand oder als nicht befriedigend und lohnenswert, um sich ihren Problemen zu stellen. So wird das Bewußtsein für jene Bereiche geöffnet, die bis dahin nur für das Unterbewußtsein zugänglich waren und die nun das Verhalten des Kranken außerhalb seiner Kontrolle bestimmen. Oft lebt der Psychotiker in seiner Psychose das aus, was er vorher unter dem Anpassungszwang der Umwelt nicht leben konnte, durfte oder wollte. Nun wird er gezwungen, auch diese Kräfte kennenzulernen, um sie zu integrieren. — Vor allem der zweite Reiki-Grad wird bei der Behandlung eines Geisteskranken sehr hilfreich sein. Benutze das Symbol der Kraftverstärkung bei jeder Behandlung, und stärke mit Hilfe der Mentalbehandlung vor allem die innere Integration des Kranken und das Bewußtsein für sein inneres Selbst, denn das innerste Selbst eines Menschen bleibt von allen äußeren Kräften unberührt. Es kann alle Kräfte des Lebens anschauen und integrieren, ohne von ihnen überwältigt zu werden. Wenn der Kranke sehr unruhig ist, kannst du die Fernbehandlung ebenso erfolgreich einsetzen. Auch das Ausgleichen der Chakren hat sich hierbei bewährt.

Legasthenie (Wortblindheit / Lernschwäche)
Die eigentlichen Aufgaben des Legasthenikers bestehen ganz offensichtlich — zumindest in diesem Zeitabschnitt — nicht in der intensiven Beschäftigung mit „konservierten Gedanken", welche geschriebene Worte ja darstellen. — Er sollte sich mehr den intuitiven und emotional-kreativen Seiten des Lebens öffnen, zu denen ihn dieses Symptom drängt. Geht der Legastheniker diesen Lernschritt bewußt, verliert die Legasthenie ihre Bedeutung, ihren Sinn, sie verschwindet dann von selbst. Achte auch bei diesem Symptom darauf, wozu es dich drängt, bzw. was es verhindert. Erwachsene können den Jugendlichen helfen, zu dieser wichtigen Erkenntnis zu gelangen.

Müdigkeit
Eine übergroße Müdigkeit zeigt an, daß dir das Leben oder die Verantwortung irgendwo zuviel geworden ist, daß du dich am liebsten in eine Unbewußtheit (Schlaf) zurückziehen möchtest. — Gehe bewußt in die Ruhe, nach der du dich sehnst. Zwinge dich nicht zur Aktivität, soweit dir dies

möglich ist, aber gehe nach innen und sammle dort neue Kraft, so daß die Aktivität zu einem Ausdruck deiner inneren Lebensfreude werden kann. Gib dir viel Reiki. Auch eine einfache natürliche Meditationstechnik könnte dir dabei sehr helfen.

Nägelkauen (Nägelbeißen)
Mit den Fingernägeln kratzen wir, verteidigen wir uns. Das Nägelbeißen zeigt eine Angst, Aggressionen, die innerlich vorhanden sind, zu äußern. Bei einem Kind geschieht das häufig durch einen äußeren Druck von seiten der Eltern, verbunden mit einem mangelnden Selbstvertrauen. — Wenn dein Kind an den Nägeln kaut, versuche sein Selbstvertrauen zu stärken. Gib ihm mehr Lebensraum, in dem es ohne Schuldgefühle alle seine Kräfte frei äußern und ausdrücken kann.

Nervosität (allgemein)
Nervosität ist ein Mangel an innerer Ruhe und Gelassenheit, der aus einer übergroßen Ängstlichkeit entsteht, aus Eile, Besorgnis und dem Wunsch, alles besonders gut zu machen. — So vertraue dich dem Fluß des Lebens an. Denke daran, daß du auf einer unendlichen Reise in die Ewigkeit bist. Es läuft dir nichts davon.

Ohnmacht
Die Ohnmacht steht symbolisch für eine innere Machtlosigkeit, eine Angst, mit etwas nicht fertig zu werden oder Macht zu verlieren. — So gehe mit den Ereignissen des Lebens, nimm an, was auf dich zukommt, dann wirst du bald finden, daß die Kraft und das Wissen, mit denen du alles in deinem Leben handhaben kannst, schon in dir vorhanden sind (Siehe auch **Kreislaufkollaps.**)

Reisekrankheit (Auto-, Luft-, Seekrankheit)
Bei einer Reise verläßt du die schützende Sicherheit deiner vertrauten Umgebung, ohne voraussehen zu können, was auf dich zukommt. Es gibt viele neue Eindrücke zu verarbeiten. Das unbewußte Festhalten am Gewohnten und die Furcht, Neues hereinzulassen, führt dazu, daß dir übel und schwindelig wird. Das Sitzen in einem Auto, Flugzeug, Zug usw. zeigt dir darüber hinaus die Unentrinnbarkeit der Situation. — So *fließe* mit den Ereignissen, fließe auch mit den Bewegungen des Autos, des Schiffes oder des Flugzeuges. Wehre dich nicht, gib dich dem Geschehen hin und öffne dich freiwillig

für alle neuen Eindrücke. Du wirst erkennen, die Welt ist sehr schön, wenn man mit ihr und nicht gegen sie lebt.

Schlaflosigkeit (auch Einschlafprobleme)
Einschlafen verlangt Urvertrauen, die Fähigkeit von der Kontrolle und Aktivität loszulassen und sich dem Unbekannten hingeben zu können. Dieser Prozeß ist jedesmal ein *„kleiner Tod"*. Im Schlaf steigen jene Bereiche wieder auf, die du am Tage in das Unterbewußtsein abgedrängt hast. Jeder, der Probleme mit dem Einschlafen hat, hat gewöhnlich auch Probleme beim Sterben, da er nicht loslassen will oder kann. — So schließe den Tag ab und gib dich der Nacht bewußt hin. Schaue dir an, was da zu dir kommen will. Lerne auch diese Seite des Lebens kennen, akzeptiere und integriere sie bewußt. Denke nicht schon an den morgigen Tag, er wird für sich selber sorgen. Hab Vertrauen!

Sexuelle Abartigkeiten (Perversionen allgemein)
Bei allen sexuellen Abartigkeiten wird der Mensch immer genau mit den Aspekten und Bereichen konfrontiert, die er zuvor abgelehnt und nicht selten bitter bekämpft hat. Nun bekommt er gezeigt, was ihm zur Ganzheit fehlt, sei es die Männlichkeit, die Weiblichkeit, die Demut oder Dominanz usw. So führt die Perversion wieder zu einer *Art von Ganzheit* zurück. Was zuvor in die Einseitigkeit verdrängt wurde, muß nun auf diese Weise gelebt werden. — Integriere in dir die entgegengesetzten Polaritäten zu einer Einheit, so mußt du nicht durch Extreme dazu gezwungen werden — und dann kannst du wirklich genießen.

Stottern
Beim Stottern kann die Sprache, das Mittel der Kommunikation, nicht frei fließen. Wenn du stotterst, so ist das ein Zeichen dafür, daß deine Gedanken, Gefühle und triebhaften Wünsche eine Unsicherheit in dir hervorrufen und daß du unbewußt kontrollieren willst, was davon nach außen dringt. — So öffne dich deinen Gedanken, Gefühlen und Wünschen gegenüber, akzeptiere sie, ohne etwas davon zu verurteilen, so wird das nötige Selbstvertrauen in dir wachsen, mit dem du dich anderen leichter öffnen kannst.

Sucht (allgemein)
Hinter einer Sucht steht immer eine Suche nach einer Erfüllung, die du aus eigener Kraft nicht erreichen konntest, so daß du nach einem Ersatzmittel

gegriffen hast. Beim Mißbrauch von Alkohol (siehe auch unter **Alkoholismus**), Haschisch und Marihuana ist es die Suche nach einer problemfreien Welt, die du anders nicht finden konntest. So nehmen diese Mittel dem Leben die *Härte und die Schärfe*. Hinter einer Captagon- und Kokain-Sucht steht in der Regel eine Suche nach Erfolg und damit nach Liebe und Anerkennung — sie putschen auf und steigern die Leistungsfähigkeit. Bei einem zur Sucht gewordenen Gebrauch von LSD, Meskalin, Heroin und Magic Mushrooms (Pilze) zeigt sich eine Suche nach neuen Eindrücken und nach Bewußtseinserweiterung. Du hast dich mit diesem Ersatz zufriedengegeben, da ein anderer Weg zu deinem eigentlichen Ziel nicht gangbar, zu schwierig oder zu mühsam erschien. So bist du schon am Anfang deines Weges stehengeblieben, vielleicht hast du es auch aus einem Mangel an Selbstvertrauen oder aus einer Selbstablehnung heraus gar nicht erst versucht. „Suchet unablässig, und ihr werdet finden", Matthäus 7, Vers 7.

Mache dir bei einer Sucht zunächst einmal klar, wonach du in Wirklichkeit suchst, was du dir ersehnst. Und dann blicke dich nach einem gangbaren Weg zu diesem Ziel um. Es gibt ihn ganz bestimmt, sonst hättest du nicht das Verlangen danach. Reiki wird dir ganz sicher helfen, das Selbstvertrauen und die nötige Kraft wiederzugewinnen, um dich von deinem Ersatzmittel zu lösen und deinen unterbrochenen Weg zur Erfüllung fortzusetzen. Eine längere Behandlungsserie wird in der Regel jedoch nötig sein, um einen nachhaltigen Erfolg sicherzustellen. Auch eine Meditationstechnik wird dir dabei helfen, den Bereich zu erfahren und zu verwirklichen, nach dem du mit Hilfe der Droge gesucht hast. Dein Ziel ohne Sucht zu finden ist sehr viel erfüllender. So mach dich erneut auf den Weg!

Alkoholismus
Ein Alkoholmißbrauch entsteht oft aus einer Flucht vor Konflikten. Der Schluck aus der Flasche soll die *harten Brocken* ersetzen, die dir das Leben zu *schlucken* gibt. Oft ist es auch ein Gefühl der Sinnlosigkeit, der Unzulänglichkeit oder Schuld, das hinter dem Griff zur Flasche steht, jedoch durch die Abhängigkeit vom Alkohol noch weiter verstärkt wird. — So liebe und akzeptiere dich auch mit deinen Unzulänglichkeiten und Schwächen. Gib deine Schwächen zu, es ist der erste Schritt, dort herauszukommen. Neben der Reiki-Behandlung kann dir eine Meditationstechnik helfen, Frieden, Selbstachtung und Wohlbehagen in dir selbst zu finden, und dir gleichzeitig die Kraft geben, deine Konflikte bewußt zu lösen, statt ihnen auszuweichen. (Siehe auch unter **Sucht**.)

Freßsucht

Wenn du ständig essen mußt, so zeigt das einen *Hunger nach Leben, nach Liebe und emotionaler Nahrung* an. Es ist eine *Leere* vorhanden, die du auf der körperlichen Ebene zu *füllen* versuchst, da es dir anders nicht gelingt. Oft steckt eine Unsicherheit dahinter oder eine Angst vor einem Verlust. — So akzeptiere und liebe dich, so wie du bist, dann fällt es dir leichter, die Grenze deines Ichs zu öffnen und geistige Nahrung von außen hereinzulassen. Aber wisse auch, daß eine Quelle von Liebe und Erfüllung in dir fließt, aus der du immer schöpfen kannst. Schaue einmal dort hin.

Magersucht

Unter Magersucht leiden fast ausschließlich Frauen, und zwar vorwiegend in der Pubertät. Es symbolisiert eine unbewußte Flucht aus der Körperlichkeit, Sexualität und Weiblichkeit, die sich nach außen hin in einer übermäßig starken Sehnsucht nach Reinheit und Entsagung manifestiert. — Es ist notwendig, daß du deine weibliche Seite, die Sehnsucht nach Wärme, Nähe und Sexualität aus ihrer Verbannung erlöst, sie akzeptierst. Nur durch ein freiwilliges Annehmen aller Bereiche des Lebens kannst du zu einer inneren Ganzheit und damit zu wirklicher Freiheit finden.

Naschsucht (Sucht nach Süßigkeiten)

Hast du einen ständigen Hunger nach Süßigkeiten, so ist es vor allem die *Süße des Lebens*, die dir fehlt. Es zeigt einen *ungestillten Hunger nach Liebe*. Bei Kindern ist es oft ein deutliches Indiz dafür, daß sie sich nicht genug geliebt fühlen. — Gib dir zuerst einmal selbst die Liebe und Anerkennung, nach der du dich sehnst, akzeptiere dich, dann kannst du auch wirkliche Liebe nach außen geben, und ein Austausch entsteht. Wenn dein Kind ständig nascht, gibt ihm vermehrt Liebe, Anerkennung und Aufmerksamkeit. (Siehe auch unter **Freßsucht**.)

Nikotinsucht (Tabakmißbrauch)

Die Lunge symobilisiert den Bereich von Freiheit und Kommunikation, (siehe auch unter **Atmung**), den du durch den Griff zur Zigarette zu stimulieren versuchst. Dabei werden jedoch die echten Wünsche *durch den Rauch vernebelt* und ersetzt. — So werde dir deiner wirklichen Wünsche bewußt, dann kannst du sie leichter leben. Eine wirkliche Kommunikation findet mit allen *(unvernebelten)* Sinnen statt. Habe den Mut, ganz in eine Kommunikation mit dem Leben hineinzugehen.

Zwangsneurosen (allgemein)
Auch hier handelt es sich um eine massive Verdrängung eines Lebensbereiches, der als äußerst negativ empfunden wird. In der Zwangsneurose wirst du nun ständig mit gerade diesem Bereich aufs innigste konfrontiert, um daran zu lernen, daß er nur akzeptiert sein will; danach brauchst du auch keinen Zwang mehr. Annehmen, Integration des Gemiedenen — das ist alles, was dir die Zwangsneurose sagen will. — So schaue hin, welchen Bereich deine Ablehnung betrifft. Diesen Bereich solltest du dann genau betrachten, ohne zu werten, ohne zu urteilen. Wenn du dies tun würdest, brauchte dein Symptom nicht deine Einseitigkeit auszugleichen, du wärst wieder gesund, ganz und heil.

Sonstiges

Altersbeschwerden (allgemein)
Altersbeschwerden weisen über die Symbolik des Symptoms auf jene Probleme und Einseitigkeiten hin, die im Leben nicht gelöst wurden. — So schaue dir die innere Bedeutung der Symptome an, um herauszufinden, was dir noch zur Ganzheit fehlt. Wenn du dir darüber klargeworden bist, kannst du versuchen, das dir Fehlende noch hinzuzufügen. Wenn dir das gelingt, kann es keine Altersbeschwerden mehr geben. Dann herzlichen Glückwunsch!

Geburtsfehler (allgemein)
Geburtsfehler weisen auf ungelöste Probleme aus dem Vorleben hin. Du hast es dir ausgesucht, so auf die Welt zu kommen, darum projiziere auch keine Schuld auf andere. — Der Symbolgehalt des jeweiligen Symptoms zeigt dir, in welchem Bereich du noch etwas zu lernen hast. Versuche dein Leiden oder deine Behinderung als eine Chance anzunehmen, zu einer größeren Ganzheit zu wachsen.

Kinderkrankheiten

Kinderkrankheiten (allgemein)
Bei allen Kinderkrankheiten, die sich über die Haut äußern, wie zum Beispiel *Masern, Röteln, Windpocken* und *Scharlach,* kündet sich ein neuer Entwicklungsschritt im Leben des Kindes an. Etwas, das für das Kind noch unbekannt ist und darum nicht konfliktfrei verarbeitet werden kann, tritt auf der Hautoberfläche in die äußere Sichtbarkeit. Nach solch einer Krankheit ist das Kind oft beträchtlich reifer geworden. — Sage dem Kind, daß alles, was mit ihm geschieht, gut und völlig in Ordnung ist, *daß das Leben eine Reise ist*, auf der es immer neue Dinge zu entdecken gibt, und daß es bei jedem *Schatz*, den es in sich findet, ein bißchen erwachsener wird. Gib ihm Vertrauen und deine besondere Aufmerksamkeit in dieser Zeit und Reiki, sooft es dir möglich ist.

Gesundheitliche Schäden durch geopathische Störzonen (Wasseradern, Kreuzungspunkte usw.)
Hier will uns das Symptom sowie seine äußeren Ursachen (Störfelder) einen deutlichen Hinweis geben, etwas in unserem Leben umzustellen und zu verändern. Zunächst betrachten wir uns die entstandenen Beschwerden und können daraus bereits erste Schlüsse über den Hintergrund des Symptoms ziehen. Natürlich muß der bisher bevorzugte Schlaf- oder Arbeitsplatz verändert werden — jedoch nicht nur der räumliche Standort bedarf der Korrektur. Es kommt hierbei vor allem auf eine Korrektur des seelisch-geistigen Standpunktes an. In diesem Bereich hat sich ein krankmachender, einseitiger Aspekt eingeschlichen und verfestigt.

So nimm also nicht nur eine räumliche Veränderung deines Schlaf- oder Arbeitsplatzes vor (ein Rutengänger ist dir dabei behilflich, den besten Platz herauszufinden), sondern betrachte auch einmal genau und kritisch deine starr und einseitig gewordenen geistig-seelischen Positionen.

Standortkorrektur heißt hier das Zauberwort.

Schmerzen (allgemein)
Schmerz bedeutet immer eine Stauung, eine Blockade im Fluß des Lebens. Oft ist er die Folge einer zurückgehaltenen Aggression gegen einen anderen Menschen oder eine Situation. Der Bereich, in dem der Schmerz auftritt, zeigt dir symbolisch, wo du im seelischen Bereich gebunden und unfrei bist. — So versuche nicht den Schmerz zu verurteilen oder zu verdrängen. Er will dich nur auf etwas Wichtiges aufmerksam machen. Gib ihm einmal deine volle Aufmerksamkeit, gehe bewußt ganz in ihn hinein, empfinde ihn und heiße ihn willkommen. So hat er seine Aufgabe erfüllt und kann wieder verschwinden. Damit er nicht wiederkommt, gibt auch dem entsprechenden seelischen Bereich deine Aufmerksamkeit. Es ist der Bereich, in dem du etwas loslassen mußt, nicht zuletzt den Wunsch nach Bestrafung. Fließe wieder frei mit dem Leben.

Unfälle (allgemein)
Wir alle tragen die volle Verantwortung für unser gesamtes Dasein, für jeden Aspekt, den wir dabei erfahren und erleben. So sind auch Unfälle, wenn auch unbewußt, von uns selbst herbeigeführt oder gesucht worden. Ein Unfall ist eine Infragestellung des gegenwärtigen Weges. Wenn du den Vorgang des Unfalls hinterfragst und deutest, wirst du bald auf das dahinterstehende *Problem stoßen*. Bist du zum Beispiel *ins Schleudern gekommen*?

Hast du den Halt verloren? Hast du die Kontrolle oder Herrschaft verloren? Oder wurdest du aus der Bahn geworfen? Vielleicht konntest du (dich) *nicht mehr bremsen*, oder hast gar etwas Wichtiges *übersehen?* Eventuell hast du auch *geschlafen* oder bist *auf Widerstand gestoßen?* Betrachte den Hergang deines Unfalles einmal ganz genau, und achte dabei auf die sprachlichen Hinweise, die zu deuten oft gar nicht so schwer sind. Interessante statistische Unfallauswertungen* weisen klare Unfallpersönlichkeiten nach, die auf diese Weise unbewußt ihre Probleme und Konflikte zu lösen versuchen. — So betrachte die zustandekommende Deutung deines Unfalls sehr sorgfältig und präzise, und du wirst einen klaren Hinweis daraus erhalten, welches Problem es zu lösen gilt, worauf dich der Unfall hinweisen möchte, damit du dich oder dein Leben korrigierst. Auch hier hast du eine vortreffliche Chance, zu neuen Erkenntnissen zu kommen, geistig und seelisch zu wachsen.

Vergeßlichkeit (allgemein)
Wenn du ständig etwas vergißt, so kann das ein Hinweis darauf sein, daß du lernen solltest, etwas zu vergessen, etwas woran du festhältst, das du im seelischen Bereich nicht loslassen willst. Nicht selten sind das Erlebnisse aus der Vergangenheit, die dich unfrei machen. Immer wieder hängst du deine Gedanken an die gleichen ungelösten Problemketten, ohne daß sich dadurch etwas löst. — So laß bewußt los, gib dem Gestern seinen Frieden, klammere dich nicht mehr an die Ereignisse der Vergangenheit, lebe bewußt *im Hier und Jetzt.* Öffne dich für das Leben, es ist jeden Tag neu und voller Wunder, an denen du nicht vorbeigehen solltest. Wenn du wirklich vergessen kannst, bist du nicht mehr vergeßlich, denn das Symptom hat seinen Sinn erfüllt.

---

* „Psychosomatische Medizin" von Franz Alexander, Walter De Gruyter Verlag, Berlin, 2. Aufl. 1971.

Wer da sagt: schön,
schafft zugleich: unschön.
Wer da sagt: gut,
schafft zugleich: ungut.
Bestehen bedingt: nicht bestehen,
verworren bedingt: einfach,
hoch bedingt: nieder,
laut bedingt: leise,
bedingt bedingt: unbedingt,
jetzt bedingt: einst.
Also der Erwachte:
Er wirkt, ohne zu werken,
er sagt, ohne zu reden.
Er trägt alle Dinge in sich
zur Einheit beschlossen.
Er erzeugt, doch besitzt nicht,
er vollendet Leben,
beansprucht nicht Erfolg.
Weil er nicht beansprucht,
erleidet er nie Verlust.

LAOTSE
2. VERS DES TAOTE KING

Die kleine Geschichte dieses Buches

Shalila möchte euch zum Abschluß gern erzählen, wie dieses Buch entstand und wie es dazu kam, daß es geschrieben wurde:
„Bodo und ich hatten beide das große Bedürfnis nach einer Zeit der Stille, einer Zeit des Fastens und Meditierens, und dies in einer möglichst reinen, ruhigen Umgebung.

Unsere österreichischen Freunde besorgten uns in Tirol eine vierhundert Jahre alte Almhütte, in einem wunderschönen, offenen Hochtal, etwa 1300 m hoch gelegen. Hier fanden wir alles, was wir suchten, absolute Ruhe, klare Luft und eine eigene Quelle am Haus mit frischem, reinem Gebirgswasser. Wir begannen zu fasten.

Am zehnten Tag ohne Nahrung bekam Bodo eine der üblichen Fastenkrisen, er fühlte sich schwach und etwas schwindelig, jede Bewegung fiel ihm schwer. Am Abend mochte er sich nicht einmal mehr zur Meditation aufrichten. Er lag erschöpft und zusammengesunken neben mir.

Einige Patienten warteten auf eine Fernbehandlung, und nachdem ich sie versorgt hatte, kam ich auf den Gedanken, Bodo gleich noch mit anzuschließen. So erhielt er ohne sein Wissen etwa 20 Minuten lang eine Reiki-Fernbehandlung. Ich war soeben damit fertig, als er plötzlich die Augen öffnete und sagte: „Weißt du, ich habe gerade die ganze Zeit an Reiki gedacht. Ich meine, es sollte endlich ein Buch über Reiki geben." Und er begann sogleich damit, mir seine Vorstellungen über den Aufbau des Buches zu erläutern, welche Kapitel es enthalten sollte usw.

Am nächsten Morgen konnte er kaum erwarten, daß es hell wurde, und dann saß er an dem alten Eichentisch und begann damit, dieses Buch zu schreiben. Alle seine Beschwerden waren wie weggeblasen, er war wieder voller Aktivität und Energie.

Ich war gerade mit der Übersetzung des Buches „Maharishi at 433" beschäftigt, doch Bodos Begeisterung riß mich schnell mit und bald arbeiteten wir gemeinsam an den Texten dieses Buches. Dann kam ein großes Problem: das Papier war alle, und der nächste Ort lag über 20 km entfernt im Tal. Doch die Unterstützung kam zur rechten Zeit. Ein Freund fand den

Die kleine Geschichte dieses Buches 215

äußerst schwierigen und gefährlichen Weg zu uns heraus und hatte „zufällig" in seinem Wagen ein großes Paket Informationsprospekte für die Zeitschrift „Trendwende" dabei, die nur einseitig bedruckt waren — unsere Weiterarbeit war gesichert.

So saßen wir oft in der Sonne, mitten in einer großen Blumenwiese, und wenn es zu heiß wurde, gab es ein kurzes Bad im nahen, eiskalten Gebirgsbach. Bei Regen arbeiteten wir in unserer Hütte weiter.

Die Fastentage vergingen wie im Fluge, und Bodo konnte gar nicht so schnell schreiben, wie ihm die Gedanken kamen. Mein eher bedächtiger und abwägender Geist eignete sich dann sehr gut für die weitere Ausarbeitung der Ideen. So entwickelte sich eine fruchtbare Zusammenarbeit. Als wir die Almhütte verließen, stand der Text in seiner ersten, handgeschriebenen Fassung bereits fest. Zu Hause auf der Insel Sylt wurde dann noch manches hinzugefügt und ergänzt, und es dauerte nicht lange, da hatten wir auch den geeigneten Zeichner für die Illustrationen gefunden."

Wir würden uns sehr freuen, wenn dich die in diesem Buch enthaltenen Gedanken und Darlegungen zur Reiki-Heilkunst auf deinem Weg ein Stückchen begleitet haben.

Anhang

Reiki-Alliance
The Traditional Reiki Network
Reiki Touch Master's Foundation Inc.
The Radiance Technique Association International Inc.
American International Reiki Association Inc.
Organisationslose Reiki-Meister
Reiki-Zentren
Reiki Outreach International
Bücher über Reiki
Bezugsquellen
Reiki-Türschild
Index

ANSCHRIFTEN DER REIKI-MEISTER

Reiki-Alliance
(Liste Frühjahr 1992)

Organisations-Anschrift:
THE REIKI ALLIANCE, P.O. Box 41, Cataldo, Idaho 83810-1041, U.S.A.

Belgien
Anne van Alstein, Rolfstraat 5, B 2950 Hofstade

Deutschland
Rainer Bröse, Davoser Str. 10, D 1000 Berlin 33
Jule Erina van Calker, Altvaterstr. 2, D 1000 Berlin 38
Gabriele Haferkorn, Hochfeilerweg 21 a, D 1000 Berlin 42
Phyllis Furumoto, Klosterallee 104, D 2000 Hamburg 13
oder: 535 Cordova Road, Suite 419, Santa Fe, NM 87501, USA
Joachim Ch. Ernst, Klosterallee 1o4, D 2000 Hamburg 13
Giselheid Schlüter, Rutschbahn 23, D 2000 Hamburg 13
Irene Gelmi, Grundstr. 27, D 2000 Hamburg 20
Loil Neidhöfer, Hohe Bleichen 26, D 2000 Hamburg 36
Utkantha S. Schulz, Neuer Pferdemarkt 17, D 2000 Hamburg 36
Simone Bressau, Eimsbütteler Str. 25, D 2000 Hamburg 50
Arica R. Stadnyk, Zeistr. 21, D 2000 Hamburg 50
Karin von Riegen, Rupertistr. 35, D 2000 Hamburg 52
Hans Joachim Walter, Dreistücken 3, D 2000 Hamburg 60
Anugama H. Marg, Burgwedel 12, D 2000 Hamburg 61
Kaveesha Inga Gerlach, Ohmoorring 40, D 2000 Hamburg 61
Eva Etta Busch, Dobenstück 12, D 2000 Hamburg 62
Marina Rohde, Möörkenweg, 22, D 2050 Hamburg 80
Astrid-Uta Wahls, Thesdorfer Weg 190, D 2080 Pinneberg
Iris Haaf, Ruar Ört 34, D 2280 Morsum / Sylt
Angelika Habben, Alter Postweg 4 , D 2800 Bremen
Christel Seligmann, Hayo-Husseken Str. 10, D 2890 Nordenham 12

Walter Lübeck, Liebigstr. 20, D 3000 Hannover 1
Walter Zeis, Oelzenstr. 16, D 3000 Hannover 1
Gerda Sloman, Wettenbostel 15, D 3111 Wriedel
Janina Sloman, Wettenbostel 5, D 3111 Wriedel
Rosemarie Staudenmaier, Braunauerstraße 1 A, D 3580 Fritzlar 1
Gabi Haferkorn, Tannenstr. 13, D 4000 Düsseldorf 30
Ralf Seger-Lauschke, Tannenstr. 13, D 4000 Düsseldorf 30
Kundan Bertram Bittner, Erikaweg 3 B, D 4010 Hilden
Hans Hinken, Ludgeristr. 19, D 4407 Emsdetten
Christel Dalig, Am Steinkamp 29, D 4542 Tecklenburg
Rainer-Maria Bruns, Saarlanderstr. 40, D 4600 Dortmund
Wolfgang Ebock, Westfalendamm 63, D 4600 Dortmund
Dorothea Devopam Selisch, Ravensbergerstr. 89, D 4800 Bielefeld 1
Beatrix Beermann, Kleiststr. 107, D 4980 Bünde 15
Shunyam J. Hilger, Thürmchenswall 61, D 5000 Köln 1
Padma A. von Mühlendahl, Bismarckstr. 50, D 5000 Köln 1
Peter Höller, Urbanstr. 19, D 5060 Bergisch-Gladbach
Gisela Werner, Obervolbach 26 a, D 5060 Bergisch-Gladbach 1
Petra Landeck, Nubaum 4, D 5060 Bergisch-Gladbach 2
Katrin Thönnessen, Fuchsweg 3, D 5300 Bonn 1
Saajit Detlef Sauer, Alte Str. 23, D 5401 Brey / Rhein
Dr. Ute Hofmann-Hanf-Dressler,Falkensteinerstr.27,D 6000 Frankfurt 1
Volker Hanf-Dressler, Falkensteinerstr. 27, D 6000 Frankfurt 1
Jürgen Kindler, Rodorferstr. 46, D 6000 Frankfurt 60
Dieter Hösel, Hintergasse 1, D 6101 Rossdorf 1
Brigitte Müller, Auf der Schanz 19, D 6230 Frankfurt / M. 80
(lehrt auch in der Schweiz, Österreich und im Ostblock)
Eva J. Joschko, Amselweg 1, D 6339 Bischoffen / Ro.
Edith Günther, Taunusstr. 112, D 6382 Friedrichsdorf / Ts.
Horst H. Günther, Taunusstr. 112, D 6382 Friedrichsdorf / Ts.
(lehrt auch in der Sowjetunion)
Ursula Lindt, Feldbergstr. 38, D 6384 Schmitten 3
Ilona E. Präschke, Mecklenburgring 33, D 6600 Saarbrücken 3
Joachim Graf, Godramsteinerstr. 12 a, D 6740 Landau
Anna-Babara Milleck, Sandwingert 39, D 6900 Heidelberg-Wieblingen
Tarika Christiane Dilger, Hallerstr. 12, D 7184 Kirchberg / J.
Heide Bauer, Arndtstr. 12, D 7250 Leonberg
Elfie Schlumberger, Bosslerstr. 39, D 7300 Esslingen
Anne Marie Spratte, Schlossgartenstr. 81, D 7417 Pfullingen
Gerhard Herzog, Sonnenstr. 64, D 7419 Sonnenbühl
Ulla Oberkersch, Sonnenstr. 64, D 7419 Sonnenbühl
Beatrice Caecillia Müller, c/o Chevilotte, Kienlestr. 2, D 7530 Pforzheim
Hans-Jürgen Colombara, Hauptstr. 21, D 7614 Gengenbach
(lehrt auch in anderen Ländern)
Ursula Klinger-Raatz, Münsterstr. 59, D 7770 Überlingen
Jutta Kloers, (Ma Krishna Barthi), Andreas Hoferstr. 73,
D 7800 Freiburg / Breisgau
Heinz Kutschera, Deglerstr. 1 a, D 7570 Baden-Baden
Inge H. Saxena, c/o E. Norenburg, Rychartweg 111, D 7900 Ulm
(lehrt auch in Canada)

Hans Jörg Eisele, Friedrichstr. 8, D 7980 Ravensburg
Heidi Eisele, Friedrichstr. 8, D 7980 Ravensburg
Lore Massar, Pariserstr. 37, D 8000 München 80 (lehrt auch in Jugoslawien)
Ursula Gemmrig, Tsingtauerstr. 70, D' 8000 München 82
Isolde Kaiser, Isarstr. 8, D 8014 Neubiberg
Heidemarie Meine, Zwieselstr. 14, D 8210 Prien
Ulrike M. Klemm, Haunertingerstr. 8, D 8227 Siegsdorf
Lore Frenster, Am Molopark 16, D 8110 Murnau
Raimund Frenster, Am Molopark 16, D 8110 Murnau
Dieter Friedrich, Auerrötzing 48, D 8359 Auernzell
(lehrt auch in Ungarn)
Walter Binder, Leimfeldstr. 17, D 8360 Deggendorf
Doris Schlichenmaier, Jägerstr. 43, D 8360 Deggendorf
Monika Postatny, Langenlohe 7, D 8551 Wiesenthau
Bhagvato D. Schnedler, Titusstr. 47, D 8600 Bamberg
Thomas Schnedler, Titusstr. 47, D 8600 Bamberg
Heidi Krinner, Brunnenplatz 7, D 8602 Meedensdorf
Angelika Schmidt, Zeppelinstr. 10, D 8900 Augsburg
Hannelore Schmidt, Leiblachstr. 63, D 8990 Lindau
(lehrt auch in Österreich, der Schweiz uns in den USA)
Hildegard Steinhauser, Selmnau 40 a, D 8992 Wasserburg

Dänemark
Jeanne Hedvig de Koe, HVF Frederikskoj 152, DK 2450 Kobenhavn SV
Anny Petersen, Blommevej 16 A, DK 3060 Espergaerde
Birgit Stephensen, Rostrupvej 58, DK 5485 Skamby

England
Kristin Bonney, Brook Bank Brook Str., GB Llanollen Clwyd LL20 8LS
Aly Howe, 9 Hunter Mews, GB Wilmslow, Ceshire SK9 2AR, Hunter Mews
Sarah E. Pannett, 219 Selly Oak Road, GB Birmingham B30 1HR
Krishni Borang,c/o Stella Parker,5 The Mount,Totnes Devon TQ9 5ES
Martha Sylvester, 1 Roath Court Place, Cardiff CF2 3SJ

Finnland
Maria Virtanen, Pajalahdentje 31-C-35, SF 00200 Helsinki
Ulla Lindroth, Vismaki 4 D 26, SF 02130 Espoo
Aila Norlano, Koroistentie 8 D 45, SF LF 00280 Helsinki
Marja Kiuru, Makitie 4, SF 93400 Taivalkoski

Frankreich
Jane Cherrington, 11 Rue Chantropin, F 91530 St. Cheron
Danielle Ziegler, 37 Rue Emile Coue, F 54000 Nancy

Italien
Vito Carlo Moccia, Via Papa Pio XII, 50, 70124 Bari /Italy

Niederlande
Beatrice Caecilia Müller, Kundalini Yoga Centrum, Den Dexstraat 46, 10 A ZC
Amsterdam

Nils Laffra, Mercatorstr. 153 I, NL 1O56 RD Amsterdam
Dellray Baker, Bonhoefersingel 4, NL 1O69 NH Amsterdam
Ton Driessen, Bonhoefersingeel 4, NL 1O69 NH Amsterdam
Gisela Blackmann, Millingehof 297, NL 11O6 KT Amsterdam
Rolf de Meyer, Wandelmeent 65, NL 1213 CR Hilversum
Hans Slutter, Oude Amersfoortseweg 53, NL 1213 AB Hilversum
Jans van Deutekom, Mommelmeent 155, NL 1218 ES Hilversum
Lili Holm, Wandelmeent 65, NL 1218 CR Hilversum
Nanja J. Tierie, Schapenmeent 231, NL 1357 GX Almere
Tessa Hennas, Gerard Doulen 12, NL 1399 ET Mulderburg
Arie Luyerink, Westzyde 378, NL 15O6 GL Zaandam
Martine Belksma, Bolksbeek 23, NL 15O9 EA Zaandam
Ben Verheyden, Nic. Maeslaan 18, NL 17O1 NW Heerhugowaard
Rika Duyn, Luttik Uodorp 6O, 1811 NL MZ Alkmaar N-H
Nina Miog, van Ostadelaan 446, NL 1816 JS Alkmaar
Fokke Brink, Beethovensingel 28, NL 1817 HK Alkmaar
Nina Rother, Joseph Bach Nes. 15, NL 1862 AB Bergen
Gerard Quak, Korte Annastraat 4, NL 2OO1 ZM Haarlem
Loes Quak-Lemmers, Korte Annastraat 4, NL 2OO1 ZM Haarlem
Willimien Mol, Aloelaan 8, NL 2316 XS Leiden
Wim van Zoelen, Leeuwerikkenstraat 12, flat 9,
NL 2O42 CS Zastvoort a Zee
Yasmin Verschure, Mozartstraat 77, NL 5481 LB Schyndel
Inger Droog, Diepenbrockhof 2O, NL 2551 KE Den Haag
Jacques Wijnhoven, Hooiddrift 149 a, NL 3O23 KM Rotterdam
Maja Westhoff, Amalia van Solmslaon, NL 38O7 CP Zeist
Otty Tisscher-Oey, Tijgerlaan 2, NL 5691 GE Son
Rody La Gro, Rozensteinweg 2, NL 6957 BJ Laag Soeren
Werner Mulder, Mussenfeld 135, NL 7827 AK Emmen (Drenthe)
Arianne Groeneveld, Donaustraat 154, NL 8226 LC Lelystad
Dick Nijssen, Donaustraat 154, NL 8226 LC Lelystad
Johannes Lamboo, Rhonestr. 216, NL 8226 MH Lelystad
Khing Thong, Oosterstreek 77, NL 8391 NC Noerdwalde
Janny de Boer, Moezel 128, NL 92O4 Drachten

Österreich
Gertrude Gotzmann, Steinbrecherring 19, A 44OO Steyr
Karl A. Holczek, Handelskai 3OO / 5 / 28, A 1O2O Wien 2

Polen
Jan Joachim Peterko, ML Patrioto'w 5/12, 44 -1OO Gliwice, Polen
(lehrt auch in anderen Ostblockstaaten)

Schweden
Krishni Borang, Sita Gertrudsv. 15, S 593OO Vastervik
Irma Gustafsson, Grundtvigsgatan 1O I, S 16158 Bromma
Siv Gustafsson, Kinnekullevagen 35, S 16134 Bromma
Ametist Holmstrom, Sibyllegatan 43-45-II, S 11442 Stockholm
Fanny Holmstrom, Lundagat. 55 - IV, S Stockholm
Maria Ljunggren, Stadsradvagen 25, S 12236 Enskede

Inga May Lundkvist, Ostgotagat. 45-V, S 11625 Stockholm
Björn Olofssen, Pl. 506, S 77031 Riddarhyttan
Gunna Vistisen, Rosengardsv. 227, S 18600 Vallentuna

Schweiz
Chinta Barbara Strübin, Montchoisi 29, CH 1006 Lausanne
Erika Schöni, Ahornweg 7, CH 2555 Brügg bei Biel
Christine B. Fehling-Joss, Halen 33, CH 3037 Herrenschwanden
Agat Schaltenbrand, Sängergasse 11, CH 4054 Basel
Paul Probst, Lorettostr. 1, CH 6300 Zug
Kristof Eördögh, Brunnenweg 3, CH 6374 Buochs
Margret Donati Eördögh, Brunnenweg 3, CH 6374 Buochs
Verena Disler, Bernhard Jaggi Weg 60, CH 8055 Zürich
Leni Erica Gut, Wachtstr. 18, CH 8134 Adliswil
(lehrt auch in Indien und Brasilien)
Erika Breiter, Esslenstr. 16, CH 8280 Kreuzlingen
Doris Guidon, Untergrüt 5, CH 8704 Herrliberg
Marco Guidon, Untergrüt 5, CH 8704 Herrliberg
Hannah Meyer-Brennwald, Strehlgasse 26, CH 8704 Herrliberg
Kristin Schläpfer-Spahn, Häldelistr. 8, CH 8712 Stäfa
Marguerite Maier, Rigistr. 5 A. CH 8802 Kilchberg / Zürich
Brigitte Lüthi, Im Buech 9, CH 9247 Henau bei Wil / SG

Australien
Klaudia Hochhuth, RSD 975 R, Durham Lead, 3352 Victoria, Australia
Peter Didaskalu, RSD 975 R, Durham Lead, 3352 Victoria, Australia

Anschriften von Reiki-Meistern aus den U.S.A., Canada, New-Zealand und Asien sind über folgende Anschrift zu bekommen:
The Reiki Alliance, P.O. Box 41, Cataldo, I.D. 83810-1041, U.S.A.

THE TRADITIONAL REIKI NETWORK
(Reikimeister-Organisation, gegründet 1984 von Ellen Sokolow, USA.)
Liste Frühjahr 1992

Organisationsanschrift:
THE TRADITIONAL REIKI NETWORK
243 West 99th Street, Suite 3 D, New York, New York 10025, USA

Deutschland
Sancalpo Sebastian Jentzen, Asheide 3, D 2361 Hornsdorf
Helga Zapeck Zimmermann, West Str. 45, D 5880 Lüdenscheid

England
Aly Howe, 9 Hunter Mews, Wilmslow, Cheshire SK9 2AR

Griechenland
Jenny Colebourne, Dimoharous 18, Kolonaki 115-21, GR Athens

Ellen Sokolow, Mirtsiefsky 14, Koukaki 11741, GR Athens

Spanien
Vicky R. Davis-Hall, Calle Obiso Nadal 8, Mallorca
Inge Goeldner, Avenida del Pinar 81, Costa de los Pinos, Mallorca
(Weitere Anschriften, vor allem in den USA, über die Organisations-Anschrift, siehe oben, zu bekommen.)

REIKI TOUCH MASTER'S FOUNDATION INC.
(Reikimeister-Organisation, vor allem in den USA vertreten.)

President:
Lila Bea Kettl, 3930 Inez, Beaumont, Texas, USA 77705
Executive Direktor's:
Judy-Carol Stewart, P.O. Box 571785, Houston, Texas USA 77057
Sharad J.S. Sahai, P.O. Box 444, F 97162 Pointe a Pitre Cedex, Guadeloupe, F.W.I.
(Weitere Anschriften, vor allem in den USA, über obige Adressen)

THE RADIANCE TECHNIQUE ASSOCIATION INTERNATIONAL INC. (T.R.T.A.I.)
AMERICAN INTERNATIONAL REIKI ASSOCIATION INC. (A.I.R.A.)
Liste Frühjahr 1992 (keine vollständige Liste eingegangen).

Organisationsanschrift:
The Radiance Technique Association International Inc.
4 Embarcadero Center, Suite 5124, San Francisco, CA 94111, USA

Deutschland
Barbara Simonsohn, Müllenhoffweg 6, D 2000 Hamburg 52

REIKI-MEISTER OHNE MITGLIEDSCHAFT IN EINER REIKI-ORGANISATION
Liste Frühjahr 1992

Deutschland
Monika Stephan, Merianweg 9, D 1000 Berlin 20
Silke Tschuba, Eppendorfer Weg 166, D 2000 Hamburg 20
Waltraud Forster, Hartmannstr. 17, D 1000 Berlin 45
Margret Klöss, Lastropsweg 8, D 2000 Hamburg 20
Ulli Reim, Falkenried 69, D 2000 Hamburg 20
Irmgard Heitmann, Schumacherstr. 12, D 2000 Hamburg 50

Christiane Petersen, Mozartstr. 27, D 2000 Hamburg 76
Kirsten Voss, Finkenau 36, D 2000 Hamburg 76
Dimut Obenauer, Gartenweg 31, D 2240 Heide (lehrt auch in Irland)
Ute Lange, Horsbüllerstr. 31, D 2266 Horsbüll
Christian Ostermann, Menufaktur, D 2283 Braderup / Sylt
oder: Dorfstr. 124, D 2255 Langenhorn
Gertrud Jäksch, Gutenbergstr. 2, D 2433 Grömitz
Sigrid Baum, Ostersoderstr. 15, D 2733 Breddorf
Sigrid Fuhrmann, Andreestr. 13, D 2800 Bremen
Thomas Arend, Steinbrecherstr. 7, D 3300 Braunschweig
Dr. Evelyn Schärer, Richterstr. 17, D 3300 Braunschweig
Regina Wagner, Hohlweg 15, D 3353 Bad Gandersheim
Monika M. Wetzel, c/o Epping, Ufermannshof 17, D 4220 Dinslaken
(lehrt auch auf Ibiza)
Jörg Meibert, »CARPE DIEM«, Essener Str. 36, D 4600 Dortmund 1
Dhara Rosenfeld, c/o von Busch, Kl. Griechenmarkt 37, D 5000 Köln 1
Jutta Hilswicht, Maria-Theresia-Allee 9, D 5100 Aachen
Heiko Habben, (Premyog), Birksiefenweg 15, D 5106 Roetgen
(lehrt auch in Belgien, Spanien und in der Schweiz)
Gabriele Ruchartz, (Pratibha) Birksiefenweg 15, D 5106 Roetgen
(lehrt auch in Belgien, Spanien und in der Schweiz)
Brigitte Fachinger, Dorf Str. 30, D 5210 Troisdorf
Karin Worms, Brunebeckerstr. 80, D 5810 Witten
Dr. Hans-Jürgen Richter, Wiener Str. 61, D 6000 Frankfurt 70
Margarete Reuschling, Prinz-Eugen-Str. 16, D 6103 Griesheim
Karl Everding, Denisweg 185, D 6230 Frankfurt 80
(lehrt auch in der Schweiz, Rumänien, Bulgarien, Indien u. Israel)
Gerhard Büttner, Am Flugplatz 9, D 6400 Fulda
Dr. Paula Horan , Doucy Str. 29, D 6700 Kaiserslautern 29
(lehrt auch in den USA, Indien, der Mongolischen Volksrepublik
und auf Island)
Babara Szepan, Lerchenweg 16, D 6990 Bad Mergentheim
Rose-Marie Zacharias, Pfeilstr. 48, D 7000 Stuttgart 80
Jobst Conrad, Wildermuthstr. 14, D 7400 Tübingen
Willi Hörrner, Waldrebenweg 3, D 7500 Karlsruhe 31
Dagmar Schneider-Damm, Bühlweg 3, D 7732 Niedereschach 3
Brunhilde Wildmann, Mühlenstr. 6, D 7737 Bad Dürrheim 6 (Biesingen)
c/o Schule für Selbstentfaltung und Lebensfreude, Dr. J. Heiner
Jürgen Baar, Auwaldhof 7, D 7800 Freiburg
Ulrike Mayer, (Ma Prem Tabdar), Sonnenhalde 35, D 7800 Freiburg
Maria Wunderle, (Ma Aseema), Kastäuserstr. 96, D 7800 Freiburg
Gerhard Schmidt, Schwarzwaldstr. 68, D 7808 Waldkirch-Buchholz
Erkia Thorn, Dorfstr. 90, D 7831 Sexau
Ute Walter, Oberdorf 1, D 7863 Riedichen / Zell
Anna Blattner, Buchenlandweg 112, D 7900 Ulm
Rose Palan, Am Nubach 15, D 7959 Weihungszell
Nirvana Ela C. Gnann, Lazarettstr. 49, D 7987 Weingarten
Sw. A. Rameswar P. Federer, Lazarettstr. 49, D 7987 Weingarten
Brigitta Vedra, Valpichlerstr. 15, D 8000 München 21
Monika Wilke, Hohenzollernplatz 7, App. 601, D 8000 München 40

Brigitte Elisabeth Ziegler, Zittauerstr. 18, D 8000 München 50
Hannelore Weber, Köferingerstr. 15, D 8000 München 60
Verena Trautwein, Lindenweg 2, D 8082 Grafrath
Werner Utzmann, Wilh.- Weindler Str. 31, D 8058 Erding
oder: P.O.Box 20891, Windhoek, Namibia, Afrika
Gerda Drescher, Postfach 1180, D 8213 Aschau (lehrt auch in der Schweiz u. Italien)
Jürgen Dotter, Postfach: 111, D 8221 Grabenstätt (lehrt auch in der Schweiz)
Ursula Hamperl, Höhenbergstr. 2 a, D 8213 Aschau
Sylvia Iris Baesch, Frühlingstr. 25, D 8354 Metten
Gisela Böck, Eggerstr. 2, D 8360 Deggendorf
Birgit Zügner, Sandrartstr. 43, D 8500 Nürnberg 10
Christine Theis-Eibert, Anna Goes Str. 26, D 8520 Erlangen
Herbert Kohlmann, Buckenhofenerstr. 91 a, D 8550 Forchheim
Dagmar Engl, Klingenstr. 8, D 8551 Gremsdorf / Buch
Rolf Sporrer-Engl, Klingenstr. 8, D 8551 Gremsdorf / Buch
Hannelore Lamberts, Hoferstr. 24, D 8592 Wunsiedel
oder: Amundsenstr. 23, D 8590 Marktredwitz
Johanne Thate, Hubertusstr. 9, D 8670 Haidt bei Hof
Werner Thate, Hubertusstr. 9, D 8670 Haidt bei Hof
Renate Hübner, Buchenlandstr. 10, D 8752 Laufach
Ulrike Eck, Brücker Weg 38, D 8752 Mömbris
Yuhika S. Mehlich, Schulstr. 30, D 8911 Weil / Landsberg
Engelbert Maugg, Piechlerstr. 39, D 8942 Ottobeuren
(lehrt auch in der Schweiz und Italien)
Annemarie Hauke, Bräuhausstr. 19, D 8999 Scheidegg / Allgäu
Monika Wetzel, c/o Elke Faethe, Obere Brüderstr. 92, D 4200 Oberhausen 11

Frankreich
Joelle Ebroussard-Finch, Place de la Republique, F 11300 Limoux
Unmani H. Finet, 7 Au de Villemus, F 13100 Aix en Provence
Jan Niemeijer, L.d.Jardins d.France Ms 7, F 83300 Draguignan
Marie Helene Finet, (Ma Unmani), c/o Domonique Boubilley,
9 AV Louis Remy, F 92700 Colombes

Italien
Gianna Cristofanilli, Via S. Barbara 26, I 00034 Colleferro RM
Haripriya C. Candita, Via S. Martino 36, I 40024 Castel S. Pietro
Prabuddho Anconelli, Via S. Martino 36, I 40024 Castel S. Pietro BO
Vito Carlo Moccia, Pia Papa Pio XII 50, I 70124 Bary
Stella de Tuglie, Via Porto Craulo 9, I 73028 Otranto LE

Niederlande
Joop Gerritsen, Burg. Hogguerstraat 1133, NL 1064 EJ Amsterdam
Joost Godschalx, Burg. Hogguerstraat 1133, NL 1064 EJ Amsterdam

Österreich
Irmgard Zawe, Langenfeldstr. 73, A 4040 Linz

Schweiz
Nicole van Singer, ch. de la Grange Rouge, CH 1602 La Croix / VD

Marlis Eberhardt, Bahnhofstr. 1, CH 2502 Biel
Maya Christiana Wullschleger, Aeschenbrunnmattstr. 3,
CH 3047 Bremgarten b. Bern
Regula Link, Schlossmattweg 7, CH 3052 Zollikofen
Lucie Villiger, Kohlenoegl 3, CH 3097 Liebefeld
Dora Frei, Hansenstr. 14, CH 3550 Langnau i.E.
Margreth Hägi, Pappelweg 11, CH 3613 Steffisburg
Shola Maoba, Murbacherstr. 34, CH 4056 Basel
Katharina Schwaller, Kirchbergstr. 68, CH 5024 Küttingen
Gertrud Rieser, Mooshalde 6, CH 5424 Unterehrendingen
Paola Moser, Buchenweg 10, CH 5636 Benzenschwill
Jürgen Schröder, Luzernerstr. 77, CH 6014 Littau / LU
Ursula Schröder, Luzernerstr. 77, CH 6014 Littau / LU
Brigitte Weich, Dorfstr. 15, CH 6375 Beckenried
Peter Weich, Rigistr. 1, CH 6440 Brunnen
Sylva Schnyder, Via Seghezzone 4 a, CH 6512 Giubiasco
Jean-Bernard Schnyder, Via Seghezzone 4 a, CH 6512 Giubiasco
Monica Anselmi, Casa 118 B, CH 6540 Castaneda
Margit Huber, Via San Gottardo 108, CH 6900 Lugarno
Margarethe Bonczynski, Castello di Cona, CH 6914 Carona
Babara Szepan, c/o R. Garland, Im Törli 6, CH 7215 Fanas
Chiemi Kretz, Kehlhofstr. 13, CH 8003 Zürich
Alfred Mörgeli, Poststr. 128, CH 8194 Hüntwangen
Peter Adler, Schaffhauserstr. 106, CH 8302 Kloten
(lehrt auch in Irland und Südamerika)
Evelyne Helbling, Erlenstr. 2, CH 8408 Winterthur
Baldur Moeller, Tumingerstr. 3461, CH 8606 Nänikon
Linda Faoro, Usterstr. 73 a, CH 8620 Wetzikon
Manohara Margrit Fausch, Am Rain 91, CH 8436 Rekingen / Zurzach
Thomas Fausch, Am Rain 91, CH 8436 Rekingen / Zurzach
Doris Sommer, Talgut 34, CH 8400 Winterthur
Evelyne Helbling, Erlenstr. 2, CH 8408 Winterthur
Erika Ackermann, Iddastr. 41, CH 9008 St. Gallen
Verena Mielke, Landhausstr. 12, CH 9013 St. Gallen
Heidi Bühler, Neudorfstr. 4 b, CH 9240 Uzwil
Dr. Enrico Ravagli, Unterdorfstr. 38 a, CH 9524 Zuzwil

Sowjetunion
Natasha Vinogradova, Profsojusnajastr., h 37, W 28,
117 418 Moscow (Reiki-Zentrum: Hospital No. 70, Moscow)

Spanien
Baltasar Dominguez, Jose Abascal No. 42, E 28003 Madrid
Marta Mazarrasa, Jerez 4, E 28016 Madrid
Ghislaine Vaughan, Calle Puerto Rico 9-3-7, E 28016 Madrid
Astrid Camacho, Edf. Club Medico VI 14 c, E 03500 Benidorm, Alicante
Heiko Habben, (Premyog), Les Fontetes s/n, E 03516 Benimantell, Alicante
Gabriele Ruchartz, (Pratibha), Les Fontetes s/n, E 03516 Benimantell, Alicante
Vicky R. Davis Hall, Calle Obiso Nadal 8, E Mallorca
Lydia Havatny, APDO 435, E 07800 Ibiza

REIKI-ZENTREN

Reiki-Zentrum
Arica Stadnyk
St. Benedict Str. 18
D 2000 Hamburg 20

Reiki-Zentrum
Anugama H. Marg
Burgwedel 12
D 2000 Hamburg 61

Centrum f. Reiki & Meditation
Asheide 3
D 2361 Hornsdorf / b.B.Segeberg

REIKI-HAUS
Centrum der Begegnung
Hayo Husseken Str. 10
D 2890 Nordenhamm-Esenhamm

Reiki-Zentrum
Ralf Seger-Lauschke
Tannenstr. 13
D 4000 Düsseldorf 30

Reiki-Zentrum Köln
Padma A. v. Mühlendahl
Bismarckstr. 50
D 5000 Köln 1

Zentrum für
ganzheitliches Wachstum
Elfie Schlumberger
Stuttgarter Str. 21
D 7300 Esslingen

Reiki - Zentrum Akasha
Heidemarie Meine
Hestr. 100
D 8000 München 40

Reiki-Zentrum »Carpe diem«
Piet Wehrmann
Paul-Nevermann-Platz 1
D 2000 Hamburg 50

Reikizentrum
Marina Rohde
Möörkenweg 22
D 2050 Hamburg 80

Bremer Reiki-Zentrum
REGENBOGEN
Sigrid Fuhrmann
Contrescarpe 120
D 2800 Bremen

Impuls-Reiki-Zentrum
Janina Sloman
Wettenbostel 5
D 3111 Wriedel

Reiki-Seminar- und
Therapiezentrum
Regenbogen Gemeinschaft e.V.
Kleiststr. 107
D 4980 Bünde 15

Zentrum für das Leben
Institut für ganzheitliche
Lebensführung
-unter ärztlicher Leitung-
Arndt Str. 12
D 7250 Leonberg

Institut f.Ganzheitliche
Psychologie
- Reiki mit Edelsteinen -
Ursula Klinger Raatz
Münsterstr. 59
D 7770 Überlingen

Reiki-Zentrum
Johanne Thate, Verena Sokoll,
Reinhard Wolf
Im Erlet 1 a
D 8021 Icking

Reiki-Zentrum
Licht des Herzens
Am Molopark 16
D 8110 Murnau / Staffelsee

Akademie für feinstoffliche
Heilweisen und Reiki
Zillibillerstr. 14 a
Postfach 1180
D 8213 Aschau

Reiki-Centrum
Johanne Thate
Rosemarie Neininger
Stephanstr. 18
D 8500 Nürnberg 30

Privatinstitut für Yoga, Reiki
& Selbsterfahrung im Gut Haidt
Johanne & Werner Thate
Hubertusstr. 9
D 8670 Haidt bei Hof

Institut für Reiki-Therapie Reiki-Zentrum Mallorca
nach Dr. Usui e.V. Inge Goeldner
Schule für geistige und Avenida del Pinar 81
komplementäre Heilweisen Costa de los Pinos / Mallorca
Handelskai 300/5/28
A 1020 Wien / Österreich

Reiki-Zentrum in Langnau Dora Frei
Hansenstr. 14
CH 3550 Langnau i.E. / Schweiz

Reiki- und Meditationszentrum am Rhein T. & M. M. Fausch
Am Rain 91
CH 8436 Rekingen / Zurzach (Schweiz)

Osho und Reiki-Zenter »ATMA« Ma Anand Jahin
115612 USSR Moscow
Kashirskoye shosse 57-5
Sovietunion

REIKI OUTREACH INTERNATIONAL

R. O. I. ist ein international arbeitendes, gemeinnütziges Reiki-Netzwerk mit dem Ziel, Reiki auf planetarischer Ebene zum Wohle aller einzusetzen. Die Mitgliedschaft und Mitarbeit ist für alle möglich und empfehlenswert, die in Reiki eingeweiht wurden. Gegründet wurde diese Organisation 1990 von der amerikanischen Reiki-Meisterin Mary McFadyen, einer persönlichen Schülerin von Gromeisterin Hawayo Takata.

Reiki Outreach International
P.O.Box 55008
Santa Clarita, CA 91385,
U S A D

Deutsches Zentrum R. O. I.
Jürgen Dotter
Postfach 111
8221 Grabenstätt

Anhang 227

Literatur über Reiki
Bücher:
„Die Reiki-Kraft" von Dr. Paula Horan, 4. Auflage 1991,
Windpferd Verlag, Panoramaweg 4, D 8955 Aitrang — 19,80 DM

„Das Reiki-Handbuch" von Walter Lübeck, 2. Auflage 1990,
Windpferd Verlag, Panoramaweg 4, D 8955 Aitrang — 24,80 DM

„Reiki und Edelsteine" von Ursula Klinger-Raatz, 2. Auflage
1990, Windpferd Verlag, Panoramaweg 4, D 8955 Aitrang — 19,80 DM

„Der Energiekörper im Feld der Reiki-Kraft" von Walter Binder,
1. Auflage 1990, Verlag für Naturmedizin und Bioenergetik,
Leimfeldstr. 17, D 8360 Deggendorf — 34,50 DM

„Der Reiki-Faktor" von Dr. Barbara Ray, 1990, W. Heyne Verlag,
D 8000 München — 9,80 DM (nur bedingt empfehlenswert)

„Reiki — Weg des Herzens" von Walter Lübeck, 1. Aufl. 1991,
Windpferd Verlag, D 8955 Aitrang — 19,80 DM

„Reiki — Heile Dich selbst" von Brigitte Müller & Horst H. Günther,
1. Auflage 1991, Verlag Peter Erd, D 8000 München — 24,80 DM

„Reiki — force universelle de vie" von Barbara Chinta Strübin,
1. Aufl. 1989, Editions Recto-Verseau, CH 1225 Chne-Bourg-Genve,
Schweiz, (in französisch)

„Reiki — Hawayo Takata's Story" von Helen J. Haberly, 1. Auflage
1990, Archedigm Publications, P.O.Box 557, Carrett Park,
MD 20896, USA (in englisch), (ISBN: 0-944135-06-4) — 9,95 US $

Ergänzende Empfehlung:
„Das Chakra-Handbuch" von Shalila Sharamon & Bodo J. Baginski,
14. Aufl. 1991, Windpferd-Verlag, Panoramaweg 4,
D 8955 Aitrang — 19,80 DM (in mehreren Sprachen)

Artikel über Reiki:
„Reiki — Hands on Healing" von Susan Jacobs, erschienen im „Yoga-Journal", May-June 1984 (USA).
„Reiki — die universale Lebenskraft" von Barbara Simonsohn, erschienen in „Esotera", Okt. 1984, im Hermann Bauer Verlag, D-7800 Freiburg/Brg. Entsprechende Leserbriefe in „Esotera", Heft 1, 6 und 7, 1985.
„Universal Live Energy — Mrs. Takata Opens Minds to Reiki" von Vera Graham, erschienen in „The Times" vom 17. Mai 1975.
„Reiki", erschienen in „Trainer-Informationsdienst der Akademie für Trainer-Ausbildung" 33/34 '85, Dr. Angelika Hamann, 837 Berg 1/Starnberger See.
„Reiki-Usui Shiki Ryoho" von Punito G. Drescher, erschienen in „Connection", Sept. '86, Reichenbachstr. 26, 8000 München 5.
„Reiki — Uralte Weisheit fürs neue Zeitalter" von Barbara Simonsohn, erschienen in „Hologramm", Nov. '85, Verlag Bruno Martin, D-2121 Südergellersen.
„Reiki — Es ist wie Nachhausekommen" von Anugama Hiltrud Marg, erschienen in „Die Rajneesh Times" vom 9. April '86, 5000 Köln, Venloer Str. 5-7.
„Reiki oder die Sache mit der Lichtdusche" von Detlev Brockes, erschienen in „Deutsches Allgemeines Sonntagsblatt" vom 5.4.1987, 2000 Hamburg 13.

„Reiki: Bei dieser uralten Heilkunst fließt die Kraft des Kosmos in unsere Körper" von Ruth Schmidt, erschienen in „Das Neue Zeitalter" Nr. 2, vom 5.1.1988, Hamburg. (In diesem Artikel schildern erstmals zwei Reporter dieser Zeitung ihre Erfahrungen mit Reiki, nachdem sie selbst eingeweiht wurden. Beide machten überaus positive Erfahrungen.)

„Reiki — Universale Lebensenergie" von Karin Wook, erschienen in „Lichtnetz Stuttgart / Blaue Seiten" von „Connection" und „Magazin 2000", Ausgabe Sept. 1988, Stuttgart.

„Reiki — Universal Life Energy" by Bodo J. Baginski and Shalila Sharamon, in Transformation Times, Beavercreek, USA, OR February 1989.

„The Miracle of Reiki in the Age of AIDS" by D.L.Weaver, in Transformation Times, Beavercreek, USA, OR, February 1989

„Reiki: Heilung mit einem Griff" v. Werner Meidinger, in Bild u. Funk, Nr. 39, 1989

„Heilende Hände mit Reiki" von Johanne Liesegang, im Lichtnetz Köln, Ausgabe Sommer 1989

Selbstverständlich erheben wir hier keinen Anspruch auf Vollständigkeit und hoffen, daß noch viele weitere Veröffentlichungen folgen werden!

Cassetten

„Reiki — universale Lebenskraft" von Phyllis Lei Furumoto, öffentlicher Vortrag in Frankfurt/M. Cassette FR 169 im Aviva-Verlag, Dr. W. Dahlberg, Korbachstr. 120, 6000 Frankfurt/M. 50. (in englisch mit Übersetzung)

„Takata telling the Story of Usui"; „A reiki self-treatment" (beide in englisch) über: The Traditional Reiki Network, 243 West 99th Street, Suite 3 D, New York 10025, USA.

„Reiki-Music-Project"; „aaaaks" und „songs" über: Jürgen Kindler, Roßdorferstr. 46, D 6000 Frankfurt 60

Reiki-Buttons: über Vijayananda, Rolf Dinter, Mühlweg 44, D 6240 Königstein 2

Reiki T-Shirts u. Sweat-Shirts: über: Gabriele Stähler, Ina-Seidel-Bogen 12, D 8000 München 81

Bezugsquellen

Informationsmaterial senden diese Firmen in der Regel kostenlos zu.

Praxisausstattung: Bernd Kraft GmbH, Industriestr. 3, D-6330 Wetzlar-Dutenhofen

Das große Angebot an Behandlungsliegen und Massagebänken: Jürgen Surek KG, Am Holstentor 11, D-2370 Rendsburg

Eine interessante Koffermassagebank: Gerätebau K. Gliesche, Ziegelhüttenstr. 65, D-6113 Babenhausen

Die billige Koffer-Klapp-Liege: Holz Thormann, Bergstedter Chaussee 77, D-2000 Hamburg 65

Pendelhocker, Massagebänke, Praxisbedarf: Firma Rudolf Frei, Rothbachstr. 3, D-7815 Kirchzarten

Koffermassagebänke in Österreich: Karl A. Holczek, Handelskai 300/5/28, A-1010 Wien

Kniestuhl „balans Variable" (auch zur Meditation geeignet): Firma Vogel, Schloßstr. 41, D-7140 Ludwigsburg

Neu: Kniesitz auf Rädern! 10 versch. Modelle! Firma HAG von Laar, Duisburger Str. 190, 4000 Düsseldorf 30
Erdstrahlen-Entstörungsgeräte: Rayonex Strahlentechnik GmbH, Postf. 4060, D-5940 Lennestadt 14
Rescue Remedy, Bach-Blüten-Essenz sowie Vita Florum: Apotheker Norbert Harmuth, Kaiserstr. 32, D-7100 Heilbronn
Duftöle, z. B. Floroma 80 und 81: Frehe — Bio-Vertrieb, Postfach 565, D-5100 Aachen
Duftöle und Räucherstäbchen: in vielen Indien-Shops, Naturkostläden, Teeläden oder esoterischen Fachbuchhandlungen.
Luftionisatoren: Lakshmi-Versand W. Babel, Twenteweg 10, 4400 Münster
Geeignete Musikkassetten- und Schallplatten-Angebote (Esoterische Musik):
  Aquarius-Versand, F. Schenker, Schleißheimer Str. 82, D-80000 München 40
  Musikversand Esoterische Truhe, Gerlinde Zimmermann, Postf., D-8951 Rieden
  Edition Neptun GmbH, Elisabethstr. 10, D-8000 München 40
  Aquamarin-Musikversand, Vogelherd 1, D-8018 Grafing
  H. Bauer Verlag, Bauer-Ton-Programm, Postf. 167, D-7800 Freiburg
  Karl A. Holczek, Handelskai 300/5/28, A-1020 Wien (Österreich)

*... Bücher haben nur einen Wert,
wenn sie zum Leben führen
und dem Lebenden dienen und nützen,
und jede Lesestunde ist vergeudet,
aus der nicht ein Funke von Kraft,
eine Ahnung von Verjüngung,
ein Hauch von neuer Frische
sich für den Leser ergibt.*
                                Hermann Hesse

Ganzjährige Kontaktadressen der Autoren dieses Buches (für Kritik und Anregungen):
Shalila Sharamon und Bodo J. Baginski
„Song of Nature", Vale Cove, Ardnatrush, Glengarriff, Co. Cork, Ireland

Anschrift des Zeichners der Illustrationen dieses Buches:
Alois Hanslian
Bondorfer Str. 19
D 5340 Bad-Honnef-Bondorf

Die englischsprachige Ausgabe dieses Buches erscheint bei: "Life Rhythm"
P.O.Box 806, Mendocino, CA 95460 USA, Fax (707) 937-3052
Die holländische Ausgabe dieses Buches erscheint bei: „Ankh-Hermes"
Smyrnastraat 5, 7413 BA Deventer, Postbus 125, 7400 AC Deventer, Niederlande
Die französischsprachige Ausgabe dieses Buches erscheint bei: Guy Trédaniel
Éditeur — 76, rue Claude Bernard — 75005 Paris

Index

Personenregister

Aeoliah 132
Alexander, Dr. Franz 212

Bach, Dr. Edward 34, 138
Bach, Johann Sebastian 132
Bedford, James 99
Bitsching, Jürgen 128
Boater, Debbie 66
Brunler, Dr. O. 16
Buddha 117

Capra, Prof. Fritjof 45, 116
Carnap, Rotraud von 128
Charon, Prof. Jean E. 96
Coué, Emile 42
Craig, Diana 128

Dahlberg, Dr. Wolfgang 113
Dahlke, Dr. Rüdiger 144, 202
Dethlefsen, Thorwald 97, 139, 143, 144, 145, 173, 202
Diamond, Dr. John 41, 89, 133
Döbereiner, Wolfgang 139, 190
Duhm, Dieter 116
Dychtwald, Ken 145

Eccles, Sir John Carew 96
Edwards, Harry 228
Eemann, L. E. 16
Einstein, Albert 139

Ferguson, Marilyn 116
Ferson, Baron von 16
Freitag, Erhard F. 42, 76
Furumoto, Phyllis Lei 28, 54, 215

Goethe, Johann Wolfgang von 41, 139
Grey-Walter, Dr. 98
Groddeck, Dr. Georg 144

Halpern, Steven 132
Hampe, Johann Christoph 98
Händel, Georg Friedrich 132
Hanslian, Alois 8
Haraldsohn, Dr. Elendur 98
Hay, Louise L. 144
Hayashi, Dr. Chijiro 25, 26, 92, 124
Hazrat Inayat Khan 146
Hegel, Georg Wilhelm Friedrich 117
Henkin, B. 86
Hesse, Hermann 117, 141, 226
Hippokrates 16
Holzer, Hans 109

Horn, Paul 132

Iasos 132

Jacobson, Nils Olof 98
Jesus Christus 22, 107, 117, 142
Johanson, Tom 128
Johari, Harish 79
Jung, Carl Gustav 93, 107
Jungk, Robert 19

Kensington, Walt 99
Kieser, Prof. G. 16
Kitaro 132
Knaak-Sommer, Dr. Lothar 144
Kobialka, Daniel 132
Kramer, Joel 145
Krippner, Dr. Stanley 85
Kübler-Ross, Dr. Elisabeth 97, 99
Kurtz, Ron 144
Kushi, Michio 145

Laotse 213
Leadbeater, Charles W. 42, 79, 86, 96
Luban-Plozza, Dr. Boris 144

Maharishi Mahesh Yogi 14, 44, 45, 214
Mandel, Peter 86
Markus 32
Marti, Kurt 116
Matthäus 142, 160, 199, 208
Meldau, Rudolf 96
Moody, Dr. A. Raymond 98
Mozart, Wolfgang Amadeus 132
Müller, Brigitte 8, 133
Murphy, Dr. Dr. Dr. Joseph 42

Osis, Dr. Karlis 98

Pachelbel, Johann 132
Paracelsus 16
Platon 78, 121
Purce, Jill 93
Prestera, Hector 144

Reckeweg, Dr. H. H. 38, 143, 145
Reich, Dr. Wilhelm 16
Reichenbach, Karl Freiherr von 16
Rendel, Peter 79
Rubin, Daniel 85
Rues, Eberhard 128

Sabom, Dr. Michael 98
Saint-Pierre, Gaston 66
Salomo 99
Scharl, Hubert H. 144
Scheffer, Mechtild 138
Schiller, Friedrich von 98
Schmidt, K. O. 42
Schopenhauer, Arthur 115
Schulz, Johanna von 133
Seume, Johann Gottfried 95
Sheldrake, Prof. Rupert 45
Sherwood, Keith 79
Simson 151
Spießberger, Karl 86
Stalmann, Reinhart 144
Stangl, M. L. 79

St. John, Robert 66
Strassmann, René-Anton 110

Takata, Hawayo 22, 25, 27, 32
Tepperwein, Prof. Kurt 139, 145
Thie, Dr. John F. 89
Tietze, Henry G. 145
Trismegistos, Hermes 16

Usui, Dr. Mikao 15, 22, 23, 24, 25, 31, 53, 70

Vivaldi, Antonio 132

Wallace, A. 86

Yogananda, Paramahansa 38

Zacharias, Carna 76
Ziemer, Annie 128

Sachregister

Abartigkeiten 207
Abzeß 183
Acidose 187
Affinität 140, 179, 188, 195
Ägypter 16
A. I. R. A. Inc. 28, 54, 56, 74
Akne 183, 184
Akupressur 114
Akupunktmassage 114, 115
Akupunktur 102, 114, 122, 126
Alchemisten 16
Alkoholismus 208
Allergie 199
Alternativmethoden 126
Altersbeschwerden 210
Altersheim 100
Alterssteifigkeit 187
Ameisenvölker 105
American International Reiki Association Inc. 28
American Reiki Association 25
Amerika 22
Anämie 165
Angina 158
Angina pectoris 164
Angstproblematik 158
An-Mo 115
Anpassungsfähigkeit 188
Anschriften 216 ff
Antibiotika 199
Antibiotika-Allergie 199
Anwendungsmöglichkeiten 112
Apoplexie 151
Apostelgeschichte 179
Appetitlosigkeit 168
Ärger 158, 191
Aromatherapie 115
Arterien-Verkalkung 165
Arthritis 188
Arzt 97, 115, 122, 125, 127
Arzthelferinnen 126
Asthma 160

Astrologie 140
Atembeschwerden 161
Atemtherapeuten 126
Atemtherapie 114
Ätherkörper 79
Atmosphäre 130
Atmung 160
Aufstoßen 169
Augenprobleme 151
Aura 84, 85, 86, 87, 88
Ausschlag 183
Autobatterie 113
Autogenes Training 34, 115, 131
Auto-Krankheit 206
Autoren 9
Ayurveda 115

Baby 64, 65, 66
Bach-Blütentherapie 34, 115
Bakterien 197
Bandagen 58, 113
Bandscheibenvorfall 188
Baraka 16
Bauchspeicheldrüse 172
Bäume 107, 110
Baumsterben 110
Be-deutung 141, 147
Bedrückung 204
Behandlungsliegen 133, 134, 135
Behandlungsmethoden 114
Behandlungsposition 57
Behandlungsraum 132
Behandlungsserie 34, 56, 71
Beinprobleme 189
Berufsgruppen 126
Betrugsverdacht 126
Bettnässen 204
Bewegungsapparat 187
Bewußtsein 43, 96, 140
Bezugsquellen 225
Bienenvölker 105
Bindegewebsschwäche 189
Bindehautentzündung 152
Bioenergetik 115
Bioenergie 16
Biokosmische Energie 16
Bioplasma 16
Bitterkeit 175, 194
Blähungen 170
Blase 177
Blasenentzündung 177
Blasenschwäche 177
Blinddarmentzündung 170
Blindheit 152
Blumen 101, 107
Blut 163
Blutarmut 165
Blutdruck, niedriger 166
Blütenpollen 200
Bluthochdruck 165
Blutprobleme 164
Bronchitis 161
Brüchige Knochen 189
Brust 180
Buckel 189

Bursitis 195

Captagon 208
Chakren 79, 80, 81, 82, 83
Chefarzt 129
Chi 16
Chinesen 16
Chiropraktik 115, 126
Choleriker 174
Christen 16
Colitis ulcerosa 171
Colortherapie 115
Coxarthrose 191

Darm 170
Darmkrämpfe 170
Dauerdruck 177
Delpasse-Experiment 98
Depression 204
Deutung 143
Diabetes 172
Diagnose 35, 127, 128
Dialyse 176
Dickdarm 171, 172
Dickdarm-Katarrh 171
Dickköpfigkeit 150
DNS-Ketten 17
Do-In 115
Doppeldeutigkeit 143
Duftöle 132, 225
Dupuytren'sche Kontraktur 190
Durchfall 171
DVG 128

E. A. S. 115
Eckankar 16
Ego 118
Eierstöcke 175
Eigenbehandlung 59, 60, 61
Einheit 38, 137, 140, 141, 213
Einschlafprobleme 207
Einseitigkeit 140, 141
Einstellung 41
Einstimmungen 49
Einweihung 49, 51, 54
Ekzeme 184
Ekzem bei Säuglingen 185
Elan Vital 16
Elemental 42, 43, 45
Elima 16
Eltern 64, 171, 204, 206
Embolie 165
Emotionen 33
Energiezentren 79
energy exchange 111, 123
Englische Krankheit 194
Entspannung 142
Entspannungsmusik 132
Entspannungstechnik 127
Entwicklungsstufen 107, 120
Entzündung 158, 183
Entzündungsherd 197
Epilepsie 149
Erbrechen 169
Erde 74

Erfolg 44, 118
Erkältungen 198
Erleuchtete 18
Ernährungsweise 34
Erstarrung 165, 188
Erste Hilfe 63
Eskalationsphasen 143, 188
Esoterische Musik 132, 225
Evolution 140
Ewigkeit 96
Exhibitionismus 204
Existenzängste 171

Fallsucht 149
Farbblindheit 152
Fastenkuren 115
Fehlgeburt 178
Fernbehandlung 69, 70, 71, 73, 74, 83, 105, 126, 214
Fieber 198
Fieberschub 37
Fische 103
Formeln 22, 131
Frakturen 190
Freiheit 151
Freitod 204
Freßsucht 209
Freund 127
Frigidität 179
Frühgeburt 178
Fünfte Kraft 16
Furunkel 184
Fußpfleger 126
Fußprobleme 190

Galater 42, 185
Galle 174
Gallenbeschwerden 174
Gallensteine 175
Ganzheit 18, 116, 137, 141, 142, 148, 152, 207
Ganz-Werdung 8, 144
Gastritis 169
Gebiß 156
Geburt 178
Geburtsfehler 211
Gedankenübertragung 69
Gedankenwesen 42
Gefängnis 98, 129
Gefühlskälte, sexuelle 179
Gefühlsstörung 196
Gegendruck 141
Gehirnerschütterung 150
Gehirnhälfte 149
Gehirntod 98, 99
Gehirntumor 150
Geist 18
Geisteskrankheit 205
Geist-Seele 96
Geizproblematik 172
Gelbsucht 174
Geld 123, 125, 126
Gelegenheitsbehandlung 130
Gelenkentzündung 188
Genicksteife 193

Index

Genitalbereich 178
Geschichte 15, 22, 214
Geschlechtskrankheiten 180
Geschwüre 184
Gespräch 130
Gestalttherapeuten 126
Gesundheitsämter 127
Gesundheitsberater 126
Gewebeübersäuerung 187
Gicht 191
Gießwasser 111
Gipsverbände 58
Giraffe 103
Glaube 40, 68
Glaukom 152
Gliedmaßen 187
Glück 7, 41 141
Glücklichsein 117
Göttlich 43
Grauer Star 152
Griechenland 15
Grippe 198
Grippewelle 43
Groll 194
Großmeisterin 22, 28
Grundenergie 16
Grundsätze 52, 56
Grüner Star 152
Gruppe 93
Gruppeneffekt 74
Gürtelrose 185
Gymnastiklehrer 126

Haare 151
Haarprobleme 151
Halbherzigkeit 163
Halsprobleme 158
Hämorrhoiden 171
Hamster 102
Handbeschwerden 191
Handpositionen 56
Harnausscheidung 37
Haschisch 208
Hasina 16
Hausbesuche 135
Hausstaub-Allergie 199
Haut 183
Hautausschlag 185
Hautprobleme 183
Hebammen 126
Heilberuf 115
Heilheit 141
Heiliger Geist 16
Heiligkeit 141
Heilkraft aus der Natur 16
Heilkunde 125
Heilpraktiker 114, 122, 125
Heilpraktikergesetz 125
Heilschwestern 126
Heilwerdung 8, 34, 144
Heiserkeit 158
Hellsichtig 79
Hepatitis 174
Heroin 208
Herpes zoster 185

Herz 163
Herzflattern 164
Herzinfarkt 164
Herzkranzgefäßverengung 164
Herzlosigkeit 163
Herzphobie 163
Herzprobleme 163
Heuschnupfen 200
Himmel 146
Hindus 16
Hintergrundproblem 143
Hirnstromkurven 98
Hoden 175
Hölle 146
Homöopathie 115
Homotoxinlehre 38, 143, 145
Hornissen 105
Hüftprobleme 191
Hunde 102
Hundehaar-Allergie 200
Huri-Pygmäen 16
Huronen 16
Husten 104, 158, 161
Hypertonie 165
Hypnose 19, 102
Hypotonie 166

Impotenz 180
Infektion 197
Injektion 115
Intensivstation 100
Ionisator 133, 225
Irokesen 16
Ischiasbeschwerden 191

Japan 15, 22
Jesod 16
Juckreiz 185
Jungkühe 104
Jungstier 72
Jin Shin Jyutsu 115

Ka 16
Kabbalisten 16
Kahunas 16
Kaltherzigkeit 163
Kampf 138
Karies 156
Karma 120, 143
Katarakt 152
Katzen 105
Katzenhaare-Allergie 200
Kehlkopfentzündung 158
Ki 15
Kiatsu 115
Kinderkrankheiten 201
Kinesiologie 41, 89
Kirlianfotografie 85
Kleinkind 66
Kleintiere 102
Klimakterium 182
Kliniken 128, 129
Kloßgefühl 159
Kneipp-Bademeister 126
Kniebeschwerden 36, 192

Knieprobleme 192
Kniestuhl 123, 133, 225
Knochen 167, 189
Knochenbrüche 114, 190
Koffermassagebank 135, 225
Kokain 208
Koliken 170
Koma 100
Königssegen 16
Kopfschmerzen 150
Kopfzerbrechen 150
Körperzellen 17
Korrektiv 139
Kosmetika 51
Kosmetikerinnen 126
Kosmos 95
Krampfadern 166
Krampfhaftigkeit 195
Krankengymnastinnen 125
Krankenkassen 122
Krankenpfleger 126
Krankenschwestern 115, 126
Krankheit 137, 138, 139, 140, 141
Kreativität 149
Krebs 143, 202
Kreis 93
Kreislaufkollaps 166
Kreislaufsystem 163, 165
Kühe 73, 102
Kulturen 15
Kundalini-Erfahrung 53
Kursgebühr 51, 53
Kurzsichtigkeit 153
Kyoto 22, 24

Lähmung 192
Larngitis 158
Lebensflüssigkeit 16
Lebensregeln 31
Lebensreise 140
Leber 173
Leberentzündung 174
Leberprobleme 173
Leberzirrhose 174
Legasthenie 205
Leistenbruch 192
Lernschwäche 205
Licht 16
Liebesfähigkeit 163
Literaturangebote 222
Literaturempfehlungen 144
LSD 208
Luftionisatoren 225
Luftschlucken 170
Lumbago 191
Lungenentzündung 161
Lungen-TB 161

Madagaskar 16
Magen 36, 168
Magenbeschwerden 168
Magengeschwüre 169
Magersucht 209
Magic Mushrooms 208
Mana 16

Mandelentzündung 158
Mandelpolypen 155
Manuskript 225
Marihuana 208
Masern 201
Massagebänke 51, 134, 225
Massagen 114
Masseur 125
Mäuse 102
med. Assistentinnen 126
med. Bademeister 126
Medikamente 51, 113, 114, 126, 127, 128, 155
Meditation 34, 115, 129, 131, 214
Meditationslehrer 126
Meerschwinchen 102
Meister-Grad 48, 54
Menopause 182
Menstruationsprobleme 181
Mentalbehandlung 75, 83, 105
Mentalheilungstechnik 76, 144
Meskalin 208
Metamorphische Methode 66
Mgebe 16
Migräne 150
Milchkühe 72
Milchschorf 185
Mineralien 85
Mißbildungen 143
Mißerfolg 44
Mittelohrentzündung 154
Mondprinzip 149
Mongolismus 66
Morbus Bechterew 192
Müdigkeit 205
Multiple Sklerose 193
Mundgeruch 155
Mundprobleme 155
Musik 132
Musikkassetten 132, 225
Muskelkrämpfe 193
Muskeltests 89
Mutter 64, 65, 127
Mysterienschulen 15

Nabelbruch 192
Nachruhe 130
Nachtrag 55
Nackenbeschwerden 193
Nägelkauen 206
Nahrung 51, 113
Narbenentstörung 114
Narkose 114
Naschsucht 209
Nase 153
Nasensekretion 37
Naturgesetze 70
Nebenhöhlenprobleme 154
Nervosität 206
NFSH 128
Niere 175
Nierenbeckenentzündung 176
Nierenprobleme 175
Nierensteine 176
Nikotinsucht 209

Nikundo 16
Nordindien 22
Notfall-Tropfen 135
Numia 16

Ödem 167
Odische Kraft 16
Ohnmacht 206
Ohrenschmerzen 154
Oki 16
Okkultismus 19
Operation 114
Optimismus 41
Orenda 16
Organisationen 28, 30, 56, 74
Organveränderungen 143
Orgon 16
Otitis media 154

Palisprache 16
Patient 8, 127
Patientia 8
Pendelhocker 75, 134, 225
Penicillin-Allergie 199
Perversion 207
Pferde 102
Pferdehaar-Allergie 200
Philippinen 35
Physik 17, 95
Pneuma 16
Polarität 141, 148, 207.
Polarity 114
Polyarthritis 193
Potenzprobleme 180
Prana 16, 80
Pränatal-Therapie 66, 114
Präsidentin 28
Prediger 99
Priester 15
Problem 115
Problembereiche 57
Problemfall 124
Problempatienten 120
Problemzonen 122
Prolaps 188
Prostatabeschwerden 181
Psoriasis 186
Psyche 204
Psychologen 114, 115
Psychose 205
Psychotherapien 114, 115
Rachen-Polypen 155
Rachensekretion 37
Rachitis 194
Rachsucht 194
Räucherstäbchen 132, 225
Raum-Zeit-Gefüge 96
Reflexzonentherapie 114
Regeln 56
Rehabilitation 115
Rei 15
Reiki-Alliance 28, 54
Reiki-Center 221
Reiki-Großmeister 25

Reiki-Kanal 17, 48, 53, 91, 118, 129, 136
Reiki-Klinik 25, 92, 124
Reiki-Kreislauf 93
Reiki-Meister 28, 54, 216, 217, 218
Reiki-Tradition 48
Reinigungsmechanismus 37
Reisekrankheit 206
Reizblase 177
Reizhusten 161
Religion 19, 40, 138, 173
Rescue Remedy 135
Rheuma 187, 194
Rhythmen 95
Richter (Bibel) 151
Rom 15
Röteln 201
Rückenprobleme 194
Rundbrief 113
Russen 16
Rutengänger 133

Saatgut 107
SAGB 128
Samenkörner 107
Sanitäter 126
Sanskrit 22
Sanskritsutren 15
Sauersein 169
Saunameister 126
Schallplatten 225
Scharlach 201
Scheidenkrampf 180
Scheinwangerschaft 178
Schicksal 129, 138, 139
Schiefhals 159, 195
Schielen 153
Schlackenstoffe 37
Schlaflosigkeit 207
Schlaganfall 151
Schlangen 103
Schleimbeutelentzündung 195
Schluckstörungen 159
Schmerzen 211
Schnellbehandlung 62, 63
Schnittblumen 107
Schnupfen 153
Schock 63
Schöpfung 14, 18, 38, 102
Schreibkrampf 195
Schrumpfniere 176
Schuld 127
Schulmediziner 114
Schulterprobleme 35, 196
Schuppenflechte 186
Schwangerschaft 178
Schwangerschaftserbrechen 169
Schwangerschaftsprobleme 179
Schweine 102
Schwerhörigkeit 154
Schwingung 42, 69, 95
Schwingungsmuster 69
See-Krankheit 206
Seele 18, 78, 95, 96, 98, 114, 117
Sehnenzusammenziehung 190

Index

Selbstbehandlung 59
Selbstheilung 34, 36
Sexualbereich 178
Sexualprobleme 150, 179
Sexuelle Abartigkeiten 207
Shiatsu 115
Signale 141
Sinn 14, 138
Sioux 16
Sodbrennen 169
Sonnenprinzip 149
Spätgeburt 179
Spendenbasis 126
Spiegelbild 140
Spirale 93
Spiritismus 19
Spiritualität 116
Spontanheilung 35
Sportmasseure 126
Sprache 143, 149
Starrheit 193
Starrsinnigkeit 193
Sterilität 181
Stirnhöhlenprobleme 154
Stolz 192
Störfelder 133
Stottern 207
Strabismus 153
Strahlungshüllen 85
Strand 130
Sträucher 107, 111
Stuhlausscheidung 37
Sturheit 193
Sucht 207,
Suchtberater 126
Sufis 16
Sünde 146, 181
Supergravitationstheorie 18
Sutren 22
Sylt 8, 215
Symbol 22, 28, 53, 74, 83, 93
Symptom 143, 145
Tabakmißbrauch 209
Tai-ki 115
Thanatologie 98
Taubheit 155
Taubheit der Glieder 196
Telesma 16
Tellurismus 16
Terminalpunkt-Diagnose 86
Terminbuch 71
Thailand 123
Therapeua 8
Therapeut 8
Therapiebereitschaft 119
Thrombose 167
Thymus 89, 90
Tibetaner 15
Tierarzt 102
Tierbehandlung 101, 102
Tierhaare-Allergie 200
Tierheilpraktiker 102
Tod 95, 96, 97, 143, 146
Todeskampf 99
Tokio 25, 92, 124

Topfpflanzen 108
Touch for Health 89, 114
Toxine 197
Tradition 7, 50
Tränen 33, 37, 135, 152, 153
Transzendentale Meditation 45
Trendwende 215
Tuberkulose 161

Übelkeit 169
Ulcus duodeni 172
Unbeugsamkeit 192, 193
Unfälle 139, 143, 212
Unfallpersönlichkeiten 212
Unfruchtbarkeit 36, 181
Ungeduld 191
Unglück 141
Universale Lebenskraft 16
Universität Chicago 22
Universum 17, 18, 102
Unsterblichkeit 95
Unterleibsentzündung 182
Urkunde 51

Vaginalkontraktion 180
Verbrennungen 58, 186
Verdauungsbeschwerden 36, 171
Varizen 166
Vereine 127, 128
Vergeßlichkeit 212
Verletzungen 143
Verpflichtungserklärung 128
Verstauchung 196
Verstopfung 172
Verwirklichung 139
Viren 139, 142, 197
Vögel 101, 102
Volksweisheit 42, 136
Vorbeugen 192

Wahrheit 15, 17, 38, 139
Wakan 16
Wakonda 16
Wald 110, 130
Warzen 59, 186
Wassersucht 167
Wechseljahrbeschwerden 182
Weiser 18
Weisheit 7, 15, 17, 18, 38
Weisheitslehren 95
Weiterentwicklung 140
Weitsichtigkeit 153
Weltanschauungen 19
Wendezeit 116
Wespen 105
Windpocken 201
Wirbelbruch 196
Wirbelsäulenverkrümmung 189, 192
Wochenbettdepression 204
Wochenendseminar 48, 49, 51
Wohnung 113
Wortblindheit 205
WS-Fraktur 196

Wucherungen 155
Wunder 24

X-Kraft 16

Yang 148, 149
Yin 148, 149
Yogalehrer 115, 126

Zahnarzthelferin 126
Zähneknirschen 156
Zahnfleischprobleme 156
Zahnprobleme 156
Zahnprothese 156
Zahnstein 156
Zitrone 129
Zubeißenkönnen 157
Zuckerkrankheit 172
Zufälle 139
Zwangsneurosen 210
Zwölffingerdarmgeschwür 172
Zyklen 95
Zystitis 177

Dr. John Pierrakos
CORE-ENERGETIK
Das Zentrum Deiner Energie

Pierrakos therapeutischer Ansatz basiert auf: 1. Der Mensch ist eine psychosomatische Einheit. 2. Die Quelle der Heilung liegt im Selbst. 3. Alles Existierende bildet eine Einheit. Über die Weiterentwicklung des Reichschen Therapieansatzes in Verbindung mit den Erkenntnissen der neuen Physik und unter Einbeziehung seiner geistig / spirituellen Erfahrungen, entwickelte Pierrakos sein Konzept der Core-Energetik-Therapie, der Kraft des menschlichen Zentrums.

Die Pulsation des Lebens bleibt in diesem Buch nicht nur ein philosophisches Gebäude. Dr. Pierrakos verdeutlicht uns die Wahrnehmung der menschlichen Energiezentren (Chakren) und der verschiedenen uns umgebenden Energiefelder (Auren). Unter Angabe der Pulsationsfrequenzen und damit auch Zusammenhängen zu Tieren, Pflanzen, Mineralien, stellt er diese in einen direkten Zusammenhang zum universellen Lebensablauf. Mit seiner Erfahrung als Arzt, Körpertherapeut und den außergewöhnlichen Wahrnehmungen, entwickelte Dr. Pierrakos ein therapeutisch-medizinisches System der Diagnose und energetischen Behandlung. Dr. J. Pierrakos hat mit Dr. A. Lowen das »Institute for Bioenergetic Analysis« und die Bioenergetik mitentwickelt. Aufgrund seiner geistig-spirituellen Erfahrungen gründete er sein »Institute for the New Age«. Heute forscht, lehrt und praktiziert Dr. Pierrakos weltweit mit seinem »Institute of Core Energetics«.

320 S., gebunden, 14,5 x 21,0
Zahlreiche 4-Farb-Abb. der Energiefelder des Menschen

DM 48,—
ISBN: 3-922026-14-1

Core Energetik Institut
European Trainings
Dr. Siegmar Gerken, Postfach 4, D-8129 Wessobrunn
Workshops · Trainings · Forschung

Bodo Baginski & Shalila Sharamon REIKI — Universale Lebensenergie
Reiki wird als jene Kraft definiert, die die Grundlage allen Lebens bildet. Diese universale Lebensenergie kann durch entsprechende Einstimmungen in jedem Menschen geweckt und aktiviert werden, so daß sie als heilende, ordnende und harmonisierende Kraft durch seine Hände fließt. Reiki bewirkt eine Heil-Werdung im ursprünglichen Sinn, denn es führt den Menschen zu einer Harmonie mit sich selbst und den grundlegenden Kräften des Universums zurück. Die Autoren Bodo J. Baginski und Shalila Sharamon beschreiben in diesem Buch ihre Erfahrungen mit der Reiki-Heilkunst bei Menschen, Tieren und Pflanzen. Sie schreiben über den Ursprung und die Geschichte des Reiki, seine Wirkungsweise, wie man Reiki erlernt, erläutern die verschiedenen Anwendungsmöglichkeiten und geben viele nützliche und hilfreiche Tips für die Praxis des Reiki. Darüber hinaus enthält das vorliegende Buch ein Verzeichnis über die Hintergrundbedeutung von über 200 Krankheitssymptomen aus geistiger Sichtweise.   240 Seiten

Ron Kurtz Körperzentrierte Psychotherapie – Die Hakomi-Methode
Körper und Bewegungen eines Menschen drücken zentrale Anschauungen, Bedürfnisse, Gefühle und Besonderheiten seines Daseins aus. Psychologische Informationen formen den Körper. In Anerkennung dieser Verbindung beginnt die Methode mit der Arbeit am Körper. Besonderes Kennzeichen der Hakomi-Methode ist die genaue Anwendung der buddhistischen Prinzipien von *Innerer Achtsamkeit* — die Aufmerksamkeit wird auf das gelenkt, was jetzt genau vor sich geht — und *Gewaltlosigkeit* — wir unterstützen Abwehr und spontanes Verhalten, lassen entwickeln, anstatt zu konfrontieren und zu bekämpfen.   320 Seiten, ill., geb.

Gerda und Mona Lisa Boyesen Biodynamik des Lebens
Die Gerda-Boyesen-Methode – Grundlage der biodynamischen Psychologie. Jeder Körper reagiert in einer Streßsituation mit Anspannung, aus der der gesunde Körper wieder zu seinem Gleichgewicht zurückfindet. Oft geschieht dies jedoch nicht: Hervorgerufene Gefühle oder Ängste werden nicht ausreichend abgebaut oder verarbeitet, und wir verharren in einem unausgeglichenen Zustand. Die Selbstregulation unseres Organismus findet nicht statt, das Ungleichgewicht manifestiert sich in den Muskeln und unseren inneren Organen; besonders dem Verdauungstrakt. Dieser ist das Hauptregulans für die Freilassung nervöser Energien und besitzt damit die Fähigkeit, Neurosen »zu verdauen« und das vitale Energiegleichgewicht im Organismus zu regeln.
Mit dieser Erkenntnis entwickelte Gerda Boyesen in ihrer klinischen Arbeit die Methode der biodynamischen Psychologie, in der sie die Freudsche Psychoanalyse und die dynamische Physiotherapie mit der Vegetotherapie und Orgontherapie W. Reichs zu einer Synthese vereinte und damit die biologische Basis der Psychodynamik legte.   200 Seiten

Dr. Malcolm Brown Die Heilende Berührung
Die Methode des direkten Körperkontaktes in der körperorientierten Psychotherapie. Dieses Buch führt zu theoretischer Klarheit und zum praktischen Verständnis einer Yin / Yang-Körpertherapiemethode, eingebettet in eine grundlegende, humanistische, tiefgehende Art der Behandlung. Beeinflußt durch C. G. Jung, A. Maslow, E. Neumann, C. Rogers und D. H. Lawrence entwickelte Brown seine Methode der Lösung der chronischen Muskelspannung und der Reaktivierung der natürlichen geistig / spirituellen Polaritäten der verkörperten Seele und transzendierten Psyche.   340 Seiten, 30 Abb., geb.

Don Johnson Rolfing und die menschliche Flexibilität
Der Körper ist flexibel, ein fließendes Energiefeld, das vom Moment der Empfängnis bis zum Tod in einem Prozeß der ständigen Veränderung ist. **Inhalt u. a.:** Beschreibung von Rolfing-Sitzungen, Rolfing und die anatomischen Grundlagen; soziales Verhalten und die Auswirkungen auf den Körper . . .   164 Seiten, ill.

Robert St. John Metamorphose – Die pränatale Therapie
Die Methode basiert auf einer überlieferten chinesischen Behandlungsweise der Füße. R. St. John entdeckte in bestimmten Bereichen der Füße Verbindungen zur vorgeburtlichen Phase, in der Energiemuster unser Sein geprägt haben. Durch eine sachgemäße Behandlung des Reflexbereiches der Wirbelsäule an Füßen, Händen und Kopf werden auf natürliche Weise Sperren und Grenzen des Bewußtseins aufgehoben und die ursprünglichen Kräfte der Psyche wieder freigesetzt.   160 Seiten, ill.

Reinhard Flatischler Die Vergessene Macht des Rhythmus
Reinhard Flatischler hat aus schamanistischen Traditionen ein System entwickelt, das mit Sprachrhythmen, Klatschen, elementaren Tanzformen und Gesang jedem die Erfahrung der Rhythmuselemente in seinem eigenen Zeitmaß machen läßt. Diese grundlegenden Erfahrungen sind auf alle Musikinstrumente übertragbar. Sie sind in der Rhythmik jedes Kulturkreises zu finden und haben psychische Wirkungen, die für alle Menschen gleich sind. Davon ausgehend werden wir die Rhythmuswelten Afrikas, Indiens, Koreas, Brasiliens und Kubas aus ihren Elementen kennenlernen, und selbst den Stellenwert finden, den die Rhythmen dieser Kulturkreise für unser tägliches Leben in Europa haben.
228 Seiten, Fotos u. Grafiken, Farbbildteil, geb.; Kassettenkurs (3 Kassetten) separat erhältlich

Burkhard Schroeder AtemEkstase · Rebirthing
lehrt Dich das Annehmen allen Seins · Einlassen auf bewußtes Atmen in seiner ursprünglichen Form · Loslassen · Auftauchen ins Leben · Reiten auf den Wellen Deiner Ekstase · Verschmelzen mit dem SEIN · Dich und diese Schöpfung zu lieben.
Rebirthing ist eine wirkungsvolle Methode zur körperlichen, emotionalen und geistigen Reinigung und ein effektiver Weg persönlichen Wachstums. Ein gewaltloser Weg, der Dich lehrt, Deiner Energie zu vertrauen, mit ihr zu fließen, loslassen, zu tun durch Nicht-Tun. Dein Atem wird Dir helfen herauszufinden, wer Du bist, Dich anzunehmen und Dein Herz zu öffnen für Schönheit und Ruhe, Lebendigkeit und Lebensfreude. 128 Seiten; angeleitete AtemEkstase-Kassette separat erhältlich

A. Wallace, B. Henkin Anleitung zum geistigen Heilen
Die Autoren beschreiben — auf dem Erfahrungsgrund der Humanistischen Psychologie —, wie sie zum Heilen angeleitet worden sind, ihre Erfolge und die Grenzen dieser Kunst, andere zu heilen. Darüber hinaus zeigen sie eine umfassende Reihe einfacher Übungen für den Anfänger auf und fortgeschrittene Techniken für den, der sich schon mit geistigem Heilen beschäftigt. In der praktischen Anleitung zeigen sie die Beziehung des Heilens zum Vertrauen, zu Weltanschauungen, Träumen und kosmischer Bewußtheit auf. **228 Seiten**

David V. Tansley RADIONIK – Energetische Diagnose & Behandlung
Radionik ist ein System der Diagnose & Behandlung, das die menschliche Fähigkeit der übersinnlichen Wahrnehmung direkt miteinbezieht, um somit die tiefliegende Bedeutung von Krankheit in einem lebenden Organismus zu erkennen. Diese Kunst des Heilens entwickelte sich aus einem Bereich der medizinischen Forschung von Prof. Dr. A. Abrams, der aufzeigte, daß Leben — und somit auch Krankheit — schwingende Energie ist, die energetisch behandelt werden kann. Die moderne Physik bestätigt dieses Modell seit langem. Radionik kann in jeder Therapieform praktiziert werden. Überwiegend wird sie in Verbindung mit Homöopathie, Schüssler-Salzen und der Bach-Blütentherapie angewandt. Radionik ist ein sanfter Ansatz zur Heilung, frei von den unliebsamen Nebeneffekten der herkömmlichen medikamentösen Therapie. David Tansley, die führende Autorität auf dem Gebiet der Radionik, beantwortet in diesem Buch u. a.: Wie arbeitet Radionik? Wie kann ein Therapeut die Diagnose stellen und die Behandlung ausführen, ohne den Patienten zu sehen? Was umfaßt eine Radionik-Diagnose? Welche Krankheiten können mit dieser Methode behandelt werden? **100 Seiten**

Bob Toben Raum-Zeit und erweitertes Bewußtsein
Toben diskutiert in eingehend grafischer Darstellung mit den Physikern J. Sarfatti, C. Suares und F. Wolf in einer verständlichen Wissenschaftssprache die Abhängigkeit unserer Vorstellung vom Universum durch unsere Sinne. Themen u. a.: Psychokinese, Lichtbiegen, Materialisation, Astral-Reise, Wissen aus dem Universum, Reinkarnation, Aura, Telepathie, Telekinese, Levitation, Geistheilung. **180 Seiten, ill.**

Richard S. Heckler Aikido und der Krieger des neuen Bewußtseins
Meister Uyeshiba, Begründer des Aikido, lehrte eine Kampfart, die die innere Kraft des Menschen stärkt, ohne Rivalität und Streit. Durch die im Aikido entwickelten Methoden zeigt er eine Alternative zu unserer derzeitigen Form des erdrückenden Militarismus, bzw. eines aufopfernden Pazifismus auf. Das Elementarste an Meister Uyeshibas Aikido aber ist der spirituelle Pfad, der die Menschen lehrt, ihr Ki, ihre Energie mit dem Ki des Universums zu verbinden, um in einer Welt der Harmonie, Zentriertheit und des Mitgefühls zu leben. **176 Seiten, ill.**

Roger Hicks und Ngakpa Chögyam Weiter Ozean – DALAI LAMA
Diese autorisierte Biographie ist die erste Aufzeichnung des Lebens Seiner Heiligkeit seit seiner Autobiographie »Mein Leben und mein Volk« (1962). Es ist auch die erste Darstellung der Leben der vorhergehenden dreizehn Dalai Lamas, die einem breiteren Publikum zugänglich ist. **240 Seiten, 31 z. T. bisher nicht veröffentlichte Fotos**

Hazrat Inayat Khan Das Erwachen des menschlichen Geistes
Die Botschaft des Autors beginnt und endet mit der Aussage, daß es nicht ausreicht, im Geistigen zu leben; was wir heute benötigen, ist ein *menschlicher* Geist. Es ist die Erweckung des Geistes im Menschen auf der Suche nach der Wahrheit. Diese Unterweisungen Hazrat I. Khans beschreiben die Folge der inneren Entwicklungsphasen, die der einzelne auf der Suche nach der geistigen Wirklichkeit durchläuft. **224 Seiten, zahlreiche Fotos**

Pir Vilayat Khan Der Ruf des Derwisch
Pir Vilayat Khan ist Leiter des Sufi-Ordens im Westen, der von seinem Vater Hazrat Inayat Khan gegründet wurde. Er ist bestrebt, den Weg und die Essenz der Sufi-Tradition besonders dem westlichen Menschen erlebbar zu machen. **224 Seiten**

Benjamin Hoff Tao Te Puh – Das Buch vom Tao und von Puh, dem Bären
Was für ein Puh? *Was* für ein Tao? Das Tao Te Puh! . . . in dem uns enthüllt wird, daß einer der größten taoistischen Meister nicht etwa ein Chinese ist, auch kein altehrwürdiger Philosoph . . . sondern wirklich und wahrhaftig kein anderer als der absichtslos in sich ruhende, einfältige kleine Bär. **160 Seiten, ill.**

Affirmationen – »Ich mag mich selbst«
Eine Affirmation ist ein positiver, schöpferischer Gedanke, um deine negativen Glaubenssysteme und Denkmuster zu verändern. Affirmation heißt das Leben bejahen und deinem Denken eine Idee über das Ziel zu geben. **28 Seiten, Büttenpapier**

Erik Sidenbladh Wasserbabys – Geburt und Entwicklung in unserem Urelement
Der sanfteste Übergang vom Mutterleib in die Außenwelt ist die Geburt unter Wasser. Frühes Training im Wasser bewirkt bei den Kindern eine bessere und schnellere Koordination der Bewegungen und Körperfunktionen. Die zahlreichen, außergewöhnlichen Aufnahmen verstärken Tjarkovskijs Erfahrungen, daß das menschliche Potential besser entwickelt werden kann, wenn wir lernen, Wasser ohne Angst zu akzeptieren. **156 Seiten, durchgehend vierfarbig ill., geb.**

Astro-Tafel – Der Weg zur Astrologie
»ALL-EIN-SEIN heißt eins sein mit dem All. Die Schwingungen des Alls wahrnehmen und sich auf diese Schwingungen einzustimmen heißt sein Leben, oder einfach sich selbst, mit dem All in Einklang bringen. Ist die Person (lat. persona, von per-sonare = durch-tönen, zum Erklingen bringen) im Einklang mit dem Kosmos, so resoniert der Kosmos in ihr, der Kosmos findet seinen Wiederhall in der Person. Wird man sich dessen bewußt, hat man kosmisches Bewußtsein erreicht.« Wohl die umfassendste farbige Informationskarte zum Thema Astrologie und Harmonik. Außer der allgemeinen Beschreibung der Wirkweise der einzelnen Tierkreiszeichen, Planeten, Aspekt- und Himmelspunkte wird

auch die Methodik der Verknüpfung dieser astrologischen Elemente zur Deutung erklärt und ausgeführt. Auch die Zuordnung der Töne zu den Planeten sowie der musikalischen Intervalle zu allen Aspekten, wie auch deren farbliche Zuordnungen, können der Karte entnommen werden.
13-Farb-Druck (DIN A2) auf besonderem Qualitätspapier, mit Begleitheft

Reinhard Flatischler   TA KE TI NA – Der Weg zum Rhythmus
Rhythmus ist die Kraft hinter allen Dingen. Sie vereint die unterschiedlichsten Gebiete des Lebens. Rhythmus schenkt uns Vertrauen ins Leben und in uns selbst. TA KE TI NA ist der Weg, auf dem alle Aspekte von Rhythmus als Einheit erfahren werden können. Es ist eine Synthese aus dem rhythmischen Wissen vieler Kulturkreise und zeigt in konsequenter Systematik, wie Rhythmus für jedermann erlernbar ist. Die mit TA KE TI NA gemachten Rhythmuserfahrungen sind auf alle Musikinstrumente übertragbar, und der Musiker kann in diesem Buch eine neue Quelle zum Komponieren kreativer Rhythmen finden. Ein Einstieg in die körperliche und geistige Erfahrung von Rhythmus geben.
160 Seiten, ill.; Kassette oder CD separat erhältlich

Lee Sannella   Kundalini-Erfahrung & die neuen Wissenschaften
In einem verdunkelten Raum sitzt ein Mann allein. Sein Körper wird von Muskelkrämpfen geschüttelt. Unbeschreibliche Empfindungen und stechende Schmerzen schießen von seinen Füßen ausgehend durch Beine und Rücken bis zum Hals. Er hat das Gefühl, sein Schädel würde zerspringen. Im Inneren seines Kopfes hört er tosende Geräusche und hohes Pfeifen. Seine Hände brennen. Er glaubt, sein Körper müsse innerlich zerreißen. Dann plötzlich lacht er und wird von Glücksgefühlen überwältigt.
Ein psychotischer Anfall? Nein, dies ist eine psycho-physische Transformation, ein Prozeß der »Wiedergeburt«, der ebenso natürlich ist wie eine physische Geburt. Pathologisch erscheint dieser Vorgang nur, weil die Symptome nicht zum Ergebnis in Beziehung gesetzt werden: zur psychischen Transformation eines Menschen. Wenn dieser Prozeß ungestört zum Abschluß gelangt, kann ein tiefes psychologisches Gleichgewicht erreicht werden, ein Zustand innerer Stärke und emotionaler Reife.
Sannellas Buch ist unentbehrlich auf dem Weg des tieferen Verstehens von mystischen Erfahrungen und Momenten des erweiterten Bewußtseins.   **160 Seiten**

Stuart Perrin   LEAH – Die Geschichte einer meditativen Heilung
»Als ich Leah das letzte Mal sah, war sie voller Leben, strahlend und bezaubernd schön. Ich war überzeugt, daß sie zu einem besonderen und äußerst ungewöhnlichen Menschen heranwachsen würde. Der Gedanke, daß sie von Krebs befallen war, lag jenseits meiner möglichen Phantasien.
Die Ärzte gaben ihr noch drei Wochen zu leben. – Drei Wochen können eine Ewigkeit sein, wenn man den Moment lebt. In dieser Zeit mußte ich eine neue Logik entdecken, eine, die den Tod entwaffnete und das Unmögliche möglich machte.«
Die dramatische Erzählung eines Heilungsprozesses. LEAH basiert auf einer erlebten Geschichte – die Bemühung eines spirituellen Lehrers, ein junges Mädchen in ihrem Kampf gegen ihren Krebs zu unterstützen.   **120 Seiten**

Ken Dychtwald   KörperBewußtsein
Basierend auf den Arbeiten von W. Reich, I. Rolf, M. Feldenkrais, F. Perls, W. Schutz, A. Lowen, St. Keleman, R. Kurtz u. a. und verschiedenen Yoga-Richtungen, verbindet Dychtwald deren Erkenntnisse mit einer Vielfalt von östlichen und westlichen Einstellungen zur Entwicklung des KörperBewußtseins. Es ist das zur Zeit umfassendste und leichtverständlichste System zur Bewußtwerdung und Diagnose des KörperBewußtseins. KörperBewußtsein von K. Dychtwald ist ein hervorragender Einstieg in das, was wir »Körperlesen« nennen. D. h., durch die Wahrnehmung, wie sich jemand »trägt« oder mit seinem Körper umgeht, erfahren wir mehr über diese Person, als wir sehen. KörperBewußtsein hilft, sich und andere besser »wahr« zu nehmen, indem es aufzeigt, wie der menschliche Körper eine lesbare Karte seiner persönlichen Geschichte ist. Darüber hinaus gibt Dychtwald einen Einblick in verschiedene Körpertherapie-Methoden. Ein lebendiges, gut zu lesendes und sehr menschliches Buch.   **320 Seiten, 46 Abb.,**

Georg Schäfer und Nan Cuz   Im Reiche des Mescal – Ein kosmisches Märchen
Wandere mit Schwarzhaar und dem Schamanen durch Metaphern deiner inneren Welten zum Licht der Erkenntnis ... Schwarzhaar war ein Träumer, und die Mutter hatte ihre Sorgen mit ihm, denn statt Netze zu flicken oder Brennholz aus dem großen Wald zu holen, lag er am Strand und schaute stundenlang in den Himmel. »Was wird denn hinter den Sternen sein?«, so dachte er, »und wo beginnt das Reich der Götter und wo endet es?« Über solche Gedanken geriet er ins Grübeln und vergaß alles, was ihm die Mutter aufgetragen hatte ...
40 Seiten, Großformat, vierfarbig, gebunden

Cousto   Die Kosmische Oktave
Der Weg zum universellen Einklang. In diesem Buch sind alle Schritte erläutert und formalisiert, um aus astronomischen Beobachtungsdaten die Rhythmen und die Stimmtöne der Erde, des Mondes und der Planeten herzuleiten. Ebenso sind die Berechnungsmethoden zur Feststellung des Sonnentones oder auch der Klänge einer Horoskopvertonung dargelegt. 240 S., 50 Grafiken, zahlreiche Tabellen, 32 S. wissenschaftl. Anhang, 15 Farbtafeln, geb. und Paperback

Ulrich Sollmann (Hrsg.)   Bioenergetische Analyse
Autoren und Themen: *A. Lowen:* Der Wille zu leben und der Wunsch zu sterben; *R. Robins:* Der rhythmische Zyklus und Widerstand; *E. Muller:* Auswirkungen des Berührens; *H. Petzold:* Der Schrei in der Therapie; *C. Rablen:* Das gespaltene Ich. Krebs und Probleme der Selbstabgrenzung; *A. Kloppstech:* Frauenarbeit mit krebskranken Frauen; *P. Boyesen:* Psychodynamische Analyse; *U. Sollmann:* Prozeßanalytische Körperarbeit in der Gruppe; *E. Svasta:* Jan Velzeboer und die Bioenergetische Analyse; *R. Steiner:* Die energetische Verbindung von Körper und Geist; *R. C. Ware:* C. G. Jung und der Körper — vernachlässigte Möglichkeiten der Therapie? etc.   **252 Seiten**

Ernest L. Rossi Die Psychobiologie der Seele-Körper-Heilung
Neue Ansätze der therapeutischen Hypnose. Ist es wirklich möglich, über die Seele eine körperliche Krankheit zu heilen? Gibt es tatsächlich eine Verbindung zwischen den Genen und der Seele, mit deren Hilfe unsere Gedanken und Gefühle die Heilung unterstützen können? Ja, sagt der Autor, und führt uns in die faszinierende Welt der Psychobiologie ein, die die derzeitigen Ansätze innerhalb der Medizin und der Psychologie auf revolutionäre Weise verändert. Rossi zeigt neue Möglichkeiten auf, wie die Heilung von Krebs, Asthma, rheumatischer Arthritis, krankhaften Stimmungsschwankungen und einer Vielzahl anderer psychosomatischer Störungen unterstützt werden können. Sein anschauliches Konzept, wie man Symptome in Signale und psychische Probleme in schöpferische Hilfsquellen umwandeln kann, ist überzeugend, denn es ermöglicht intuitiv zu spüren, daß wir alle den Schlüssel zu unserer Gesundheit und zu unserem Wohlbefinden in uns tragen.   312 S., zahlreiche Tabellen und Abb., Hardcover

David K. Reynolds Die Stillen Therapien
Japanische Wege zu persönlichem Wachstum. Mit diesem Buch stellen sich eine Reihe von Psychotherapien und therapeutischen Methoden dem europäischen Leser vor, die von einem völlig anderen Verstehen des Menschen ausgehen. Während wir im Westen Therapie oft nur als Symptombekämpfung verstehen, ist im östlichen Denken die Befreiung des Geistes als Ganzes im Vordergrund. Damit stehen Die Stillen Therapien im Zentrum der neuen geistigen Bewegung – der Sehnsucht nach Ganzheit, Re-Integration, nach der unmittelbaren Erfahrung des eigenen Selbst. In diesem Buch finden Sie klare, praktikable und energievolle Wege zu sich selbst.   **160 Seiten**

David Tansley Der Feinstoffliche Mensch
Radionik in der energetischen Behandlung. Radionik ist eine Diagnose- und Therapiemethode, die vorrangig über die feinstofflichen Kraftfelder und Energiezentren die Untersuchung und Behandlung von Krankheitsursachen ausführt. Tansley gibt ein einfaches und zugleich praktisch anwendbares Bild der feinstofflichen Anatomie des Menschen, dem Informationsträger unserer Existenz – und damit Basis für Heilung und Gesundheit.   **160 Seiten**

Rosalyn L. Bruyere CHAKRAS – Räder des Lichts – Einführung
Dieses ist das Grundlagenbuch für jeden, der über das esoterische Wissen hinaus Einsicht und Wissen in die Funktionen der Chakras und der feinstofflichen Energiefelder erlangen möchte. In diesem Einführungsband wird die Natur der Chakras untersucht und eine Übersicht gegeben. Mit den folgenden sieben Bänden, jeweils einem Chakra zugeordnet, wird dieses Werk die bisher umfassendste Beschreibung der feinstofflichen Energien und des Chakrasystems sein.
Jedes der sieben Primärchakras ist ein »Rad des Lichts«, ein sich drehendes, farbiges, elektromagnetisches Feld. Zusammen erzeugen diese sieben Felder die Aura des Menschen. In alten Überlieferungen schon gibt es verschiedene Beschreibungen dieser Energie- oder Lichtfelder, die aus dem physischen Körper strömen. Doch erst in neuester Zeit hat die Wissenschaft die Existenz der feinstofflichen Energien und der Aura bestätigt.   **144 Seiten, großformatig**

Rosalyn L. Bruyere: CHAKRAS – Räder des Lichts. Band 1. Das Wurzelchakra
Kapitelinhalte: I Vitalität, II Kundalini, Sitz des physischen Körpers, III Die Kraft des Feuers, IV Sexualität, Kundalini und Karma, V Die Wissenschaft und die Chakras, VI Krankheiten und Dysfunktionen.   **144 Seiten, großformatig**
Alle Bände durchgehend mit Fotos, Zeichnungen, wissenschaftlichem Begleittext und Übungen.

Stamboliev Den Energien eine Stimme geben
In der Voice-Dialogue Methode werden Energiemuster des Menschen als eigene Persönlichkeiten angesprochen und aktiviert – den Energien wird eine Stimme gegeben, sich mitzuteilen. Die Fähigkeit des Voice-Dialogue Therapeuten, sich auf den Prozeß einzustimmen und mit seinen eigenen entsprechenden Energiemustern mitzuschwingen, ermöglicht dem Klienten ein intensives Erfahren, Erkennen und Integrieren der psychisch-emotionalen Realität dieser Muster.
Stamboliev gibt auch einen Überblick über die Lehre des T'ai-chi-ch'uan und über verschiedene esoterische Systeme, um dem Voice-Dialogue Therapeuten zu helfen, eine größere energetische Sensibilität der Methode gegenüber zu entwickeln.

Thomas Armstrong Die Spiritualität des Kindes
Pädagogik für ein neues Bewußtsein. Anhand zahlreicher Beispiele aus Literatur und Wissenschaft, Mythologie und Erfahrung zeichnet der Autor ein Bild vom zweifachen Wesen des Kindes: „Es gehört sowohl zum Himmel wie zur Erde, und es tritt als Brücke zwischen Licht und Dunkel, Körper und Geist, Ich und Selbst, Mensch und Gott in unser Leben. Das spirituelle Kind singt und tanzt diese Ganzheit mit jeder Faser seines Seins. Wir alle täten gut daran, zuzuhören. Und noch besser daran, mitzusingen und mitzutanzen!"   **192 Seiten**

Helmut G. Sieczka CHAKRA-KASSETTE. Energie und Harmonie durch den Atem
Unser Atem ist die wichtigste Brücke zwischen dem Körper und der Seele. Der Atem ist die Verbindung von Innen und Außen, vom Individuum zum Universum. Die sieben feinstofflichen Energie- und Bewußtseinszentren, die sogenannten Chakren, fließt unsere Lebensenergie.
Mit diesen zwei praktischen Atemübungen können Sie Störungen auf der energetischen, körperlichen und geistigen Ebene ausgleichen und harmonisieren. Die Musik, die eigens dafür komponiert wurde, vertieft Ihre Gefühle und erhöht Ihr Bewußtsein. Nach den Übungen werden Sie sich lebendiger, jünger und frischer fühlen.
Wir meinen, eine gelungene Synthese zwischen Sprache und Musik, die in einen meditativen Zustand führt und zu einem energetischen Tanz einlädt.   **Spieldauer: je Seite ca. 42 Minuten**

Wenn Sie an regelmäßigen Informationen über das Verlagsprogramm und dem Seminarprogramm unserer Autoren interessiert sind schreiben Sie uns bitte:
SYNTHESIS VERLAG · Postfach 14 32 06 · D-4300 Essen 14